金 彦叔 著

知的財産権と国際私法

〔知的財産研究叢書7〕

編 集

財団法人 知的財産研究所

編集代表

中 山 信 弘

はしがき

　近年，情報通信ネットワークなどの発達により，私人間の国際的法関係が益々増加しており，それに伴い国際私法的問題の解決が何よりも重要であるという認識も，やはり益々高まっている。しかしながら，私人の国際的法律活動に法的保護および秩序を与えるための国際私法ルールは，各国の国内法として存在しているにもかかわらず，実は，看過され易い。

　国際私法的方法論，すなわち法の適用関係における国際私法的アプローチは，大きく分けて実質法的価値判断を重視するアメリカ的方法論と，各国法の基本的平等を前提とするサヴィニー的伝統的方法論とで，大別される。従来の国際私法，すなわち日本の「法例」の場合（韓国の「国際私法」も同じだが），基本的に後者の方法論に基づいた構成を採っている（この点は，2006年の「法例」の廃止と「法の適用に関する通則法」の制定，という新たな状況下でも，少なくとも基本的には変わっていない）。

　しかし最近の議論においては，出発点の異なるアメリカ的方法論上の考え方が準拠法決定ルールに，表面的ではないが影響を及ぼしているようにみられる現象があり，また既存の伝統的方法論の射程を，あえて硬直的に解することによって国際私法ルールの回避をもたらすような議論もなされている。このような現象は，多数の国際条約の存在，属地主義の原則等の，国際私法的処理において厄介な問題をたくさん抱えている知的財産権分野においても，例外ではない。知的財産権の国際的保護を高めるための動きが活発化している現在において，とくにそのような現象が，（何故か）顕著になって来ているようにさえ，私には思われる。

　私が，知的財産権の国際私法的側面について研究を始めたきっかけとなったのは，日本で国際私法における法の適用関係を研究している最中に出会った，米国特許法に基づいて日本国内での行為に対して差止や損害賠償を求めた「FMカードリーダ事件判決」である。同事件の一連の判決は，私にとって，法律関係の性質決定，準拠法決定，国際裁判管轄や外国判決の承認執行などの，様々な国際私法的争点について，出発点にもどって再検討する契機を与えてくれたのである。とくに，上述したように知的財産権には，多数の

はしがき

国際条約の存在，いわゆる域外適用の問題，知的財産権の属地主義の原則といった複雑な問題が含まれており，これらについて国際私法的側面，もっと具体的にいうと，従来の日本の法例（および韓国の国際私法）が方法論の出発点としている伝統的方法論の解釈上，如何なる処理がなされるべきなのかということは，非常に興味を引く問題であった。

本書では，上記の「FMカードリーダ事件判決」を契機に活発化した知的財産権の国際私法的側面に関する日本国内での議論を素材に，その議論によって国際私法における法の適用関係の基本構造に照らした上での真の妥当性が導かれるかの検討，条約の解釈，条約と国際私法との適用関係の明確化，知的財産権の属地主義の原則に関する国際私法的取扱いなどについての考察が，試みられている。

本書が出版に至るまでは，多くの方々の支えがあった。本書は，私が東京大学法学政治学研究科修士課程に在学中に執筆した修士論文である「国際知的財産権紛争の抵触法的考察」に加筆・修正を加えたものである。研究者としてはまだ公にすることができないくらいの，この未熟な論文に活字の道を開いてくださったのは，東京大学の中山信弘先生，石黒一憲先生である。研究者の卵としては大きな励ましとなり，新たな出発点となることであり，心から感謝申し上げたい。とくに，石黒先生は，拙論が完成されるまで，私からの数多くの疑問に書面により一々こまかく答えてくださり，励ましの言葉も惜しまなかった。結果的には，論文を執筆する一年間を自分自身にとても充実した時間になるようにしてくださったのである。石黒先生には，紙面を借りて尊敬や感謝の念を示したい。また，知的財産権関連ゼミにて，実質法的側面における知的財産権の様々な問題点について，抵触法を研究している私にとっても，とてもわかりやすく明確に論点を提示し指導してくださった東京大学の大渕哲也先生にも，心から感謝申し上げたい。また，いつも励ましてくださった韓国の多くの先生方にも深く感謝申し上げる。

本書の出版に当たっては，信山社出版の代表取締役の渡辺左近氏および編集担当の木村太紀氏に大変お世話になった。心からお礼を申し上げたい。最後に，これまで私を支えてくれた家族や友人にも記して感謝申し上げたい。

2006年8月

金　彦　叔

目　次

序　章 …………………………………………………………………… 1
　第1節　問題の所在と研究の目的 ………………………………… 3
　第2節　研究の範囲および本書の構成 …………………………… 5
第1章　国際私法における公法・私法の峻別論と知的財産権
　　　　 …………………………………………………………………… 7
　第1節　序　説 ……………………………………………………… 9
　第2節　サヴィニー的公法・私法の峻別論に基づいた日本国内
　　　　　での議論 …………………………………………………… 10
　　Ⅰ　サヴィニーにおける公法・私法の峻別論 ………………… 10
　　Ⅱ　日本国内での議論 …………………………………………… 12
　第3節　知的財産権の実質法的性格とその国際私法的処理への影響
　　　　 …………………………………………………………………… 15
　　Ⅰ　知的財産権の実質法的性質と準拠法選択の有無 ………… 16
　　Ⅱ　差止および廃棄請求の準拠法と損害賠償請求の準拠法の区分 ……… 20
　第4節　妥当性の検討 ……………………………………………… 23
　　Ⅰ　国際私法における公法・私法の峻別論と法の適用関係の基本構造 …… 23
　　Ⅱ　知的財産権の実質法的性質と準拠法選択の有無について ………… 31
　　Ⅲ　差止および廃棄請求の準拠法と損害賠償請求の準拠法の区分について
　　　　 …………………………………………………………………… 32
　第5節　小　括 ……………………………………………………… 36
第2章　知的財産権関連条約と国際私法 ………………………… 39
　第1節　序　説 ……………………………………………………… 41
　第2節　知的財産権関連条約における抵触規定の解釈に関する検討
　　　　 …………………………………………………………………… 44
　　Ⅰ　工業所有権の保護に関するパリ条約 ……………………… 44

目　次

　　　　1　関連規定（44）　2　解釈の検討（47）
　　II　文学的および美術的著作物の保護に関するベルヌ条約 …………… 54
　　　　1　関連規定（54）　2　解釈の検討（56）
　　III　考　察 …………………………………………………………………… 64
　　　　1　条約の規定から完全な抵触規定を導くことができるのか（64）　2　内国民待遇の原則から抵触規定が導かれるのか（65）　3　実質法上の属地主義から保護国法への連結について（67）　4　本源国法主義について（69）
　第3節　知的財産権関連条約と国際私法との適用関係 ……………………… 71
　　I　条約上の解釈のズレと欠缺補充のための国際私法ルールの介入 …… 71
　　II　条約の国内における直接適用可能性 …………………………………… 73
　第4節　小　括 …………………………………………………………………… 78

第3章　知的財産権に関する属地主義の原則と国際私法 …… 81

　第1節　序　説 …………………………………………………………………… 83
　第2節　属地主義の原則と判例での使われ方 ………………………………… 87
　　I　属地主義の原則の法的根拠と抵触法上の位置づけ …………………… 87
　　　　1　属地主義の原則の法的根拠（87）　2　抵触法上の位置づけ（94）
　　II　属地主義の原則の判例での使われ方 …………………………………… 98
　　　　1　国際裁判管轄関連事件（98）　2　準拠法関連事件（109）　3　考察（118）
　第3節　属地主義の原則とその限定 …………………………………………… 120
　　I　属地主義の原則の制限 …………………………………………………… 120
　　　　1　侵害事件に関する国際裁判管轄（121）　2　条約による属地主義の限定（122）　3　並行輸入（124）　4　特許を受ける権利（128）
　　II　考察──属地主義の原則の適用範囲 ………………………………… 134
　第4節　知的財産法の域外適用の可能性 ……………………………………… 136
　　I　他国での行為による自国知的財産権の侵害あるいは自国での行為による他国知的財産権の侵害 ……………………………………………… 136
　　　　1　属地主義の原則との関係（136）　2　共同不法行為的構成（141）
　　II　他国の域外適用「的」規定に対する抵触法的対処 ………………… 143
　　　　1　知的財産権の域外適用規定の性質（144）　2　一般的抵触法の枠組に

おける処理（148）　3　属地主義の原則の下での処理（154）

　第5節　小　括 ………………………………………………………… 155

第4章　保護国法への連結 ……………………………………………… 157

　第1節　序　説 ………………………………………………………… 159

　第2節　保護国法主義（Lex Protectionis） ………………………… 160

　　Ⅰ　保護国の概念と保護国法主義の適用範囲 ……………………… 160

　　　1　保護国の概念（160）　2　保護国法主義の適用範囲（162）

　　Ⅱ　保護国法主義の制限――本源国法（Lex Originis）との関係 …… 165

　　　1　知的財産権の有効性の準拠法（165）　2　著作権の帰属の準拠法（166）

　第3節　保護国法の決定プロセス ……………………………………… 170

　　Ⅰ　国際私法上の性質決定 …………………………………………… 171

　　　1　成立・内容・消滅の準拠法と侵害の準拠法の区別の必要性（171）

　　　2　center of gravity（171）

　　Ⅱ　知的財産権の侵害の場合 ………………………………………… 175

　　　1　侵害が行われたところ―隔地的不法行為（175）　2　法例11条2項・3項（177）　3　属地主義の原則との関係（180）

　第4節　サイバースペースとの関係 …………………………………… 182

　　Ⅰ　Lex Protectionis vs. Lex Originis ……………………………… 182

　　　1　サイバースペース異質論（182）　2　Lex Protectionis vs. Lex Originis（184）

　　Ⅱ　ネットワーク上の知的財産権侵害 ……………………………… 190

　　　1　サーバーがおいてある国の法（190）　2　属地主義の原則との関係（192）

　第5節　小　括 ………………………………………………………… 198

終　章 …………………………………………………………………… 201

　参考文献

　事項索引

序　章

第1節　問題の所在と研究の目的

　国際貿易および国際的な技術交流の拡大，情報通信ネットワークなどの発達に伴い，国境をまたがって特許権，商標権および著作権等の知的財産権関連紛争が著しく増加し，多様化している中，国際裁判管轄や準拠法の決定，外国判決の承認執行といった知的財産権に関する国際私法的問題の解決は益々その重要性を増しており，そのための議論は内外を問わず盛んに行われている。とくに，インターネット上の一つの行為により簡単に他国の知的財産権を侵害してしまうような現在の状況において，既存の国際私法における議論やその前提となる原則が知的財産権関連問題においても当てはまるかということが，議論の争点となっており，そのような議論の帰結も様々である。

　知的財産権に関する国際私法的問題を考える際，まず，注目すべきことは，知的財産権には以下の3つの特殊性があり，それらの特殊性から国際私法上の問題が生じているということであろう。その3つの特殊性とは，まず第一に，知的財産権の実質法的性質である。知的財産権，とくに特許権は，一国の産業政策と深く関連しているもので，公法的性格を持っているものとして判断され，そのような実質法的性質が国際私法的処理にも作用しており，また，そのような処理を国際私法における法の適用関係の基本構造に関する論理として裏付けようとする議論がなされているのである。しかし，かかる議論が既存の国際私法における法の適用関係に関する議論と整合性があるものかどうかは検討の余地がある。第二に，知的財産権に関する多数の国際条約の存在と，かかる条約と法廷地国際私法の適用関係に関する問題である。すなわち，知的財産権については古くから，「産業財産権保護のためのパリ条約」および「文学及び美術的著作物の保護のためのベルヌ条約」を始め，多数の国際条約が締結されており，その条約の規定から抵触規定（準拠法決定規定）を導こうとする議論がなされている。条約上，国内の国際私法ルールを排除できる明確な抵触規定はあるのか，条約の規定から如何なる抵触法的ルールを導けるのかが議論の中心であり，様々な解釈がなされている。この

序　章

ように異なる解釈が存在する場合，条約の拘束力の程度や条約規定の直接執行可能性が国ごとに異なる状況において，各国の国際私法ルールの適用関係ははたしてどうなるのかが問題となる。第三に，知的財産権の属地主義の原則である。知的財産権については，従来から属地主義の原則が認められており，国際的紛争においても，通常は属地主義の原則からその結論を導いていた。しかし近年，インターネットなどの通信ネットワーク環境では国境はもはや意味がなく，場所的連結点を基準とする伝統的国際私法的処理は十分なものではなく，知的財産権の保護のために場所的基準としての属地主義は放棄または制限すべきであるとする議論がなされている。属地主義の原則の根拠と関連条約との関係を考えた場合，属地主義の原則の放棄または制限についてどのような判断がなされるべきかという問題が生ずる。

　このような問題は，知的財産法と抵触法との双方に関わる学際的な問題であるだけに，議論の混乱が生ずるのは当然のことである。しかし，抵触法的問題の解決のためには，実質法的配慮に左右されることなく，既存の抵触法ルールに従うのは当然のことであり，知的財産権における抵触法的ルールを確かめることが何よりも重要であると思われる。

　したがって，本研究の目的は，各国法の基本的平等を前提とするサヴィニー的な伝統的国際私法理論に基づいて，国際知的財産権紛争の抵触法的問題について各国の立法例や判例を参考として，上記の知的財産権の3つの特殊性からもたらされる抵触法上の問題について体系的に分析することである。とくに，今後この分野に関する議論を進める上で重要な意義を有する知的財産権の属地主義の原則について，条約と国際私法との関係を明確にしたうえで，日本国内において，いわゆるFMカードリーダ事件を契機として，知的財産法および抵触法の双方の研究者により研究が活発化している属地主義の原則に対して，各国での議論との整合性を考慮しつつ，その抵触法上の位置づけを明確にし，また，属地主義の原則とその例外事項を明確にすることによって，明確な法的根拠を有する属地主義の原則の存在理由を明らかにすることである。さらに，そうすることにより，知的財産法の域外適用の当否に対する帰結やアメリカを始めとするかかる法制を有している国からの域外適用規定に基づいた知的財産権侵害の主張に対する国際私法的対処に理論的な根拠を与えることである。

第2節　研究の範囲および本書の構成

　本研究は，知的財産権の国際的紛争に関する抵触法的問題について，知的財産権の実質法的議論からその解決を求めるのではなく，既存の抵触法的立場からその問題点を考察するものである。したがって，知的財産権の上記の3つの特殊性からもたらされる抵触法的問題の解決には，国内法としての国際私法における議論や原則がその前提となる。

　本書の構成を概略すれば，まず第1章は，知的財産権の実質法的性質と関連して，国際私法におけるサヴィニー的公法・私法の峻別論が知的財産権の準拠法決定においてどう影響しているのかについて，日本での議論を素材として国際私法における法の適用関係の基本構造からその妥当性を検討する。第2章は，知的財産権関連条約と国際私法の関係について考察する。条約からどのような抵触規定を導けるのかについて分析し，また，国ごとに存在する条約の解釈や条約の拘束力の程度の差と関連して，各国の国際私法ルールとの適用関係について考察する。第3章は，知的財産権の実質法上の属地主義の原則と国際私法的処理との関係について考察する。まず，属地主義の原則の法的根拠を明らかにし，その抵触法上の位置づけについて検討する。また，具体的な抵触法的問題につき，属地主義の原則はその射程が制限されつつあって，克服されるべき対象なのかを検討した後，属地主義の原則と関連して，知的財産法の域外適用問題を国際私法上ではどう扱うべきなのかについて考察する。最後に，第4章では，実質法上の属地主義からもたらされる抵触法的属地主義としての保護国法主義について，保護国の概念と保護国法主義の適用範囲について考察する。また，サイバースペースとの関係も含め，具体的な保護国法の決定プロセスにおいて，知的財産権の属地主義という制限の下で国際私法上の性質決定をどう行い，何処を準拠法として決定していくべきかについて検討する。

第1章

国際私法における公法・私法の峻別論と知的財産権

第1節 序　説

　国際私法的処理のメカニズムは渉外的私法生活を営む私人の法的地位や権利義務を妥当に規律するために、当該事実関係と最も密接な関係を有する法を準拠法として選択し、それを国内裁判所で適用していくものである。したがって、国際私法分野においては、公法よりは私法的問題と一層関連しているものであるというのが、一般的な見解である[1]。だが、国際私法的処理は、私法あるいは私法的法律関係として定義されている法規範の世界のみにおいて妥当するものであると、はたしていえるのか。国際私法的処理を私法的法領域に局限しようとする論者らがよくその根拠として挙げているのが、サヴィニーにおける公法・私法の峻別論である。国際私法における法の適用関係の基本構造に関する最近の日本の議論をみてみると、このようなサヴィニー的公法・私法の峻別論の下で、準拠法選択の前提となる法の抵触の有無の判断について、法律関係を公法的法律関係と私法的法律関係とで区別して、私法的法律関係においてのみ法の抵触は発生し、準拠法選択という国際私法的処理が必要である、という議論がなされているようである。法適用の基本構造に対するかかる理解が、知的財産権に関する国際私法的処理にも影響を与え、知的財産権（または知的財産法）の実質法的性質が公法的か私法的かによって準拠法選択の可否が決定されてしまう結果となったといえよう。

　このような処理が妥当性のあるものかを解明するためには、このような日本での議論がはたしてサヴィニー的公法・私法の峻別論に忠実なものか否かを、まず、明らかにすることが重要である。また、法適用の基本構造に対するかかる理解が、国際私法の正義と目的に照らして妥当なものなのかどうか検討し、妥当な法の適用関係の基本構造を考察する必要があると思われる。

───────────

（1）　J.H.C.Morris/J.D.McClean, *The Conflict of Laws*, 4th ed.(Sweet & Maxwell, 1993)at 2-3には、"Generally speaking, the conflict of laws is concerned much more with private than with public law"とある。

よって，本章においては，第一に，サヴィニーにおける公法・私法の峻別論について検討し，これに基づく日本国内での議論を分析する。第二に，このような議論が知的財産権に関する国際私法的処理に如何なる影響を与えたかを検討する。

最後に，その妥当性をサヴィニー的現代抵触法体系の中の法の適用関係の基本構造の下で考察する。

第2節　サヴィニー的公法・私法の峻別論に基づいた日本国内での議論

Ⅰ　サヴィニーにおける公法・私法の峻別論

伝統的な国際私法による準拠法決定の方法論については，歴史的に見て二つの方法論の対立があるとされる。それは法規に着目し，それらを人の法，物の法，行為の法と3分類してその地域的適用範囲を画定する法規分類学説，いわゆるスタテュータ型方法論と，これらの方法論を克服して各国法の基本的平等の観念から，法規ではなく法律関係に着目し，いずれかの法が当該紛争事実に最も密接な関係を有するかを定めていく考え方として19世紀に入って登場したサヴィニー型方法論である。前者の方法論は，公法・私法の両領域にわたる法規範において当該法規の地域的適用範囲を画定する方法として[2]，「公法と私法」「民事・非民事」の区別が大陸法系諸国とは根本的に異なるアメリカにおいて，サヴィニー的な伝統的国際私法方法論の無目的・機械的硬直性を批判し，実質法的利益衡量を行う，いわゆるアメリカの革命的方法論の形で継承されている[3]。後者のサヴィニー型方法論は，普遍主義的観点から当該法律関係の本拠（sitz）を虚心に探求する方法論として，現代の抵触法体系においてはヨーロッパや日本等の大陸法系諸国におい

（2）　国際私法学の始祖とされるバルトルスも，民事・刑事も含めて広く法律の抵触問題を扱っていたといわれている。出口耕自『基本論点 国際私法』（法学書院，1996）7頁。

第2節　サヴィニー的公法・私法の峻別論に基づいた日本国内での議論

て，基本的に採用されている。

　サヴィニー的方法論は国家と社会の対立という近代的二元論を前提として，法的共同体の存在，国家に先行した法秩序としての私法を想定し，私法的法律関係を中心として展開されたものである。確かにサヴィニーにおいては，公法と私法の区別が否定されるものではなく，公法と私法は峻別されていた。サヴィニー的公法・私法の区分について，櫻田教授は，「サヴィニーは，この点について，まず伝来的な国法と私法との区別を論じている。国法は民族の有機的顕現自体，即ち全体を目的とするのに対して，私法は，『個々の人を取り巻く法律関係の総体』を対象とし，個人自体が目的であり，全法律関係は単なる手段として個人の存在あるいは個人の特別の状態と関連するものであるとする。しかし，本来『個人の利害を顧慮することなく，侵害された法自体を代表する』刑罰を手段とする刑事法の領域が，個人を問題とすることから，民事裁判所で解決され，形式的国法性を希薄にしたので，国法よりは，より一般的な『公法』の名称で，刑事法，民事訴訟法をも含めて『公法』として区別している。このようにして，サヴィニー的『体系』の本来の対象は，この意味での私法に限定される」としている(4)。しかし，重要なのは，サヴィニー自身が国際私法の「体系」において公法をどう見ていたかである。内外法平等の原則の例外として，サヴィニーは既に，自由な取扱いに適していない「厳密な実体的・強行的性質の法律」を挙げており(5)，サヴィニーの意味での「純粋な」私法は，私法の一般的政治化あるいは社会化に道を譲るといわれている。だが，そのことから，国内私法法規の国際的代替可能性，互換性，それらの法規の原則的な平等取扱いの可能性が失われる，

（3）　アメリカの革命的方法論の特徴として，実質法的価値判断の重視，政府利益の重視，争点ごとの準拠法選択等が挙げられる。代表的な学者であるカリー（B.Currie）の「政府利益」論によれば，一つの法域のみが政府利益を有する場合は，法の抵触が表面上あっても「虚偽の抵触（false conflict）」であり，その法を適用すればよく，政府利益を有する複数の法域の政策が対立する場合が「真正の抵触（true conflict）」であって，この場合，カリーは一応法廷地法を優先すべきであるとしている。

（4）　以上につき，櫻田嘉章「サヴィニーの国際私法理論──殊にその国際法的共同体の観念について（1）」北大法学論集33巻3号（1982）628頁。

ということが決して出てくるものではないとされ、法規からのアプローチは、本質的に公的（国家政策，あるいは経済政策上の）利益において私法的法律関係に作用し、あるいは何らかの方法で自覚的自由を制限する、いわゆる介入規定（Eingriffsnormen）に限られうるとする、とされている[6]。つまり、サヴィニーにおいては、私法の社会化、いわば「私法の公法化」により、公的利益において私法的法律関係に作用する法律規定（外国為替規定，輸出入ならびに自由取引の禁止など）に関しては、法規からのアプローチが許され、このような自国の私法的法律関係に影響を与える法廷地の公法的な規定は別途適用される、としていたのである。

II 日本国内での議論

サヴィニー的公法・私法の峻別論に基づいた日本国内の議論の展開をみると、このような私法的法律関係を中心としたサヴィニー的現代抵触法体系においては、法の適用関係に二つのアプローチがあるとされる。一つは、各国の国際私法ルールによる準拠法選択規定の適用、つまり不法行為や契約といった単位法律関係につき、それぞれ不法行為地、当事者の意思といった連結点を定め、それに基づいて準拠法を選択し、これを適用する法律関係からのアプローチで、もう一つは、刑法、行政法、独占禁止法、輸出管理法といった国家の社会的経済的政策を実現するための法規（絶対的強行法規という）

---

(5) F.C.von Savigny, *System des heutigen römischen Rechts,* Bd.8 (1849) at 33,35f. 櫻田嘉章「サヴィニーの国際私法理論——殊にその国際法的共同体の観念について（4・完）」北大法学論集35巻3・4号（1984）336頁以下。同336頁は、サヴィニー的国際私法方法論について「法律関係の本拠の所在するとは必ずしもいえない内国の法律が適用されるのである」とし、「そのような例外的法律としては、第一に「強行的、かつ厳格に実体的な法律」、第二に「内国で全く承認されていない法制度」で内国での法的保護が認められないもの、が挙げられている」としている。

(6) Paul Heinrich Neuhaus, *Die Grundbegriffe des Internationalen Privatrechts,*『国際私法の基礎理論』櫻田嘉章訳（成文堂、2000）35頁。

(7) 横溝大「知的財産法における属地主義の原則——抵触法の位置づけを中心に」知的財産法政策学研究2号（2004）23頁。

第2節　サヴィニー的公法・私法の峻別論に基づいた日本国内での議論

につき，基本的に自国法の国際的適用範囲を確定するという法規からのアプローチである，とされる⁽⁷⁾。前者のアプローチは，サヴィニー的な私法的法律関係におけるアプローチであり，後者はスタテュータ型方法論に傾くが，外国公法は基本的に不適用とし，原則として自国法のみが適用されることになるとされている⁽⁸⁾。

これを「公法的法律関係」と「私法的法律関係」との区別という角度から，一層明確に論ずる見解がある⁽⁹⁾。すなわち，「法の抵触」の規律のための基本構造として，「公法的法律関係」と「私法的法律関係」とを分けてそれぞれにおいて適用されるべき法の決定に関しては全く異なる方法が用いられているとされている⁽¹⁰⁾。つまり，この見解においては，公権力性が高いレヴェルの法規群の「公法的法律関係」は，国際私法，すなわち準拠法選択のための対象とされてはいない。この法分野においては，一般的に適用法規の属する国と法廷地が一致するいわゆる「並行原則」⁽¹¹⁾が守られ，専属管轄としての取扱いがなされるとする。

これらの法規は属地的法規とも呼ばれ，ここでは，「法の抵触」の解決に最も重要なものは，当該実質法規が有している地理的適用範囲の意思そのものであるとされる。ここで例として挙げられているのが，独占禁止法の域外適用問題である。自国の地理的領域内での問題に制限されていた各国の独占禁止法が，近年に至っては市場の公正が守れないという観点から，その地理的領域を越えて適用を行おうとしていることが注目されるのである。それがある一線を越えるようであれば，許されざる域外適用として糾弾されることとなるのだが，ともかくこの見解によると，「域外適用」という議論は，公

（8）　外国公法の基本的不適用という立場の背景には，外国公法に基づいた請求を自国裁判所で認めることが，自国内での外国公権力行使を認めることにつながり自国の主権を脅かすことになる，という発想があるとされている。

（9）　道垣内正人『ポイント国際私法（総論）』（有斐閣，1999）59頁以下，早川吉尚「国際知的財産法の解釈論的基盤」立教法学58号（2001）188頁。

（10）　早川・前掲注（9）192頁。また，同210頁の注（3）は，このように，「『公法的法律関係』と『私法的法律関係』を分けて法の抵触の規律のための基本構造を考えるのが，基本的枠組みとしては，暗黙の了解として一般に受け入れられており，当然の前提である」としているが，その根拠は十分に提示されていない。

法的法律関係だからこそ成立する議論であるとし，私法的法律関係において
は「域外適用」という問題は議論の余地がないとされる[12]。

他方，この見解においては，国際私法が準拠法の選択のために対象とし
ている法律関係は民事上や商事上の法律関係といった「私法的法律関係」に限
られているとされる。これは，公権力性の低いレヴェルの法規群を対象とし
ていると言い換えることも可能であるともされている。また，国際私法とい
うものは，実質法規が有している地理的適用範囲に関する意思は無視した上
で，自らが当該実質法規の地理的適用範囲を設定し直す形で当該紛争事実と
最も密接な関係にある法を準拠法として選択しようとする存在である，とさ
れるのである[13]。

結論的に言えば，サヴィニー的公法・私法の峻別論に基づいた現代抵触法

(11) 並行原則とは，民事上の生活関係の造成・監督のために裁判官が後見的機能を営
む非訟裁判において，実体法と手続法がとくに相互に密接な関係にあるから，準拠
法所属国に管轄権を認める（準拠法と管轄権を並行して定める）べきであるとする
ものである。出口・前掲注（2）33頁。この理論は，木棚照一編『練習ノート国
際私法』（改訂第2版）（法学書院，2001）3頁のように，広義の国際私法による規
律について，管轄権的アプローチと抵触法的アプローチとがあるとする見解によ
ると，渉外事件に裁判管轄権に関する規定を整備し，管轄権を有する国の裁判所はそ
の法廷地法を渉外的私法関係に適用すれば足りるとする管轄権的アプローチと関係
するものであると思われる。かかるアプローチまたは同理論は，英米法系諸国およ
びドイツにおいて，離婚や養子縁組または相続など限られた領域において残されて
いる。このような法領域を公法の法律関係といえないし，並行原則が公法分野にお
いてのみ示されるものとはいえないと思われる。ちなみに，ドイツの並行理論に対
する批判として，石黒一憲『国際民事訴訟法』（新世社，1994）101-103頁参照。
(12) 早川・前掲注（9）193頁。しかし，石黒・前掲注（11）13-98頁においては，
独禁法の域外適用問題は，国家管轄権の一般理論（立法管轄権）の問題として論じ
られている。早川説は，同前192頁において「公法的法律関係」「私法的法律関係」
という区分は，あくまで，「法の抵触」の規律のための基本構造を説明するための
便宜的なものであると指摘しつつ，独禁法の域外適用の問題を，「法の抵触」の
問題は発生しないとする「公法的法律関係」の問題として取り扱っており，「公法
的法律関係」の問題であるにもかかわらず，これが国境を越えて適用され得るとし
ている。この見解によると，知的財産権に関する問題を「公法的法律関係」の問題
として取り扱う場合，知的財産法の域外適用を肯定してしまう結果になる。

体系においては，法律関係に着目して，法律関係の本拠が所在する法を適用していくというその方法論は，私法的法律関係に限ったものであって，公法的法律関係においては「法の抵触」の問題は発生しないため，「法の抵触」または「準拠法の選択」を論ずる前に，まず当該法律関係がどの領域の法律関係であるかを決定しなければならないということが，最近日本で議論されているのである。このような議論がサヴィニーにおける公法・私法峻別論に忠実なものなのか否かを分析する必要があるが，その前にかかる議論が日本において知的財産権の国際私法的処理にどう影響したかについて検討する。

第3節　知的財産権の実質法的性格とその国際私法的処理への影響

　前述したように，公権力性が低い私法的な法規（または私法的法律関係）のみが準拠法選択の対象となるという，公法・私法の峻別論に基づいた「法の抵触」の規律の基本構造に関する日本国内での議論は，知的財産権の国際私法的処理にもその影響を与え，①知的財産権と関連した渉外的法律関係の準拠法決定にあたって，当該知的財産権が公法的なものか私法的なものかを確定する必要があり，このような知的財産権の実質法的性質を如何にとらえるかによって準拠法選択の可否が決定されるとし，②米国特許権に基づく差止および廃棄請求と損害賠償請求とを求めた，いわゆるFMカードリーダ事件(14)の一連の判決において，実質法的価値判断により差止および廃棄請求の準拠法と損害賠償請求の準拠法を区分して判断し，二審判決においては，差止および廃棄請求につき，準拠法選択の必要性がないと判断するに至った

---

(13)　早川・前掲注（9）192-193頁。だが，この部分につき，法律関係からのアプローチであるサヴィニー的国際私法が「対象」とするのは，「法律関係」であるのに，公権力性の低いレヴェルの「法規群」を対象としているとした点（同192頁），また，その「法規群」自らが当該実質法規の地理的適用範囲を設定し直す形で準拠法を選択するとしている点（同193頁）は，サヴィニー的伝統的国際私法方法論から疑問が残る。

第1章　国際私法における公法・私法の峻別論と知的財産権

(15)。

Ⅰ　知的財産権の実質法的性質と準拠法選択の有無

まず，知的財産権の実質法的性質決定をめぐって，様々な学説の対立がある。知的財産権を特許権，実用新案権，意匠権等，登録により権利が発生するものと，著作権，著作隣接権，コンピュータプログラム等のように創作や製作により直ちに権利が発生するもので大別し，登録などを必要としない著作権関連の知的財産権については，人の知的・精神的な創作活動の成果である知的所産に付与する財産権であるゆえに私法または私法的法律関係に関する問題として一般的に解されているとされるが，反面，一国の産業政策に基づいて登録・審査等の行政行為を必要とする特許権等については，その法的性質について，公法説[16]，公法私法両面説[17]，私法説[18]等の議論がなされている。

このような知的財産権の実質法的性質に基づいて，知的財産権の国際私法

---

(14)　本件は，カードリーダに関する発明「FM信号復調装置」に関する米国法上の特許権を保有し，日本においては，「本件発明」と同一の発明について特許権を有していないX（原告，控訴人，上告人）が，本件発明の技術的範囲に属する製品を日本で製造してアメリカに輸出しているY（被告，被控訴人，被上告人）の100％出資した米国子会社である訴外Zの同国においてこれを輸入・販売する行為は本件米国特許権を侵害するものであるところ，YがY製品を日本から米国に輸出する等の行為が米国特許法271条(b)項に規定する特許権侵害を積極的に誘導する行為に当たり，Yは本件米国特許権の侵害者としての責任を負うと主張して，Yに対し，①Y製品を米国に輸出する目的で日本で製造すること，日本で製造したY製品を米国に輸出することおよびYの子会社その他に対し米国においてY製品の販売または販売の申出をするよう日本において誘導することの差止，②Yが日本において占有するY製品の廃棄，③不法行為による損害賠償（時効により消滅した部分については予備的に不当利得の返還）を求めた事例である。

(15)　前掲注（10）および注（13）の本文参照。また，後掲注（29）の本文参照。

(16)　浅野有紀＝横溝大「抵触法におけるリアリズム法学の意義と限界」金沢法学45巻2号（2003）308頁（横溝）は，特許権は公権力性の度合いの高い強行的適用規定であるとされる。

的処理において，知的財産権に関する法律関係を「公法的法律関係」あるいは「私法的法律関係」ととらえ，準拠法選択の有無という抵触法的判断をしているのである。まず，松本弁護士は，特許権侵害を「公法的法律関係」ととらえ，各国特許法は相互抵触しないため，準拠法選択のための国際私法は原則的に不要であるとしている(19)。また，公法的法律関係ととらえる見解の中では，田村教授のように知的財産権の抵触関係の存在自体は認めつつも，その決定は国際私法という「迂路」を経由すべきではなく，抵触法的ルール

---

(17) 大渕哲也「特許権審判と特許訴訟の諸問題」ジュリスト1227号（2002）33頁によると，特許権は，行政処分から私権が生ずるというように，行政処分が私権自体を形成させるという点で，公法，私法の二面性を本質的に併有する特殊な法的性格を有しているとされる。しかし，この見解は，国際私法的処理との関係でこう言っているものではなく，特許審判と特許訴訟との関連で，特許審判の審決が行政処分ではあるが，その実質においては，裁判に準ずることを示すとともに，特許権という私権の発生・消滅等に直接かかわるものである点を指摘しているものであると思われる。

(18) 元永和彦「特許権の国際的な保護についての一考察」筑波大学大学院企業法学専攻十周年記念論文集『現代企業法学の研究』（2001）570-571頁は，「特許権は物理的に可能な発明の実施行為を制限するという性質を有する点において，所有権のような権利と比較してより法技術的性格が強いが，特許権者と当該発明の利用者という私人間の利益の調整を図ることを目的としている点において，特許法は民法等の私法と性質を同じくする」ものであるとし，「従って，日本の裁判所には外国の特許権を適用する権限を欠けると言う必要はない」としている。

(19) 松本直樹「クロス・ボーダー・インジャンクションについて」清永利亮＝設楽隆一編『現代裁判法体系26 知的財産権』（青林書院，1999）46頁。ただし，この見解は，「独占権の地理的範囲は多少広がりがあり，他国の法との衝突について調整が必要である」とし，「日本においても一種の域外適用を認めるべきで，域外適用を認めているアメリカ特許法を承認すべきである」としている。その他，国際私法無用論を主張する見解としては，差止請求との関係ではあるが，浅野有紀＝横溝大・前掲注（16）は「特許権は公権力性の度合いの高い強行的適用規定であり，特許権の効力に関する法の適用関係は法例に規定される準拠法選択とは次元の違う問題である」とし，道垣内正人「米国特許権の侵害」ジュリスト1246号（2003）279-280頁も「特許権制度は一国の産業政策に基づく公法上の問題であり，特許にいかなる効力を与えるかはその付与国法によるのが当然のことであり，法例で規定する準拠法決定の問題は生じる余地はない」としている。

としては、知的財産の利用者に準拠法に関する予測可能性をもたらす保護国法を適用すれば足りると論ずるものもあり(20)、紋谷教授や茶園教授のように、知的財産権の厳格な属地性からして、本来的にその地域的適用範囲が画されており、その領域内に限定された存在であるため法律の抵触はそもそも生ぜず、一義的に保護国法が適用されると論ずるもの(21)もある。これらの見解に対しては、公法的法律関係ととらえていながらも、法例の条文を通じた「法の抵触」の規律を行っている点において、その内部の論理に混乱があるとの批判がある(22)。また、公法的法律関係あるいは属地性を有する公法については法の抵触はそもそも生じないとしている前記の見解に対して、元永教授は、「法の抵触」というのはある事実関係に適用可能な法律は複数存在し、その実質法が無限定の適用範囲を有していることを前提にしているが、公法的法律関係である場合にもこのような前提をみたす場合があり得るので、たとえ特許権を公法的法律関係と判断した場合にも、直ちに法の抵触は生じないとはいえないとしている(23)。

一方において、特許権侵害の問題を「私法的法律関係」の枠組みの中で考え、私法的法律関係であるので「法の抵触」が生じ、国際私法に基づく準拠法選択が必要であるとする見解がある(24)。このように特許権侵害の問題を「私法的法律関係」とみる見解の中には、知的財産権の属地主義の原則をどうみるかによって国際私法的処理の可否が決定されるとするものがある。すなわち、齋藤教授は、特許権侵害の問題を「私法的法律関係」ととらえなが

---

(20) 田村善之『機能的知的財産法の理論』(信山社、1996) 256-257頁。

(21) 紋谷暢男「工業所有権と属地性」ジュリスト増刊 国際私法の争点 (1996) 24頁は「属地主義の原則から、法例11条1項の適用を俟つまでもなく、保護国法に従って決定される」とする。また、茶園成樹「特許権侵害に関連する外国における行為」ジュリスト679号 (1999) 16頁も、「特許権侵害に法例11条1項が適用されるかどうかにかかわれず、保護国法が準拠法となると考えられる」とする。ただし、この見解は、国際私法的ルールを完全に排除するものではなく、法例11条2項や3項についての言及がなされている。また、FMカードリーダ事件の控訴審判決も、差止および廃棄請求の準拠法決定について同様な立場を採っている。

(22) 早川・前掲注 (9) 201頁。

(23) 元永・前掲注 (18) 572頁。

第3節　知的財産権の実質法的性格とその国際私法的処理への影響

らも，知的財産権の属地主義の原則に関して，属地主義的アプローチは域外適用のような新たな法発展を妨げると批判し，知的財産権関連事件についても，属地主義と関係なく国際私法を適用して準拠法を指定すべきであるとし(25)，その反面，大友助教授は，属地主義の原則を「自国の領域内で行われた行為についてのみ，専ら自国法のみを適用するという」公法上のものととらえ，このような意味での属地主義の原則が用いられる場合，つまり公法的法律関係が働く場合には，国際私法の問題として扱われることはできないとしている(26)。同助教授は，「私法的法律関係」においては，かかる意味での「公法上の属地主義」を問題にする余地はないので，専ら国際私法上の問題として扱えばよいとしている(27)。

また，「私法的法律関係」の枠組みで考える見解においては，外国の域外適用「的」規定に対して，準拠法所属国の強行規定として指定可能性を認めるか，国際私法上の公序の対象としているなど，いずれも国際私法の枠組み

---

(24) 国際私法的処理が必要であるとする見解として，元永・前掲注(18) 571頁は，特許権を私法的性質のものととらえ，「法の抵触」の問題が存在するとしている。また，FMカードリーダ事件・最高裁平成14年9月26日判決の調査官解説においても，差止および廃棄請求の準拠法決定と関連したものではあるが，「本判決は，（特許権に）公法的性質があるとしても，私人間の権利紛争である特許権侵害に基づく差止請求や廃棄請求をもって，直ちに私法的法律関係にあたらないという結論を導くことは難しいとして，『私法的法律関係』の枠組みで処理する準拠法決定必要説を採用した」とされている。高部眞規子「重要判例解説」L&T 19号（2003）86頁。

(25) 齋藤彰「米国特許権に基づく製造禁止請求等の可否」ジュリスト1179号（2000）300頁。また，小泉直樹「いわゆる属地主義について」上智法学論集45巻1号（2001）8頁は「知的財産法の公法"的"性格を承認するとしても，抵触判断について国際公法のルートで処理するか，それとも，国際私法のルートにおける準拠法選択におけるファクターとして加味するにとどめるかは必ずしも一義的に導かれるものではない。少なくとも，いかなる抵触法的判断も経ずに領域性を導く必然性はなさそうである」とし，抵触法的判断は必要であるとするが，属地主義なる伽をはずすべきであるとしている（同30頁参照）。

(26) 大友信秀「米国特許侵害事件の請求を属地主義の原則に基づき棄却した事例」ジュリスト1171号（2000）109頁。

(27) 同前頁。

の中での処理を行っており，前掲注（12）の本文の主張のように域外適用規定は公法的規定または公法的法律関係にのみ関連するもので，国際私法上の処理の対象ではないという見解とは，実は，一致していない。

II 差止および廃棄請求の準拠法と損害賠償請求の準拠法の区分

　実質法上の性質から当該法律関係を判断し，私法的法律関係のみが準拠法選択の対象となるという意味での公法・私法の峻別論は，知的財産権関連訴訟において，実質法上の価値判断により差止および廃棄請求の準拠法と損害賠償請求の準拠法とを区分して判断し，差止および廃棄請求の準拠法については，公法的法律関係または公法上の属地主義により，準拠法選択の必要性は無いという判断を導いたといえる。

　具体的な知的財産権関連訴訟の例として，FMカードリーダ事件判決においては，一審判決から最高裁判決までを通じて，実質法上の価値判断により差止・廃棄請求は特許権の効力の問題とし，一方で損害賠償は不法行為の問題として区別して判断している。すなわち，一審判決[28]においては，差止および廃棄請求の準拠法については一国一特許，属地主義，特許独立の原則に照らし，「当該特許権が登録された国の法律を準拠法とすべきものと解するのが相当である」とし，本件の場合は米国特許法が準拠法となるとした。一方，損害賠償請求については，「特許権特有の問題ではなく，あくまでも，当該社会の法益保護を目的とするものであるから，不法行為の問題と性質決定し，法例11条によるべきとするものと解するのが相当である」とした。二審の東京高裁[29]は，差止および廃棄請求の準拠法については，属地主義に基づいて法例で規定する準拠法決定の問題は生ずる余地はないとし，登録国法が準拠法となるとし，損害賠償請求については，不法行為の問題と性質決定し，法例11条1項によるべきであるとした。最高裁[30]は，差止および廃棄請求の準拠法について，米国特許法により付与された権利に基づく請求

---

(28)　東京地判平成11年4月22日判時1691号131頁。
(29)　東京高判平成12年1月27日判時1711号131頁。
(30)　最判平成14年9月26日民集56巻7号1551頁。

であるという点において，渉外的要素を含むものであるから，準拠法を決定する必要があるとし，その法律関係の性質を特許権の効力と決定すべきであるとし，特許権の効力の準拠法に関しては，法例等に直接の定めがないから，条理に基づいて，当該特許権と最も密接な関係がある国である当該特許権が登録された国の法律によると判断し，損害賠償請求については，一審・二審と同様に不法行為の問題と性質決定した。

以上のように，本件は，外国特許権侵害に基づく差止請求や廃棄請求の準拠法決定について，当該法律関係をどう判断するかによって，準拠法選択という国際私法的処理の必要性の有無が決定された。問題となるのは，差止請求や廃棄請求については準拠法決定の問題は生じないと判断した控訴審判決である。この判断を支持する根拠として，道垣内正人教授は，外国特許権侵害に基づく差止請求や廃棄請求を特許の効力の問題とみて，前述の公法・私法峻別論に基づいた国際私法上の外国公法不適用の原則から，特許効力の問題は公法の問題として国際私法の対象とはならず，準拠法決定は不要であるとしている[31]。

つまり，特許権制度は一国の産業政策に基づく公法上の問題であり，外国公法は基本的に不適用であり，日本での差止や破棄処分を請求するのであれば，それは日本の特許法に基づくものでなければならず，外国特許法に基づいた差止請求は棄却すべきであるとする。この見解によれば，特許権は公法的法律関係を規律することで準拠法選択の余地はなく，著作権法は私法的法律関係を規律することであるので，準拠法選択が必要であるとされる。このように，実質法上の性質決定により差止および廃棄請求の準拠法と損害賠償請求の準拠法とを区別して論じるようになり，また，差止および廃棄請求につき，準拠法選択の余地は無いと判断するようになったのも，上述の公法・

---

(31) 道垣内・前掲注 (19) 278-280 頁。また，同・「国境を越えた知的財産権の保護をめぐる諸問題」ジュリスト1227号 (2002) 52-58 頁は，「工業所有権の付与にかかる法は，その公法的色彩の強さに鑑み，公法であるが，その侵害にかかる救済を定める法も公法というべきかは，議論の余地がある」とし，特許効力の問題は公法の問題として準拠法選択の必要性はなく，損害賠償の問題は侵害にかかる救済の問題として準拠法選択の必要性はあると判断している。

私法の峻別論により国際私法的処理の対象を決めようとした結果であると思われる。

一方，FMカードリーダ事件の一審および最高裁判決のように，両請求に対して法例上の準拠法決定が必要であるという前提の下で，差止および廃棄請求と損害賠償請求とは法的性質が異なるので，別々の準拠法決定を主張する見解がある(32)。つまり，損害賠償請求は被害者に生じた過去の損害の填補を図ろうとし，主観的事情を要件とするものであり，特許権の排他的独占権としての性質から故意過失を問わず将来的に行為の停止を求める差止請求とは趣旨も性格も異なり，根拠条文も同一でないから，侵害に対する救済の一つといった抽象的な概念により同一に扱うことは不適切である，とされている。このように，両請求を法的性質から区分し，別々の準拠法を選択しようとする考え方は，特許権侵害事件のみならず，日本においては他の著作権侵害事件にも影響を与えているように思われる。すなわち，平成16年5月31日東京地裁判決（平成14（ワ）第26832号，著作権侵害差止等請求事件)(33)においても，著作権侵害に基づく差止請求については，「著作権に基づく差止侵害は，著作権の排他的効力に基づく，著作権を保全するための救済措置」として，「その法律関係の性質を著作権を保全するための救済措置と決定すべき」であり，ベルヌ条約5条2項により「保護が要求される国の法令の定めるところによる」とし，保護が要求される国は日本であり，日本法を準拠法とし，これに対して著作権侵害に基づく損害賠償請求については，不法行為と性質決定し，法例11条1項により日本法が準拠法となる，とされている。

これに反して，差止・廃棄請求も損害賠償請求とともに違法な侵害に対す

---

(32) 齋藤彰・前掲注（25）301頁。そこでは，「前者［差止請求：筆者注］を特許権の排他性の基づく物権的請求権類似のものと捉え，後者［損害賠償請求：筆者注］は不法行為に基づくものとする日本の実質法の発想からは，国際私法上，両者を区別することは不自然とは言えまい」とし，「現実問題として，両者の準拠法は一致する場合が多いであろう」とされている。

(33) 「中国人著作者の相続人による著作権侵害及び著作者人格権侵害に基づく差止及び損害賠償請求，ならびに名誉毀損の侵害に基づく侵害請求事件著作者人格権侵害に基づく損害賠償請求，差止請求事件」という長い事件名のものである。

る法的効果として一体的にとらえれば足り，あえてこれらを異なるように法律関係の性質決定をする必要はない，とする説も存在する[34]。これらの意見によると，国際私法上は，損害賠償請求ばかりではなく，差止・廃棄請求も含めて，総括的に違法行為に対する法的効果とみて不法行為の問題として法性決定すべきであるとされている。

第4節　妥当性の検討

I　国際私法における公法・私法の峻別論と法の適用関係の基本構造

　サヴィニー型抵触法方法論について，公法・私法の峻別論の観点から，公法として判断される法領域については国際私法上の準拠法選択の前提となる「法の抵触」は発生しないとし，国際私法的処理を排斥するという既に示してきた硬直的な考え方が，はたしてサヴィニー自身の公法・私法の峻別論に忠実なものなのかを，まず検討する必要があろう。

　サヴィニー自身は，公法・私法の峻別はしたものの，日本での議論のように，公法的法律関係と私法的法律関係の区別をして，公法的法律関係には準拠法選択の問題は発生しないとは言及していない[35]。サヴィニー自身が公法をどう見ていたのかが重要である。

　サヴィニー的抵触法の方法論自体は，内外法平等の観点から，私法的法律

---

[34]　このような見解としては，木棚照一「国際知的財産権紛争の国際裁判管轄権と準拠法——最近の判例における属地主義の原則との関連における展開を中心に」特許研究38号（2004）15頁。また，大友・前掲注（26）109頁も，「差止の性質は，不法行為の効果として損害賠償と一体として捉えるべきであるものであるから，不法行為についての規定である法例11条を適用して準拠法を決定すべきことになる」とし，元永・前掲注（18）580頁も，「双方について特許権の効力の問題とするか法例11条の問題とするかで一本化すべき」であるとしている。

[35]　Savigny, *supra* note 5, at 32. なお，櫻田・前掲注（5）336頁以下。

第1章　国際私法における公法・私法の峻別論と知的財産権

関係を中心として発達してきたものであるが，法廷地の厳密な実体的・強行的性質の法規，つまり絶対的強行規定の，当該準拠法とは別途の適用は，サヴィニー自身も認めて来たということに注意すべきである[36][37]。すなわち，サヴィニーにおいても，私法的法律関係に作用する絶対的強行法規（介入規定）について，つまり双方的抵触規則を形成することが困難な一定の問題については，法規から出発することを容認する形で，抵触法（法の抵触）の枠組みの中での考慮があったのである。これを日本での議論のように，サヴィニー的抵触法方法論においては，公法あるいは公法的法律関係は準拠法選択という国際私法的処理の対象にならないというように解することはできないであろう。

　サヴィニー的公法・私法峻別論に対する，公法あるいは公法的法律関係は国際私法的処理の対象にならないという理解から，公法は国際私法の対象とならないという考え方を表したものとして「外国公法不適用の原則」[38][39]というものが存在するとされる。この原則の背後には公法の属地性の原則がある，とも言われている。しかし，かつては内在的適用範囲（属地主義）を持っており，それを制定した国の領域内でのみ適用され，その領域外で適用

---

(36)　石黒一憲『国際私法』（新版）（有斐閣，1990）291頁には「法廷地の絶対的強行法規の介入問題はサヴィニーにおいても既に認められていたものであり，」という指摘がある。また，櫻田・前掲注（5）341頁も，Savigny, *supra* note 5, at 276を引用しながら，「裁判官は債務の本拠に妥当していない場合といえども，自らに妥当する強行的法律を適用すべきである，と同様に，自らにとってそれが法律としては存在しない場合には他地に（債務の本拠に）妥当する強行的法律を適用するには及ばない」としている。

(37)　この点からすれば，法廷地の絶対的強行法規の適用を規定するEC契約準拠法条約7条2項は，確認的規定に過ぎないといえよう。

(38)　かかる理論の下で，横山潤「国際私法における公法」ジュリスト増刊 国際私法の争点（新版）（1996）23頁は，「法規の役割・機能が当事者の利益関係の調整とは無縁の法規，とくに国際契約に介入する（輸出管理法のような）法規については，国際私法規の指定の対象とはならないと考えられる」としている。また，これら法規について，法規の態様ないし性格に着目し，「公法」という範疇を与える論者として，折茂豊『当事者自治の原則——現代国際私法の発展』（創文社，1970）287頁がある。

第 4 節　妥当性の検討

されないと考えられていた公法の分野，あるいは非民事の分野においても，たとえば刑法の国外犯の規定[40]の存在，また，独占禁止法，外国為替管理法および米輸出管理法等の域外適用規定のように，公法として分類されるから直ちに属地主義の原則に基づく領域限定であると前提できる状況ではなく，その地理的適用を越えて適用を行うようになっているのが現状である[41]。また，公法の属地的適用の意義として挙げられる裁判規範，すなわち「一国の公法はその国の裁判所によってのみ適用されるに過ぎない」という原則も，その意義が薄くなってきたことも事実である。

　また，この原則自体についても，そこにいう「不適用」というのは，決して当該法に関して生ずる法的効果をすべて否定することを意味するのではなく，外国公法を当該外国政府に代わって強制することが許されないに過ぎない。つまり，この原則は単に外国公権力を法廷地国が代替的に行使することの禁止を意味し，法の不適用を意味するものではいというように，この原則

---

(39)　他方において，この理論を展開する道垣内正人教授は，同「法適用関係理論における域外適用の位置づけ」松井芳郎＝木棚照一＝加藤雅信編『国際取引と法』（名古屋大学出版会，1988）213 頁以下においては，準拠法選択の手法を公法領域にダイレクトにあてはめようとし，外国の公法的法規（独占禁止法等の域外適用規定）を国内で適用すべきであるという解釈論を展開している。

(40)　ちなみに，裁判所は刑法 1 条ないし 4 条の 2 の規定に照らして日本の刑法が適用されるかどうかについてのみ判断すればよいのである。この点につき，石黒一憲『国際摩擦と法　羅針盤なき日本』（信山社，2002）75 頁は，「刑法は，自国の側が有する重大な関心を根拠に，属地主義を踏み越える立場を，種々の罪を列記する形で示している」とし，この意味で「既に属地主義は万能ではない」としている。なお，石黒・前掲注 (11) 18-20 頁も参照。

(41)　横山・前掲注 (38) 24 頁は，外国公法の内国での適用の条件として，①事案と当該外国との密接関連性，②当該法規の内国法秩序における受容可能性を挙げている。この見解は，①を外国公法がもつ適用範囲が国際法上適法か否かという点であると理解した場合，輸出管理などの領域において立法管轄権に関する国際法上のルールが明確とはいえないので，当該要件は適用を欲する外国公法を当事者の予見し得たものに限定する機能を持つものとして理解すべきであるとする。②については，国際的約束の存在など何らかの法的基準がある場合にのみ外国公法の受容可能性を判断すべきであり，いわば生の政治的・外交的判断を裁判所に要求すべきではないということから，②の要件は必要であるとしている。

の範囲を限定的にとらえている(42)。

　このように，公法の属地性に基づいた「外国公法不適用の原則」の妥当性については，私法の公法化現象をも反映して，近年否定もしくは限定的にとらえようとする傾向が強くなりつつあるので，この原則自体を絶対的なものとはいえないであろう。

　したがって，独占禁止法や外国為替管理法などの公法的色彩の濃厚なもの，つまり公法的規定としての性格づけをなし得る外国の法規定については，これを公法として分類し，国際私法の考慮対象ではないという考え方をとるべきではなく，私人の私法上の権利義務ないし法的地位に影響を与える限りにおいては私法規定とともに国際私法の考慮対象として準拠法選択の対象となると見るべきである。そのような趣旨の立法例として，1987年スイス国際私法典第13条第2文がある。そこでは，「外国の法規範はそれが公法的性格を有することのみによってはその適用は排除されない」と規定され(43)，外国公法あるいは公法的性格を有する法規範の適用可能性を示唆している。この規定については，外国公法の適用に対して消極的な規定方法を採ったものとして，外国公法も準拠法の一部として適用されるという意味なのか，または，準拠法と関係なく適用される強行法規の特別連結によるものなのかについては意見の対立があり得るが(44)，「この法により準拠法として指定される外国法は当該法律関係に適用されうるその国家のすべての規定を含む」と規定しているスイス国際私法13条1文との整合性から考えた場合，1980年

---

(42)　佐藤やよひ『ゼミナール国際私法』（法学書院，1998）113頁。

(43)　この立法をモデルとして，2002年韓国国際私法6条には「この法により準拠法と指定された外国法の規定は，公法的性格を持っているという理由だけで，その適用が排除されない」との規定を設けている。その立法趣旨としては，石光現『国際私法 解説』（芝山，2001）69頁によると，公法の私法化，公法私法の区別の不明確，私法・公法の区別が曖昧な国家の存在が挙げられている。また，同70頁によると「「外国公法を適用する」という意味は，外国の行政的・刑事的な様々な規制ないし制裁措置をそのまま民事事件の処理のために直接適用し，執行することを意味するのではなく，外国公法に基づく私法的規定の適用ないし私人間の法律関係に関係する反射的効力（Reflexwirkung）に関する問題である」とされている。

(44)　石光現・前掲注（43）69頁。

第4節　妥当性の検討

EC契約準拠法条約（いわゆるローマ条約）の立場と同様に準拠法の一部として適用されるという意味であると思われる[45]。

　しかし，同じように外国公法あるいは公法的性格を有する法規範の適用可能性を示唆しているものとして，サヴィニー的伝統的国際私法の基本から判断した場合，批判の余地があるものは，1940年代のドイツ起源の強行法規の特別連結論[46]，第3国の絶対的強行法規の特別連結を規定している1980年EC契約準拠法条約7条1項[47]，また，契約に限らず一般に，外国（第3国）の強行的規定を考慮する規定を設けているスイス国際私法19条である。すなわち，これらの規定は，外国の絶対的強行法規適用の際の，複数の第3国絶対的強行法規の抵触問題[48]，絶対的強行法規の厳密な定義の問題，裁判官に政治的判断を課していること，また，伝統的サヴィニー的国際私法方法論からみた場合，準拠法所属国あるいは第3国の絶対的強行的法規中，公

---

[45]　1980年EC契約準拠法条約が，準拠法所属国の強行法規は準拠法の一部として適用されるという立場を採ったことには，異論がないとしている。石光現『国際私法と国際訴訟』（第1巻）（博英社，2001）53頁以下。

[46]　強行法規の特別連結論とは，ドイツのヴェングラーやツヴァイゲルによって提唱されたもので，契約関係における当事者自治の原則が無制限的に認められるという前提の下に，当該契約関係と密接な関係を有する国の公法的法規（強行法規）を適用するという理論である。この理論と同旨の考え方に立つものと思われる規定としては，IMF8条2(b)を挙げることができる。同条項は「いずれかの加盟国の通貨に関する為替契約で，この協定の規定に合致して存続し，又は設定されるその加盟国の為替管理に関する規制に違反するものは，いずれの加盟国の領域においても執行され得ない」と規定し，加盟国はこの条項により第3国の為替管理法を適用する条約上の義務を負うことになる。この規定の問題性については，石黒一憲『国際的相剋の中の国家と企業』（木鐸社，1988）184頁。

[47]　この規定は，前掲注（46）の強行法規の特別連結論をそのままの形では採用せず，法廷地裁判官の裁量で，事案と一定の関係のある「第3国の」絶対的強行法規の「適用」に代えて，その「考慮」を認める形で変容させたものである。石黒一憲『国際私法』（新世社，1994）49頁および275頁。

[48]　なお，折茂・前掲注（38）186頁以下によれば，複数国の絶対的強行法規が抵触する場合は，当該契約に対する密接な関係性の存在を1つだけに限定する必要がないとされているから，関連する強行法規がすべて累積適用されることとなるとされている。そこでは，契約が有効に成立する範囲もかなり狭く限定されざるを得ない。

権力行使に当たる部分まで適用される可能性があるという点で，その妥当性が疑問視されるのである。とくに，EC契約準拠法条約7条1項については，締結当時，イギリス，ドイツをはじめ，少なからぬ国が留保をしたことからわかるように，法規を対象とする国際私法理論である強行法規の特別連結論については，その構成自体がまだ十分に成熟したものでないとして，多くの問題性を内包していた[49]。

一方，法廷地国の公法的規律については，上述したように，サヴィニーにおいても既に認められたように，法廷地の厳密な実体的・強行的性質の法規は，今日言われるところの絶対的強行法規として，準拠法選択にかかわらず適用されるようになる。

かくて，法律関係に着目して最も密接な関係の法を探求する，というサヴィニー的抵触法方法論をベースとする現代の国際私法的問題処理における法の適用関係を考えた場合，公法・私法の一元的峻別（または，公法的法律関係と私法的法律関係の区別）をし，公法（または公法的法律関係）であるから準拠法選択の前提である法の抵触は生じないと判断するのは，妥当ではないというべきである[50]。抵触法における法の適用関係の基本構造は，公法的規定としての性格づけをなし得る外国の法規定については，公法としての属地性を持っているからといって直ちに国際私法の対象外とすべきではなく，「法の抵触」の問題は存在するという前提の下で，国際私法的処理の基本的枠組みの中でのこれらの法規をカテゴリカルに排除しない形での適用範囲決定の必要があるのである。

しかし，内国裁判所で適用されるのは，当該事項に関して私人の私法的な権利義務ないし法的地位を規律する規範の総体であるので，外国の行政的・刑事的な規制ないし制裁措置をそのまま法廷地において民事事件の処理のために直接適用・執行するような，外国公権力の域外的行使に当たるものは除くべきであろう[51]。また，外国の公権力行使に当たる規定以外の外国の公

---

(49) 木棚・前掲注 (11) 77頁（山内惟介「特別連結論」）は，「たとえば，債務準拠法所属国と強行規定所属国とで連結の内容が異なる場合，特別連結論の内容によって，単一の契約が内容を異にする複数の法律関係に分裂することの問題性（破行性）」も指摘している。

第4節　妥当性の検討

法的規定について，その適用が排除または制限される必要があるとしても，それは当該法規を適用した結果に着目する国際私法的考慮を基礎にして判断すべきである(52)。そして，国内裁判所での適用如何を判断するのは，適用されるべき準拠法の法規範を各「法律」単位ではなく，個々の規定ごとに強行規定か任意規定かあるいは絶対的強行法規か相対的強行法規かを判断すべきである(53)(54)。個々の規定ごとに判断する理由は，たとえば，商法のように私法と分類されている法律の中にも絶対的強行規定はありうるし，規範全体としてそれが絶対的強行法規であるか否かを判断するのが困難なものがあるからである。その意味では，ある法規の性質が公法か私法かの判断により（そもそも，その区別自体が各国の現実の法体系上明確になされるものではないが），その処理を一律的に決定するのは，国際私法的処理においてはあまり意味のないことであると思われる。

　もっとも，現行国際私法の構想的理解としては，別段サヴィニー型に限定して考える必要がないとの見解がかねてから国際私法学界において主張され

---

(50) これと関連して，石黒・前掲注 (47) 16-17 頁は，国際私法の対象について，「伝統的に，民商法レヴェルの，いわゆる私法についての法の抵触状態を処理するのが国際私法の基本的任務であるが，各国の公法の抵触についても，いわば私法のそれとワンセットでそれを扱う必要が，実際にはある。そもそも私法公法の峻別論は，（国際裁判管轄についてはともかく）少なくともこの場面では決め手とはならないのである。非私法的諸問題をも広くカヴァーし，かつ，国際倒産法を含めた国際民事手続法のウェイトが，内外を問わず，日に日に高まっているのが現状である」とし，同「国際課税と抵触法（国際私法）［上］」貿易と関税 (2005/9) 65 頁においても，「「国際私法」という学問分野の「名称」が，いわゆる「公法」領域での諸問題をも広く扱うに至っているこの学問の実体と流離していることは，従来から，それとして問題であった」と指摘している。また，同『国境を越える知的財産』（信山社, 2005) 391-392 頁は，J.Kropholler,IPR(5.Aufl.2004), at 23 が「介入規範を私法的・公法的に区分することは，国際私法にとって決定的ではない」としている点を引用している。

(51) サヴィニー的準拠法選択の枠組みから切り離し，別枠で処理しようとする第3国の強行法規の特別連結論は，外国公権力の域外的適用の可能性を示唆しているので排斥すべきであろう。

(52) 国際私法上の「公序」を発動して外国法を排斥することになる。

ているのは事実である(55)。たしかに，スタテュータ型方法論によると，サヴィニー型方法論の限界ともいえる私法と公法を区分することなく，両領域において同じような方法論をもって各法規の地域的適用範囲を画定することができるようだが，以上論じてきたようにサヴィニーにおける公法私法の区分がサヴィニー型方法論の限界であるとはいえないし，各国法の基本的平等・普遍主義というサヴィニー型方法論の現代的価値を重視し，現代においてもその方法論を堅持すべきであり，方法論的硬直性等の問題点についてはその内部的改革により個別事案に即した十分な国際私法上の柔軟な利益衡量を行うべきであろう。

---

(53) 法例研究会『法例の見直しに関する諸問題(1)』別冊NBL 80号（2003）69頁は，法廷地の絶対的強行法規を「わが国の政治的・社会的・経済的秩序の根幹にかかわる」ものとし，独占禁止法，外国為替管理法，労働基準法，利息制限法等の「法律（同報告書では法規ではなく法律という表現を使っている：筆者注）」を挙げており，一方，ドイツやスイスの場合は，具体的運用として，ある規範が「絶対的強行法規」であることを示す明文の規定がないので，当該規範の内容および目的を基準に，個々の規定の解釈・適用に委ねていると紹介している。藤田友敬「会社の従属法の適用範囲」ジュリスト1175号（2000）9頁が，「証券取引法の中に，実は私法的性格のルールが混じっていたり，逆に私法的に見えるルールが実は公法（絶対的強行法規）的な性格の規定があったりする」と正確に指摘しているように，絶対的強行法規か相対的強行法規かは，法規単位ではなく，個々の規定ごとに判断していくべきであると思われる。

(54) 絶対的強行法規と相対的強行法規の概念について，石黒・前掲注（47）47頁は当該準拠法の如何に関わらず，自国で適用されねばならない強い政策目的を有する法規である法規を絶対的強行法規とし，抵触規定によって準拠法として指定されなければ適用対象とならない法規である法規を相対的強行法規であると述べている。

(55) 佐藤・前掲注（42）2-4頁，6-7頁，47頁によると，スタテュータ型方法論とサヴィニー型方法論は国際私法の対象が法であるか法律関係であるかで違いはあるが，厳密にいえばこれらは見方の相違であり，いずれの方法論も実質法の地域的適用範囲を画定する機能を営むことにかわりはないとし，重要なのは，国際私法が単に「法律関係」を対象とすると解するとサヴィニー型の方法論しか成立しないのに対し，「法規」を対象とすると解すると両方法論が成立する多元的な構想となることである，とされているが，この見解は両方法論の本質的な出発点の差には着目していないようである。

II　知的財産権の実質法的性質と準拠法選択の有無について

　かくてサヴィニー的法の適用関係の基本構造から考えた場合，知的財産権に関する国際私法的問題について，関連する実質法を公法あるいは私法と分類して準拠法選択の有無を判断するのは，サヴィニー的な公法・私法峻別論とも相容れないし[56]，決定された実質準拠法上の個々の規定ごとの性質により法廷地での適用を判断していく国際私法的処理においては，それほど意味のないことであると思われる。また，日本での議論においては，当該紛争事実における法律関係について公法的か私法的かという性質決定をした後，準拠法選択の有無を判断している。いわゆる法性決定論の枠内で準拠法選択の有無を判断しているようであるが[57]，法律関係の性質決定をするというのは，既に準拠法選択を前提としているともいえるのではないかと思われる。

　あえて知的財産権に関して法的性質を決定するのなら，問題となる特許権の場合，その成立や登録過程においては公法的な性格がないとはいえないが，特許権自体が公法的であるとはいえないはずであり，特許権も権利として成立している以上，それは財産権であって私法上の権利[58]であり，私人の私法上の権利義務ないし法的地位に影響を与える問題として当然に国際私法の対象となるとすべきである。しかし，公法的法律関係か私法的法律関係かの判断を法廷地実質法上の区分に従って判断している点，つまり実質法的価値判断をもって抵触法的判断をしている点は，いずれにしても批判を免れるこ

---

(56)　前掲注（35）・（36）の本文および同注に続く本文参照。

(57)　早川・前掲注（9）192頁。ただし，法性決定を，澤木敬郎＝道垣内正人『国際私法入門』（第4版再訂版）（有斐閣，2002）18頁のように国際私法規定に含まれている単位法律関係を示す概念をどのようにして決定するかという問題であるとすれば，ある法律関係が公法的か私法的かを決めることは法性決定の枠内には入らないといえるかもしれないが，日本での議論においては，ある法律関係が公法的か私法的かを決めることと，上記の意味での法性決定はほぼ同時的に行われているので，公法的か私法的かという法律関係の性質により準拠法の適用有無を決めることは法性決定の枠内で準拠法選択の有無を決めていると判断してもよいのではないかと思われる。

とはできないであろう。

III 差止および廃棄請求の準拠法と損害賠償請求の準拠法の区分について

知的財産権侵害訴訟において，差止および廃棄請求の準拠法と損害賠償請求の準拠法とを区分するのは，上記の公法・私法峻別論から導かれた日本の学説および判例のみでの現象のようである。

比較法的観点から見た場合，アメリカは，差止の法的性質は物権的請求権というよりも損害賠償の一形態とし，特許侵害に対する救済としては損害賠償が原則であり，これによる救済では不十分であると考えられる場合に裁量的に差止命令を出すことができるとする[59]。イギリスの場合，従来から厳格な属地主義の原則の下ではあるが，知的財産権侵害を不法行為として性質決定している。しかし，侵害に対する救済手段別に分けてその準拠法を決めると論じてはいない[60]。ドイツおよびスイスの場合も，知的財産権侵害につき，不法行為として性質決定することを排除する立場が多いが，「侵害」

---

[58] なお，TRIPS協定前文においては，「知的財産権は私権であることを認め (Recognizing that intellectual property rights are private rights,)」という明確な規定を設けている。これに対する解釈として，後藤晴男『パリ条約講話』（発明協会，1994）497頁によると，「知的財産権は私権であり，公益のためのものではないことを明確にしている。したがって，知的財産権侵害部品の国境措置（水際規制）は，権利者の申立を基本とすべきであって，職権に従たる手続とされるべきこととなる。また，知的財産権の行使については，権利者に民事上の司法手続を提供すべきこととなることを認めている。」とされている。

[59] これに対して，米国法では，差止を認める裁量判断の基準として，損害賠償による救済の実効性という基準が有意義であるとして採用されているに過ぎず，この扱いをもって，差止と損害賠償を一体的にとらえていると考えることはできないという見解もある。井関涼子「日本国内の行為に対する米国特許権に基づく差止及び損害賠償請求」知財管理50巻10号（2000）1559頁。

[60] Dicey/Morris, *The Conflict of Laws,* 13th ed.(Sweet & Maxwell, 2000)at 1520-1522；James J. Fawcett/Paul Torremans, *Intellectual Property in Private International Law*(Oxford, 1998)at 646；Cheshire/North, *Private International Law,* 13th ed.(Butterworths, 1999)at 386-387.

第 4 節　妥当性の検討

ないし「保護」について「保護国法」による一括規律を説いており，差止と損害賠償を区分する発想はそもそもない[61]。また，韓国においても，外国特許法に基づいて差止請求や損害賠償請求を求めた具体的な事例はまだ存在しないものの，学説においては，両請求の準拠法を分けて論じていることには，強い反対の意見がある[62]。このように，比較法的にみても，両請求の準拠法を分離して論じているところはないのである。

日本法においても，仮にこの点を実質法上の概念整理から考えるとしても，特許法において特許権侵害に対する差止と損害賠償が権利侵害を規定する第 4 章第 2 節に規定されているし[63]，解釈次第では，損害賠償請求も特許権の効力によるものであるともいえないことはない。同様に，差止・廃棄請求も財産権の保護を目的とした救済であり不法行為の問題といえないことはないので，あえて両請求を区分して準拠法決定をする必要性がない[64]。

ここで注意すべきなのは，国際私法上の法律関係の性質決定における実質法と抵触法の基本的な関係である。そもそも，国際私法上の法律関係の性質決定においては，法廷地の実質法上の概念をそのまま用いることには問題が

---

[61]　石黒・前掲注（50）373-374 頁。

[62]　石光現『国際私法と国際訴訟』（第 2 巻）（博英社，2001）576-577 頁は，「特許法（韓国特許法第 126 条以下）による差止または廃棄・除去請求は，所有権等の物権に対して定められた救済手段に対応するものであり，損害賠償と同様に民事救済の一つとして通常裁判所の管轄に属している点から両者の準拠法を区別するのは疑問である。ただし，差止・廃棄請求が損害賠償の同様に不法行為として性質決定されるかあるいは物権的権利に準じる権利として性質決定されるかに関しては論難の余地はあるかもしれない」としている。また，孫京漢編『サイバー知的財産権法』（法英社，2004）684-685 頁も，差止請求について「損害賠償と同様に民事救済の一つとして通常裁判所の管轄に属している点を根拠に両者は同一の準拠法に従うものと見るのが韓国の主流的見解である」としている。

[63]　しかし，差止と損害賠償とで準拠法決定を区別して行う立場の理由付けとして挙げられているのが，中山信弘『工業所有権法 上　特許法』（第二版増補版）（弘文堂，2002）331 頁，また，335 頁にみられるような差止および損害賠償に対する実質法的概念に基づくものであるようであるが，日本の実質法上の区分を抵触法上のものとして平行移動するのは妥当ではない。

[64]　元永・前掲注（18）580 頁。

ある。法廷地の実質法上の概念区分を抵触法に直ちに導入するのではなく，法廷地国際私法の立場から，各国実質法上の多様な制度・法概念を取り込む形で，包括的かつ中立的な概念構成をしなければならないのである[65]。準拠法選択の局面においては，実質法的法政策から中立的に，密接関連法の適用や国際的法律関係の安定等の抵触法的法政策のみに基づいた準拠法選択，またそのための法律関係の性質決定をすべきである[66]。そして，これが国際私法上の通説ともなっているのである[67]。

また，事案との密接関連性を問わずに，当事者一方の主張のみによって準拠法決定をすることには問題があると思われる[68]。伝統的国際私法の方法

---

[65] 石黒・前掲注（47）163頁以下，同・前掲注（50）376頁。

[66] 浅野有紀＝横溝大・前掲注（16）292頁。

[67] 国際私法上の性質決定と関連して，石黒一憲『国際私法の危機』（信山社，2004）238頁以下は，法人格不認の準拠法の場合，江頭教授が法人の類型論，すなわち，実質法上の個別的利益調整型と制度的利益擁護型との区別をそのまま準拠法問題に持ち出し，前者については効果法，後者については子会社の従属法が準拠法になるとしている点を，実質法上の概念をそのまま抵触法上の概念として扱っていることとの関係で批判している。

[68] FMカードリーダ事件が両請求につき法的性質を異にするものとみた理由として，木棚・前掲注（34）20頁の注（30）は「おそらく，原告側代理人が英米法的感覚から普通法上の損害賠償請求と特許衡平法上の差止請求とは法的性質を異にすることを前提とし，それらを区別して論じ，被告側もそれに異論を唱えなかったことから裁判所が引きずられてしまった結果ではあるまいか」と述べている。また，元永・前掲注（18）575頁では，「国際侵害事件について原告の主張に従い特定国の特許法についてのみその適用の有無を判断すれば足りるという立場」は，同一の者の行為につき，「その差止とその妨害の排除という矛盾する判断が認められざるを得ないという混乱を導く結果となる」という妥当な指摘をしている。原告の主張通り準拠法を定めることに関する，かかる指摘は，訴訟物をどうとらえるべきかの問題とも関連する。権利主張の根拠となる実体法が異なれば，既判力は及ばないという民事訴訟法上の旧訴訟物理論の下では，同様の請求を本判決後，複数の第3国特許権に基づいて再度行うことを認めることになってしまう。たとえ，新訴訟法理論をとるとしても，実体法との関係は無視できない。ここで，国際民事訴訟における訴訟物について民事訴訟法上のそれと同様に判断するのがはたして妥当なものかという問題が提起される。石黒・前掲注（50）353頁，360頁参照。なお，石黒・前掲注（11）229-230頁。

第 4 節　妥当性の検討

論から考えた場合，準拠法選択およびその適用について当事者の主張・立証する事実の範囲内でのみ密接関連法を判断するのではなく，裁判官の職権による事実の探知による準拠法決定が必要である[69]。

さらに，差止請求も不法行為の効果として損害賠償請求と一体としてとらえることによって準拠法を別々に定め，それらが相互に異なる結論を生じさせる可能性[70]を回避することができる[71]。つまり，準拠法選択上の事案の分断による，いわゆる適応問題が発生するのを防ぐために，法律関係の性質決定段階において単位法律関係の細分化による準拠法の分断をするのではなく，なるべく準拠法の一本化を図る必要があるのである[72]。

以上のように，特許権侵害を理由とする差止・廃棄請求と損害賠償請求の

---

[69] 弁論主義が妥当する訴訟においては当事者の主張・立証する事実の範囲内でのみ連結点構成事実の確定をなしうるという立場に対する批判としては，石黒・前掲注（47）225 頁，同・前掲注（36）144 頁以下。

[70] 木棚照一「米国特許権に基づく，被告の日本国内における米国特許の積極教唆・寄与侵害行為に対する差止・廃棄請求および損害賠償請求の可否」判例評論 498 号（2000）29 頁は，「差止・廃棄請求と損害賠償請求の準拠法を別々に定め，それらが相互に異なる結論を生じさせることがあるとすれば国際私法的に望ましくないことも生じ得る」とし，相互に異なる結論が発生する場合として，同 31 頁の注（8）は，「差止等の準拠法が差止の要件を厳格に制限するが，損害賠償額を多く（二倍賠償や三倍賠償）認める法制をとり，損害賠償の準拠法が差止について寛大な要件で認めるが，損害賠償額は実施料相当額とするような場合が考えられる」としている。すなわち，国際私法上の適用問題が発生するのである。このような適用問題が発生した場合は，事後的な性質決定の手直しをし，一方の準拠法への具体的送致範囲を拡大し単一の準拠法によらしめる抵触法的調整が必要となるのである。石黒・前掲注（47）213-214 頁参照。

[71] なお，『特許関係訴訟と審判』日本工業所有権法学会年報 27 号（2003）のⅢ質疑応答 140 頁で，高部調査官は「FM カードリーダ事件最高裁判決について，仮に差止請求について不法行為説を採った場合であっても，結局は損害賠償請求と原因事実の発生地の解釈として同じになるので，特許権の効力説を採って，登録国ということと結果的に同じである。その点は，当判決においても両請求を同じ準拠法によって決定したいという気持ちが現れているのではないか」と語っている。もしそうであるとしたら，なぜ正面から両請求権の準拠法の一本化を図らなかったのかについては疑問である。

法律関係の性質決定について，実質法上の概念から両請求を区別して論じる理由はなく，差止および廃棄も財産権の保護を目的とした救済であり，国際私法上の不法行為の問題といえるので，不法行為の問題として一本化すべきである。

第5節 小　括

　以上において，国際私法における法の適用関係の基本構造を念頭に置きながら，国際知的財産権紛争に関する国際私法的処理について検討した。一部の日本国内での議論においては，サヴィニー的公法・私法の峻別論に基づいて，知的財産権の実質法上の性質決定により準拠法選択の有無が決定されるとし，また，外国特許法に基づく差止および廃棄請求の準拠法と損害賠償請求の準拠法とが区分して論じられている。しかし，サヴィニー的伝統的国際私法の立場から法の適用関係の基本構造を考えた場合，公法または公法的性質を有する規範について法の抵触は発生する余地はなく，国際私法の考慮対象から除外される，とする見解は妥当なものとはいえない。すなわち，各国法の基本的平等を基本精神とするサヴィニー的伝統的国際私法方法論においては，適用されるべき準拠法の法規範の各「法律」単位ではなく，個々の規定ごとに判断し，準拠法とはかかわらずに適用されるべき法政策上の要請のある法廷地の絶対的強行法規は適用されることになり，また，外国の公法的規範についても，直ちに準拠法選択の対象外とすべきではなく，個々の規定別に判断し，私人の私法上の権利義務ないし法的地位に影響を与える公法的法規定も準拠法の一部として適用され得ることになる。ただしこの場合，私

---

(72)　浅野有紀＝横溝大・前掲注（16）293 頁は，「単位法律関係を増やすことは，性質決定およびそれに伴う送致範囲という元来困難な問題を一層錯綜せしめる結果となるだろう。従って，製造物責任や国際的環境汚染等，ある法律関係に関する独自の準拠法選択規則を設定する場合には，抵触法上その特殊性が明確であるものに限られるべきであろう」としている。

人の私法上の権利義務ないし法的地位とは関係のない刑事的・強制的制裁のような公権力行使に関連する規定は適用すべきではない。したがって，以上のような日本での議論は，サヴィニー的国際私法方法論に忠実なものとはいえないであろう。

また，法律関係の性質決定段階においては，実質法上の概念区分を抵触法上のそれとして直ちに導入するのではなく，法廷地国際私法の立場から，各国実質法上の多様な制度・法概念を取り込む形で包括的かつ中立的な概念構成をし，密接関連法の適用や国際的法律関係の安定をはかるべきである。さらに，単位法律関係を細分化による準拠法の分断をし，複数の準拠法間の適応問題が発生しないよう，法律関係決定の段階において準拠法の一本化をすべきである。

結論的にいえば，国際知的財産権紛争に関する抵触法的処理においては，知的財産権が公法的か私法的かという実質法的性質を考慮して準拠法選択の有無を判断するのではなく，また，法廷地の実質法的判断に基づいて差止および廃棄請求の準拠法と損害賠償請求の準拠法を分けて論ずる理由はないのである。

第 2 章

知的財産権関連条約と国際私法

제 2 장

第1節　序　説

　知的財産権に関しては，古くから国際条約が締結され，法の統一が試みられてきた。また，最近のインターネットの発展によるe-commerceの普及などに伴って，その統一についての関心がより一層高まってきた。実際に，世界知的財産機構（WIPO）と世界貿易機構（WTO）などを中心に，各国の知的財産法の統一のための多数の国際条約が採択されている(73)。

　ところで，国際条約と関連して実質法統一条約が成立した場合，法廷地国際私法を通じた準拠法選択は不要であるという認識が一方にはある。すなわち，知的財産に関する統一法条約について言えば，完全な世界統一法，たとえば世界特許法ができたとしたら，国際私法は少なくとも解釈の分かれる余地のない部分についてはその限りで存在の必要性を失う，とされている(74)。

　しかし，かかる実質法統一条約により知的財産権に対する全ての国際問題が解消されているとはいえないであろうし，しかも，条約上の保護される権利は最小限のものであり，条約が積極的に規定しない部分については，各国の国内法の規律によることになる。

　また，抵触法統一条約の場合も，当該国際条約に抵触法に関する明確な規定があればそれによるが，そうではない場合は，各国の国内法であるそれぞ

---

(73) 知的財産権関連条約としては，工業所有権の保護に関するパリ条約，特許協力条約（PCT），文学及び美術的著作物の保護に関するベルヌ条約，万国著作権条約（UCC），実演家・レコード製作者及び放送機関の保護に関するローマ条約，マドリッド商標登録協定，商標登録のための商品及び役務の国際分類に関する条約等々の他に，WTO付属書である貿易関連知的財産権協定（TRIPS協定），WIPO新条約としてWIPO著作権条約（WCT）とWIPO実演・レコード条約（WPPT）等がある。

(74) 木棚照一「知的財産法の統一と国際私法」国際私法年報第3号（2001）174頁。

れの国の国際私法によることになる。

　抵触法統一条約と関連して、まず知的財産権の契約関連紛争における抵触法的処理については、EU共同体の場合に限られるものの、1980年EC契約準拠法条約（ローマ条約）があって、当事者自治の原則をはじめとする抵触規定に関する統一規定を明記しており、これが知的財産に関する契約関連問題にも及ぼされている。また、知的財産権に関する国際裁判管轄については、ヨーロッパ諸国が批准している1968年「民事及び商事事件における裁判管轄並びに判決の承認執行に関するブラッセル条約」やこの条約の改正案でEU規則へ転換され、2002年3月1日から発効されている「民事及び商事事件における裁判管轄並びに判決の承認執行に関するEU規則」[75]により、知的財産権の権利の登録や有効性を目的とする訴訟については、権利の登録国の専属管轄となり、それ以外の侵害訴訟等については、一般の管轄ルールが適用されると解されている。また、ハーグ国際私法会議においても、国際裁判管轄と関連して、1992年にアメリカの提案により、1968年ブラッセル条約をモデルとした1999年のハーグ国際私法会議特別委員会の「民事及び商事に関する国際裁判管轄及び外国判決に関する条約案」が作成されており、また、2003年12月のハーグ国際私法会議により「裁判所の専属的選択合意に関する条約草案」がつくられた。この2003年の条約草案は、2005年6月30日「管轄合意に関する条約」（Convention on Choice of Court Agreements）として最終的に合意されるようになった[76]。

　一方、最近においては、契約外債務の準拠法決定についても別途のEC規則（いわゆるローマⅡ条約）を制定する作業が進行中であり、2002年5月にEC委員会は「契約外債務の準拠法に関する欧州理事会規則に対する欧州委

---

(75)　Council Regulation(EC)No 44/2001 of 22 December 2000 on jurisdiction and the recognition and enforcement of judgments in civil and commercial matters(Official Journal L12 of 12.1.2001).Wagner, *Die geplante Reform des Brüsseler und des Lugano-Ünterschiede und parallelaktionen,*(IPRax 1998) S241ff.

(76)　1999年条約案の12条4項においても知的財産権の登録、有効性、無効等に関するに訴訟について専属管轄を規定している。なお、2003年条約草案および2005年の条約については、後掲注（223）および（224）の本文参照。

員会提案の準備草案」を公表しており，また，2003年7月には「契約外債務の準拠法に関する欧州議会及び理事会規則に対する欧州委員会提案」を発表し，検討を重ねている(77)。

　しかしながら，このように多数の抵触法関連統一条約が作成または検討されているにもかかわらず，知的財産権の成立，内容（権利範囲），消滅および侵害に関する抵触法ルールの全体を明確に提示している抵触法統一条約は，現在のところまだ存在しておらず，これらの問題については，特許権や商標権等の場合は，工業所有権の保護に関するパリ条約（以下，パリ条約）2条および3条の内国民待遇の原則，4条の2の特許独立の原則，6条3項の商標権独立の原則，また，著作権の場合は，文学的および美術的著作物の保護に関するベルヌ条約（以下，ベルヌ条約）5条1項および3項の内国民待遇の原則，同条2項の保護国への連結規定の解釈などを中心として，条約上の抵触法規定に関する議論がなされている。

　抵触法的解決のためには，このようなパリ条約やベルヌ条約の関連規定から明確な抵触規定を導くことができるのかを検討する必要がある。もし，これらの規定から明確な抵触規定を導くことができるとしたら，一般的な理解からすると各国の国際私法規定は排除され，条約上の抵触規定によることになるといえるであろう。しかし，個々の条約規定に対する解釈は国ごとに，または論者によって異なっており，さらに条約の拘束力の程度も国によって異なっている(78)。このような場合に，各国の国際私法と条約規定との適用関係はどうなるのかを念頭におきつつ，本章においては第一に，パリ条約およびベルヌ条約を中心として，知的財産権関連の国際条約から抵触規定が直接導かれるのか，また，それが導かれるとした場合にどのような抵触法ルールが導かれるのかを，関連規定の解釈を通じて検討し，第二に，条約上の解釈のズレと条約の国内における直接適用可能性を考慮した場合，知的財産権関連の条約と国際私法との適用関係がどうなるのかを明らかにする。

---

(77) 筆者が調べたところ，ローマⅡ条約については2003年の「欧州委員会提案」以後はとくに進展がないようである。なお，同「委員会提案」における知的財産権侵害の準拠法に関する規定については，後掲注(388)の本文参照。

(78) 石黒・前掲注(47)113頁。後掲注(153)以下の本文参照。

第2節 知的財産権関連条約における抵触規定の解釈に関する検討

I 工業所有権の保護に関するパリ条約[79]

1 関連規定

工業所有権に関する最も基本的な条約としてのパリ条約には，明確な抵触法的規定を設けてはいないが，抵触法的問題と関連して検討の対象となっている規定は，以下にその文言を示すところの同条約2条および3条の内国民待遇の原則，4条の2の特許独立の原則と6条3項の商標権独立の原則である。

第2条
(1) 各同盟国の国民は，工業所有権の保護に関し，この条約で特に定める権利を害されることなく，他のすべての同盟国において，当該他の同盟国の法令が内国民に対し現在与えており又は将来与えることがある利益を享受する。すなわち，同盟国の国民は，内国民に課される条件及び手続に従う限り，内国民と同一の保護を受け，かつ，自己の権利の侵害に対し内国民と同一の法律上の救済を与えられる。
(2) もっとも，各同盟国の国民が工業所有権を享有するためには，保護が請求される国に住所又は営業所を有することが条件とされることはない。
(3) 司法上及び行政上の手続並びに裁判管轄権については，並びに工業所有権に関する法令上必要とされる住所の選定又は代理人の選任については，各同盟国の法令の定めるところによる。

---

[79] 1883年3月20日に制定されたパリ条約は，1900年12月14日にブラッセル，1911年6月2日にワシントン，1925年11月6日にハーグ，1934年6月2日にロンドン，1958年10月31日にリスボンおよび1967年7月14日にストックホルムで改正された。後藤・前掲注（58）3頁。

第 3 条
同盟に属しない国の国民であって，いずれかの同盟国の領域内に住所又は現実かつ真正の工業上若しくは商業上の営業所を有するものは，同盟国の国民とみなす。

第 4 条の 2
(1) 同盟国の国民が各同盟国において出願した特許は，他の国（同盟国であるかどうかを問わない。）において同一の発明について取得した特許から独立したものとする。
(2) (1)の規定は，絶対的な意味に，特に，優先期間中に出願された特許が，無効又は消滅の理由についても，また，通常の存続期間についても，独立のものであるという意味に解釈しなければならない。
(3) (1)の規定は，その効力の発生の際に存するすべての特許について適用する。
(4) (1)の規定は，新たに加入する国がある場合には，その加入の際に加入国又は他の国に存する特許についても，同様に適用する。
(5) 優先権の利益によって取得された特許については，各同盟国において，優先権の利益なしに特許出願がされ又は特許が与えられた場合に認められる存続期間と同一の存続期間が認められる。

第 6 条
(3) いずれかの同盟国において正規に登録された商標は，他の同盟国（本国を含む。）において登録された商標から独立したものとする。

ちなみに，この規定の英文正文は，以下のとおりである。

Article 2 National Treatment for Nationals of Countries of the Union
(1) Nationals of any country of the Union shall, as regards the protection of industrial property, enjoy in all the other countries of the Union the advantages that their respective laws now grant, or may hereafter grant, to nationals ; all without prejudice to the rights specially provided for by this Convention. Consequently, they shall have the same protection as the latter, and the same legal remedy against any infringement of their rights, provided that the conditions and formalities imposed upon nationals are

complied with.

(2) However, no requirement as to domicile or establishment in the country where protection is claimed may be imposed upon nationals of countries of the Union for the enjoyment of any industrial property rights.

(3) The provisions of the laws of each of the countries of the Union relating to judicial and administrative procedure and to jurisdiction, and to the designation of an address for service or the appointment of an agent, which may be required by the laws on industrial property are expressly reserved.

Article 3　Same Treatment for Certain Categories of Persons as for Nationals of Countries of the Union

Nationals of countries outside the Union who are domiciled or who have real and effective industrial or commercial establishments in the territory of one of the countries of the Union shall be treated in the same manner as nationals of the countries of the Union.

Article 4bis　Patents: Independence of Patents Obtained for the Same Invention in Different Countries

(1) Patents applied for in the various countries of the Union by nationals of countries of the Union shall be independent of patents obtained for the same invention in other countries, whether members of the Union or not.

(2) The foregoing provision is to be understood in an unrestricted sense, in particular, in the sense that patents applied for during the period of priority are independent, both as regards the grounds for nullity and forfeiture, and as regards their normal duration.

(3) The provision shall apply to all patents existing at the time when it comes into effect.

(4) Similarly, it shall apply, in the case of the accession of new countries, to patents in existence on either side at the time of accession.

(5) Patents obtained with the benefit of priority shall, in the various coun-

tries of the Union, have a duration equal to that which they would have, had they been applied for or granted without the benefit of priority.

Article 6　Marks : Conditions of Registration ; Independence of Protection of Same Mark in Different Countries

(3) A mark duly registered in a country of the Union shall be regarded as independent of marks registered in the other countries of the Union, including the country of origin.

2　解釈の検討

　パリ条約の中に直接的な抵触規定が存在しないということについては，大体の学説が一致しているようである[80]。パリ条約の場合，まず問題となるのは，第2条・3条の内国民待遇規定から国際私法上の抵触法的規律を導くことはできるのか，である。この点につき，同規定から保護国法主義という抵触法的規律を導くことができるとする見解や同規定は抵触規定ではなく単なる外人法上の規定であるので知的財産権は本源国法主義によるべきであるとする見解，パリ条約4条の2の特許独立の原則（商標権の場合は6条3項）からもたらされた実質法的属地主義により保護国法主義を導くべきであるとする見解がある。

(1)　内国民待遇規定から抵触法上の保護国法主義を導く説

　これは，パリ条約2条の内国民待遇の原則は，同条約により保護されるものは，すべての条約加盟国において加盟国の法律が自国民に与えている保護を要求することができるという意味を有する外人法上の規定であるが，それと同時に，知的財産権の成立，効力，消滅が原則としてその領域内で保護が要求される国の法律によって判断されるべきであるという抵触法上の原則を

---

[80] たとえば, Fawcett/Torremans, *supra* note 60, at 461,472 ; E.Ulmer, *Intellectual Property Rights and The Conflict of Law*(Kluwer, 1978)at 9-10 ; Mireille van Eechoud, *Choice of Law in Copyright and Related Rights*(Kluwer, 2003)at 95.

前提としている，という見解である。このような見解の代表的な論者であるところの，「EC加盟国の国際私法に関する条約中の無体財産権に関する条約草案」(1975年)を完成したウルマー (E.Ulmer)[81]によると，内国民待遇の原則は，単に加盟国の国民およびそれと同等とされる者の無体財産が保護されるべきであるというにとどまらず，それらの権利が原則的に保護国法に服するという抵触法上の意味をも有している，とされる。しかし，内国民待遇の原則に含まれている抵触法上の原則は，内国の知的財産権侵害について適用される法は内国法であるということを前提とするが，侵害行為が外国で行われた場合にもなお内国法上の保護を要求することができるかどうかについては触れていないという意味で，いわゆる一方的な，もしくは不完全な抵触規定であるので，それを完全抵触規定に拡張し，どこの国で訴えが提起されようと無関係に，侵害が行われた国の法により判断すべきである，とされる[82]。また，保護国とは，無体財産権の利用行為地もしくは侵害行為の行われた国であるとされている[83]。

また，このような保護国法主義は，特許権，実用新案権，商標権，意匠権のような排他的私権にのみ及び，原産地表示や原産地名称に関する保護をはじめ，不正競争に関するものは不法行為法に属すべきであるので，その対象から除外される，とされる[84]。このようなウルマー草案の保護国法の原則

---

(81) ウルマー草案の解説としては，木棚照一『国際工業所有権法の研究』日本評論社 (1989) 133頁以下。木棚教授の解説を批判するものとして，石黒・前掲注 (50) 321頁以下。

(82) E.Ulmer, *supra* note 80, at 10には，内国民待遇の原則に含まれている抵触法ルールは完全なものではないと指摘しつつ，"From the point of view of private international law it certainly seems consistent to expand the rule which may be derived from the conventions into a complete rule of conflict of laws whereby protection of intellectual property rights, irrespective of the country in which the action is brought, is to be governed by the law of the country in whose territory the act of infringement took place"としている（下線：筆者）。なお，木棚・前掲注 (81) 145頁も参照。

(83) 保護国の概念についてはベルヌ条約5条2項にその基礎を置いている。その点については後述のFawcettの場合も同じである。なお，保護国の概念の詳細については，後掲注 (343) 以下の本文参照。

は，無体財産権に関する国際条約と属地主義の原則とにその基礎を置いている(85)。すなわち，条約からもたらされる実質法上の属地主義の原則を，保護国法への連結の理論的基礎と考えているのである(86)。

また，イギリスのフォーセット（J.Fawcett）は，パリ条約には直接的で（straightforwardly），明確かつ完全な抵触法ルールは存在しないとしながら，ただこれらの条約は（ベルヌ条約も含めて）この問題につき，部分的に（partially）のみ扱っており，その良い例が内国民待遇の規定である，とする。(87)そこでは，ウルマーと同じく，内国民待遇からして保護国法が準拠法となるのはほとんど自明（almost self-evident）なことだとされる(88)。このような結論を4条の2の独立の原則が補強する（reinforce）ものだとし，それを2条の内国民待遇の文言から導かれる属地主義と結び付けているのである。準拠法選択上の保護国法主義が，2条，4条の2から導かれる実質法上の，条約に基づく属地主義と連結的なものとして導かれている。このようにウルマーもフォーセットも同様に，内国民待遇の規定から保護国法という抵触法的規律を導いているし，両者ともその根拠としては，知的財産権の実質法的属地主義を挙げていることがわかる(89)。

(2) 内国民待遇規定は単なる外人法上の規定であるとする説

これは，内国民待遇規定は単なる外人法上の規定であり，そこから抵触法規定を導くことはできないとする説である。そこには，パリ条約上の実質法的属地主義による保護国法主義と普遍的立場からの国内法的原則としての本源国法主義とがある。

(i) 保護国法主義

---

(84) E.Ulmer, *supra* note 80, at 5, 18-24.木棚・前掲注 (81) 142 頁。

(85) E.Ulmer, *supra* note 80, at 9は，"The so-called principle of territoriality is put forward as the theoretical basis of the link with the law of the protecting country"としている。なお，木棚・前掲注 (81) 144 頁および 148 頁も参照。

(86) 石黒・前掲注 (50) 219 頁および 224 頁。

(87) Fawcett/ Torremans, *supra* note 60, at 461.

(88) *Ibid.*, at 478.

パリ条約には抵触法上の明確な規定がなく，内国民待遇の規定も単なる外人法上の規定にすぎないが，4条の2の特許独立の原則（商標権の場合は6条3項）からもたらされた知的財産権に関する実質法上の属地主義による当然の帰結として，抵触法上の属地主義である保護国法主義が間接的に導かれるとする見解である(90)。すなわち，自動執行性を有するパリ条約4条の2の特許独立の原則の規定により，「絶対的意味」(in an unrestricted sense) においての各国権利の実質法上の属地性がまずあって，それと連続性を有しつつ，かつ，それに基礎付けられる形で，保護国法の適用という抵触法上の属地主義が導かれる，という見解である(91)。その際，その具体的な保護国法という準拠法決定プロセスについては，パリ条約は何の直接的な規律も示していないので，法廷地国際私法ルールに委ねられている，とされる(92)。この見解は，後述のベルヌ条約の解釈においても同じく，実質法上の属地主義により保護国法主義が導かれるという主張をしているが，パリ条約の場合は，実質法的属地主義を内国民待遇の原則からではなく，工業所有権独立の原則から導いている点において，内国民待遇の原則からも実質法上の属地主義を

---

(89) 石黒・前掲注 (50) 228 頁においては，*Ibid*, at 461f を引用しながら，Fawcett が，条約上の内国民待遇規定を一方的規定と見て，その双方化をはかるべきだと主張している点で，Ulmer の *Fremdenrecht und internationals Privatrecht im gewerblichen Rechtsschutz und Urheberrecht,* in : Holl/Klinke [Hrsg.], *Internationals Privatrecht,Internationals Wirtschaftsrecht,* at 258(1983) との違いがあると指摘されているが，E.Ulmer, *supra* note 80, at 10（前掲注 (82) の原文参照）においては，Fawcett のように内国民待遇規定の双方化をはかる旨が明示されているし，木棚・前掲注 (81) 145 頁でも，Ulmer が内国民待遇は一方的もしくは不完全な抵触規定であるので完全抵触規定に拡張すべきであるとしていると指摘されている。このように Ulmer も，内国民待遇の規定は，外人法上の規律であるとともに，（不完全な）抵触法上の規律の性格を有するものとして判断し，不完全な抵触規定の完全抵触規定への拡張を図っている点から Ulmer の主張を全体として見れば，Fawcett らと近い，ないしは同じではないかと思われる。なお，抵触法的属地主義と対立する実質法的属地主義の概念については，後掲注 (191) の本文参照。
(90) 石黒・前掲注 (50) 190 頁以下。
(91) 同前 230 頁。
(92) 同前 191 頁。

第 2 節　知的財産権関連条約における抵触規定の解釈に関する検討

導いているフォーセットの見解と異なっているといえよう。

　かかる「属地主義による保護国法への原則的な連結」との理解の下に，国内の国際私法規範の中に知的財産権に関する規定を設けた場合がある。1987年スイス国際私法110条1項である。そこでは，「無体財産権は，その無体財産の保護が要求される国の法に服する」と規定されている。この規定は，パリ条約からは抵触法上の直接の拘束は受けないという前提の下に設けられたものであるとされる(93)。しかし，保護国法によるとしても，その根拠はパリ条約上の実質法的属地主義による帰結であるといえよう。

　また，同法110条2項においては，「無体財産権の侵害に関する訴えについては，当事者は，加害事由の発生後いつでも法廷地法の適用を合意することができる」と規定されている。この規定に見られるような当事者間の事後的な法廷地法適用の合意規定に対しては，これは不法行為における当事者による事後的な準拠法決定を知的財産権の侵害についても認めようとするもので，この規定のようにすべてを「保護国法」によらない場合，これをパリ条約の違反になるとまでいえるかという点から保護国法主義の限界を問うている見解がある(94)。だが，2項の規定も1項の規定と同様に，パリ条約には抵触法上の規定がないということを前提として，直接的な抵触法的拘束なしに独自の規定を設けたものであると解する場合，この規定を実質法的属地主義の制限規定といえるかはともかくとして，パリ条約違反の問題とは別問題

---

(93)　同前177頁は，A.K.Schnyderの *Das neue IPR-Gesetz*(1988)91fが「ベルヌ条約（やパリ条約）の諸規定は外人法上の規定であるから，スイスは独自の抵触規定を作った」と述べている点を指摘している。

(94)　木棚・前掲注(81)88-89頁。木棚教授は，このような点を問題視しながら，「たとえば，広義の無体財産権の侵害には，差止請求権，損害の推定の規定などの他の不法行為にみられない特徴があるので，法例11条のような通常の不法行為は適用されない特殊なものとみて，条理を探求してそれによるとの構成もできるのではないか」とし，「このような構成の方がパリ条約の規定を直接根拠として広義の工業所有権を含め一律に保護国法によらしめるよりはむしろ無理がないといえそうである。以上のようにみると，保護国法の原則を直接パリ条約2条，3条から導く見解は必ずしも妥当ではないといえるのではあるまいか」としている。この意見に対しては，石黒・前掲注(50)321頁が「わが実質法（特許法）上の論理の混入」として批判している点に注意すべきである。後掲注(210)参照。

第 2 章　知的財産権関連条約と国際私法

であるように思われる。

　また，スイス国際私法以外にも，「無体財産権の成立，内容および消滅は利用行為もしくは侵害行為が行われた国の法によるものとする」と定めている 1978 年オーストリア国際私法 34 条 1 項も，また，「知的財産権の保護はその侵害地法による」としている 2002 年韓国国際私法 24 条[95]も，条約から直接的な抵触法規定を導くことはできないという趣旨で抵触法上の規定を設けている。

　一方，各国権利の属地性という意味での知的財産権の実質法的属地主義からの当然の帰結として，保護国法への連結が導かれるという理解から，知的財産権に関する規定を設けていない場合もある。1987 年スイス国際私法の草案では，知的財産権についての明示の抵触規定はなかったが，その理由としては，パリ条約をベースとする属地主義（抵触法上のそれ）が原則として妥当であるが故にあえて規定を置かない，とされていた[96]。同様にドイツの場合にも，1988 年の改正草案 46 条に無体財産権はその領域で保護が要求される国の法によるという規定があったが，最終的には削除された形で，契約外債務及び物権に関する 1999 年のドイツ国際私法改正がなされたが，これも，保護国法主義の一般的な妥当性からして明文の規定を置くことは不要とされたからである[97]。また，イギリスの場合は，条約の取扱いの問題がその前提にあるが，知的財産権侵害の準拠法について，知的財産権の属地性が条約上明記されていることを踏まえつつ，準拠法選択を不法行為の問題として考えている[98]。

(ii)　本源国法主義

　本源国法主義は知的財産権を自然権的にとらえる見解から，統一的に本源国法，つまり一律的に権利の付与国法ないし登録国法によらしめるべきであ

---

(95)　条約規定と関連して，韓国国際私法 24 条の立法趣旨について，石光現・前掲注（43）157-158 頁は，「第 24 条は，知的財産権に関する国際条約がないか，または，それが適用されない場合の抵触規範として意味を持つ」とし，「条約に抵触規定は含まれているかその正確な適用範囲をもっと詳細に検討する必要がある」としている。スイス国際私法のような積極的な規定ではないが，条約によって明確な規定を導くことが不可能であることを前提とした規定であると思われる。

(96)　石黒・前掲注（50）226 頁。

るとするものである。この見解によると,外国に本源国を持つ無体財産については,その本源国法である外国法によるべきであって,属地法の適用がもたらされるのは公序に基づくものであるとされる。

とくに商標権においては,パリ条約の成立当時,商標権にも属地主義が妥当であるものと判断した1927年9月20日のドイツ帝国裁判所のいわゆるHengstenberg判決[99]が出るまでは,商標権者の属人法という観念から,本源国法に服するとする普遍主義的な見解が強かった。商標権は個人の営業と結合しているので,人格的性格を持つものととらえられ,その効力は権利付与国の領域内にのみ及ぶのではないものとされていた。

より厳格に本源国法によらしめようとする学説は,フランスのバルタン(Etienne Bartin)のものである[100]。彼によれば,知的財産権についても物権の場合と同様に,法的安定性の利益が重要であるので,特定の地域へ統一的に連結すべきものとされる。このような本源国法主義を取り入れた立法案として1971年オーストリア国際私法に関するシュヴィント草案32条[101]が挙げられる。その他,1930年フランス国際私法草案49条,1967年フランス国際私法草案2305条等がある[102]。

普遍主義の立場に立っている本源国法主義は,知的財産権の自由移動およ

---

(97) 同前227頁。また,法例研究会『法例の見直しに関する諸問題(2)』別冊NBL 85号(2003)96頁の注(251)では,ドイツが知的財産権侵害の準拠法に関する規定を不要とした理由として,①そもそも民法施行法の規律対象とできるかどうか疑問であること,②ベルヌ条約5条および万国著作権条約2条1項・2項,パリ条約2条1項に,外人法上の内国民待遇とともに,保護国法の適用を定める抵触規定が存在すること,③知的財産権の侵害(不法行為の本問題)は,知的財産権自体の成立および内容(不法行為の先決問題)と密接に結びついているが,その先決問題について諸条約上のルールが保護国法の適用を予定していること,などが挙げられている。

(98) Dicey/Morris, *supra* note 60, at 1522ff ; W.R.Cornish, *Intellectual Property : Petant, Copyright, Trade Marks and Allied Right* (Sweet & Maxwell, 2003)at 93ff.

(99) RGZ 118,76.この判決においては,商標権と関連して,「国際私法によると複数の国で同時的に複数の権利が存在する場合に,内国の権利が内国で外国の権利に服すべきものではなく,むしろ両方の権利はその属地的支配領域内で効力を持つ」とされた。

び尊重からして，本源国でいったん成立した権利は，個人の自由の範囲として他の諸国においても承認されることが要求されるので，妥当であるとされている(103)。

II 文学的および美術的著作物の保護に関するベルヌ条約(104)

1 関連規定

国際著作権のシステムにおいては，パリ条約と同様に，条約上の規律は最小限のそれであり，条約が積極的に規定しない部分に関しては，それぞれの国内法によることになる。著作権に関して抵触法上の問題が発生した場合，考慮すべき重要な規定は，ベルヌ条約5条である。

第5条 ［保護の原則］
(1) 著作者は，この条約にとって保護される著作物に関し，その著作物の本国

---

(100) E.Bartin, "*La localisation territoriale des monopoles intellectuelles*", JDI Clunet, Vol.61, 1934 at 793. Bartinは以下の如く論ずる。すなわち，このような本源地法は，特許については，最初に特許付与が行われた国の法による。その場合にも他の国における特許付与はその国における権利保護の要件になるが，権利の存続と期間は依然として最初に特許付与が行われた国の法に従うことになるとし，意匠については最初に寄託した国の法となり，商標については，最初に使用した場所の法になる。著作権については，公表された著作物と公表されていない著作物を区別し，著作権の存立と範囲は公表された著作物については，最初の公表地国の法により，公表されていない著作物については，著作者の本国法による，とする。

(101) 同条項は，「著作権は，最初にその著作を公表した地の法による。特許は，最初に特許を付与された地の法による。商標権および意匠権は，最初に寄託され若しくは登録された地の法による」と規定している。

(102) とくに，1967年フランス国際私法草案2305条は，「著作権がその作品が最初に公表された地の法により，工業所有権は寄託地または登録地の法による」と規定している。木棚・前掲注（81）88頁参照。

(103) 木棚・前掲注（81）179頁。

(104) 1886年制定され，その後6回改訂されているが，最近の改訂は1971年7月24日のパリ規定である。TRIPS協定および1996年に成立したWIPO著作権条約においては，ベルヌ条約やパリ規定の遵守を各加盟国および締約国に要求している。

以外の同盟国において，その国の法令は自国民に現在与えており又は将来与えることがある権利及びこの条約が特に与える権利を享有する。

(2) (1)の権利の享有及び行使には，いかなる方式の履行をも要しない。その享有及び行使は，著作物の本国における保護の存在にかかわらない。したがって，保護の範囲及び著作者の権利を保全するため著作者に保障される救済の方法は，この条約の規定によるほか，専ら，保護が要求される同盟国の法令の定めるところによる。

(3) 著作物の本国における保護は，その国の法令の定めるところによる。もっとも，この条約によって保護される著作物の著作者がその著作物の本国の国民でない場合にも，その著作者は，その著作物の本国において内国著作者と同一の権利を享有する。

ちなみに，この規定の英語正文は，以下のとおりである。

(1) Authors shall enjoy, in respect of works for which they are protected under this Convention, in countries of the Union other than the country of origin, the rights which their respective laws do now or may hereafter grant to their nationals, as well as the rights specially granted by this Convention.

(2) The enjoyment and the exercise of these rights shall not be subject to any formality ; such enjoyment and such exercise shall be independent of the existence of protection in the country of origin of the work. Consequently, apart from the provisions of this Convention, the extent of protection, as well as the means of redress afforded to the author to protect his rights, shall be governed exclusively by the laws of the country where protection is claimed.

(3) Protection in the country of origin is governed by domestic law. However, when the author is not a national of the country of origin of the work for which he is protected under this Convention, he shall enjoy in that country the same rights as national authors.

2　解釈の検討

著作権の準拠法に関する問題については，同権利の準拠法に関する抵触規定がベルヌ条約の中に存在しているので，ベルヌ条約自身がその解決を与えているというのが国際的な通説といえるほど，この見解に対する支持は厚いとされる[105]。しかし，抵触規定とされるベルヌ条約 5 条の解釈問題をめぐってまずもって問題となるのは，同条約 5 条 2 項が自己完結的な抵触規定なのかどうかである。一部の見解によると，5 条 2 項の規定が国際私法上の自己完結的な抵触規定であるというのが，日本の国際私法解釈上，有力説であるとされているようだが[106]，そうであるとしても，5 条 2 項の「保護が要求される同盟国の法令」(the laws of the country where protection is claimed) が何を意味するかについては，文言上明確ではないため，その解釈がまた多岐に分れているのが事実である。また，同条約 5 条 1 項・3 項の内国民待遇の規定から法廷地法主義または保護国法主義の抵触規定を直接的に，あるいは間接的に導くことはできるのか，それとも内国民待遇の規定は単なる外人法上の規定であるので，同規定からは何の抵触規定を導くことはできないの

---

(105) 駒田泰土「ベルヌ条約と著作者の権利に関する国際私法上の原則」国際法外交雑誌 98 巻 4 号（1999）43 頁。この点につき，同 63 頁の注（7）においては，P. Goldstein, S.M.Stewart, A. Troller, J.Raynard 等のいくつかの外国の文献を引用しているが，これらの文献においても，各国の国際私法が排除できるほど，ベルヌ条約が自己完結的な明確な抵触法ルールを明示していると言っている部分は，筆者が調べた限り，ない。ただ，ベルヌ条約 5 条 2 項の保護国法の意味または内国民待遇の原則から抵触規定を導けるかという解釈論を広げているのみである。一例として，駒田助教授が引用する J.Raynard, *Droit d'auteur et conflits de lois*(Litec, 1990)n. 458 は，"Les Conventions de Berne et de Genève ne conduisent, pour l'essentiel, ni à l'élaboration d'une règlementation internaitonale uniforme du droit d'auteur-sous la réserve du "jus conventionis"-ni à l'affirmation de la primauté d'une loi nationale." としている。すなわち，ベルヌ条約等は基本的に著作権法に対する統一した国際的規律も国内法の優位に対する確信も与えてくれないとしているのである。

(106) かかる見解は，実質法統一条約の中に国際私法ルールが盛り込まれている場合は，一般国際私法ルールは排除されるとし，ベルヌ条約 5 条 2 項は国際私法ルールであるゆえ，法例上の規定は排除されるとしている。後掲注（121）および（122）の本文参照。

か，という問題もある。一方，ベルヌ条約は何の明確な抵触法的な内容を含んでいないとし，条約上の保護国法には法廷地国際私法を含むので抵触法的処理は各国の国際私法に委ねているという解釈もある。以下，それらについて順次論ずることとする。

(1) 5条1項の内国民待遇規定から抵触規定を導く説
(i) 法廷地法主義

この説によれば，内国民待遇の原則は抵触法的意味合いを持ち，さらに具体的には，法廷地実質法の適用を意図しているものとして，ベルヌ条約の起草者達の考え方であったとされる[107]。すなわち，内国民待遇の規定の結果として原則としての法廷地法主義がもたらされているとする。スチュワート(S.M.Stewart)においても，準拠法選択の問題は多国間条約による内国民待遇の原則からして，著作権についてはほとんど生じないとされている[108]。

現在でもこのような見解は主張されており，その理由として挙げられているのが，外国法が準拠法とされる場合より，内国法による方が判決の質がより良いものとなるという点である[109]。しかしながら，法廷地法の適用は，原告による法廷地漁り（Forum shopping）を誘発するし，あるいは被告が自

---

(107) 駒田・前掲注(105) 47-48頁は，1884年に出されたベルヌ条約草案の段階では，「本国において権利が存続している間」内国民待遇の便益を与える，という規定ぶりをしており，それは保護期間だけでなく権利の存続に関わるあらゆる局面において法廷地実質法の適用を合意するものであったと認められるとしている。

(108) S.M.Stewart, *International Copyright and Neibouring Right*(Butterworths, 1989)at 39.このようなStewartの見解について，石黒一憲『情報通信・知的財産権への国際的視点』(国際書院，1990) 65頁の注(42)は，彼が「ベルヌ条約は大雑把に言えば(broadly speaking)法廷地法主義を認めたとか，裁判所は殆ど常に(nearly always)法廷地法を適用する」などという慎重な表現をとっている点に関しては正当であるとしているが，彼の見解は結論的には，内国民待遇の規定から原則的としての法廷地法主義を導いている点から，同62頁でも指摘されているように，単なるhomeward trendとして非難されるべきであると思われる。なお，法廷地法説を採る見解として，アラン・ラットマン/ロバード・ゴーマン/ジェーン・ギンズバーグ共編『1990年代米国著作権法詳解(下)』中山信弘監修，内藤篤訳(信山社，1992) 802頁がある。

己に不利な法律の適用を避けようと財産を移すなど，法律回避が発生しかねない。予測可能性の欠如，偶発的連結点，法廷地においては保護期間が切れている場合など，著作権条約の目的と趣旨に反する事態が生じ得る。

(ii) 保護国法主義（利用行為地法説）

内国民待遇の規定から抵触法上の保護国法主義を直接的に導いているウルマーによると，ベルヌ条約中の内国民待遇の規定は，一方的もしくは不完全な抵触規定ではあるが，著作物の利用行為地，つまり保護国に送致していると主張する(110)。すなわち，同規定は内国の知的財産権侵害について適用される法は内国法であるということを定めているとされる。

ベルヌ条約5条1項・3項の内国民待遇により，ベルヌ条約は内国法，すなわち法廷地法（lex fori）に送致するが，それは著作権侵害地法（保護国法）としての資格で送致していることを意味し，一方的抵触規定としての内国民待遇の規定の双方的解釈を提唱するに至ったのである。彼によれば，同じく準拠法を定めている2項の「保護が要求される国の法」という文言は，「その領域について保護が要求される国の法」と解すべきものとされている。

一方，フォーセットにおいても，ベルヌ条約5条1項・3項の内国民待遇の規定により，保護国法への連結が条約上意図されており，著作者はそれぞれの保護国法においてそれぞれ権利が与えられ，保護国法によって権利が保護されるとする(111)。また，各締約国が内国民待遇の原則の下にそれぞれ保

---

(109) アラン・ラットマン/ロバード・ゴーマン/ジェーン・ギンズバーグ共編・前掲注(108) 802頁は，「法廷地の法律を指定することは，外国人の著作者に対して非差別的に法を適用するという理念的な原則を促進するものである」とし，これの実際上の利点として「法廷地の裁判所は外国の著作権について専門家である必要がないこと」を挙げているが，各国法の基本的平等，最も密接な関係の法の適用という国際私法の基本理念からして疑問に思われる。

(110) E.Ulmer, *supra* note 80, at 9. なお，駒田・前掲注(105) 50頁。

(111) Fawcett/Torremans, *supra* note 60, at 468-469.

(112) 駒田・前掲注(105) 50-51頁は，内国民待遇の規定の不完全性と関連して，内国民待遇に関する規定は完全な抵触規定として，著作物の利用行為地に送致しているという見方もあるとし，そのような見方は，内国民待遇の規定が不完全であるという認識が示されていないまま衛星放送に関する準拠法問題が議論されているWIPO専門家会合においてよく見られると指摘している。

護国法を適用せよとするのは，自国法が適用される場合のみを規定する一方的抵触規則であって，その双方化をすべきであるとする。ウルマー，フォーセット両者とも内国民待遇の原則を不完全な抵触規定(112)であるとしつつも，双方化ないし拡張により保護国法への連結を意図している(113)。

　内国民待遇の規定から保護国法主義が導かれるとする，かかる利用行為地法説（保護国法説）に対して，内国民待遇の原則に基づく利用行為地法の適用原則は，一般的に内国民待遇の制限ないし例外として把握される保護期間に関する規整（7条8項）(114)と応用美術の保護に関する規整（2条7項）(115)の場合には，同原則に含まれる抵触法ルールも機能しないという不都合が生ずるし，この規定がそのまま維持されるとするならば，利用行為地法の適用原則が内国民待遇の原則から導かれたとはいえなくなる点を挙げ，外人法上の規定に抵触法的な意味を読み込んだことへの批判をする見解もある(116)。

(2)　5条2項が自己完結的な抵触規定であるとする説

　これは，5条2項2文の「保護の範囲及び著作者の権利を保全するため著

---

(113)　前掲注(82)および(89)参照。

(114)　ベルヌ条約7条8項は「いずれの場合にも，保護期間は，保護が要求される同盟国の法令の定めるところによる。ただし，その国の法令に別段の定めがない限り，保護期間は，著作物の本国において定められる保護期間を超えることはない」，とされる。

(115)　ベルヌ条約2条7項は「応用美術の著作物及び意匠に関する法令の適用範囲並びにそれらの著作物及び意匠の保護の条件は，第7条(4)の規定に従うことを条件として，同盟国の法令の定めるところによる。本国において専ら意匠として保護される著作物については，他の同盟国において，その国において意匠に与えられる特別の保護しか要求することができない。ただし，その国においてそのような特別の保護が与えられない場合には，それらの著作物は，美術的著作物として保護される」，としている。

(116)　駒田・前掲注(105) 56-57頁は，一般に，利用行為地法主義者は，利用行為地法への送致という抵触法上の原則は何ら変更を受けるものではなく，著作物の本国法上の規整を考慮し，または参酌することは，利用行為地法の適用を前提として，その枠内で行われるにすぎないものと解されているようであるが，内国民待遇の原則の制限ないし修正を認める若干の場合において，利用行為地法が適用されないとするのはやや不自然である，としている。

第2章　知的財産権関連条約と国際私法

作者に保障される救済の方法は，この条約の規定によるほか，専ら，保護が要求される同盟国の法令の定めるところによる」という文言から，5条2項が自己完結的な抵触規定を意味しているとする見解である。しかし，条文上の「保護が要求される同盟国の法令」が何を意味するかについて，また法廷地法説と保護国法説とに解釈が分かれている。

（ⅰ）法廷地法説

この説は，「保護が要求される同盟国」とは，裁判を起こす国，つまり法廷地を意味するので，法廷地法によらしめるべきであるとする見解である。その理由として，コマントス（G.Koumantos）は，5条2項の「救済の方法」とは訴訟当事者が用いることができる様々な手段（訴訟・不服申立て・控訴等）としての手続問題であるとし，国際私法上の「手続は法廷地法による」という原則により法廷地法によらしめるべきであるとしている[117]。しかし，このような解釈に対して，道垣内教授は，「救済の方法」というのは損害賠償，差止，その他どのような救済がどの程度与えられるべきかという実体法としての「著作権の効力の問題」であると批判し，保護国法への連結を主張する[118]など，「救済の方法」に関しても一致した解釈は見られない。また，法廷地法説の根拠として，ベルトラン（A.Bertrand）は，前項の内国民待遇の規定との関係を挙げ，同規定を自国民である著作者が自国著作権法上享有する保護と同一の保護を外国民である著作者にも与えることであり，これを法廷地法の適用を命じている抵触法ルールと解するなら，同条2項は，それを繰り返し確定的に規定しているにすぎないとしている[119]。しかしながら，侵害地と法廷地が異なる場合に，内国民待遇をこの見解のように解するのは，法廷地法適用の利便（Homeward trend）にすぎないし，法廷地法主義はForum shoppingの原因にもなる。

---

[117]　G.Koumantos, *Le droit international privé et la Convention de Berne, Le droit d'auteur*,(1988)at 448.

[118]　道垣内正人「著作権をめぐる準拠法及び国際裁判管轄」コピライト40巻472号（2000）15頁．

[119]　A.Bertrand, *Le Droit d'auteur et les droits voisins*, 2e édition.(Dalloz, 1999)at 483.

それ以外に，実体法上の問題であれば利用行為地法が，手続ないし制裁に関する問題であれば法廷地法が，ともに「保護国法」として適用されるという立場もある[120]。すなわち，同条約は利用行為地法と法廷地法の双方を同時に指定しうるとしているのである。

(ii) 保護国法説（利用行為地法説）

この見解によると，「保護が要求される同盟国の法令」とは，侵害が発生し，それに対して救済を与えるべき国の法であるとされる。すなわち，当該著作物の利用地を統治する締約国（侵害発生国または利用行為地）の著作権法によるとされる。つまり，A国でA国の著作権が侵害された場合，締約国であれば，いずれの国でもA国法を適用することを決めるものであると解釈する。このように解釈するのが有力説であるともされている[121]。この立場によれば，5条2項は自己完結的な抵触規範として，一般的な抵触規定として「原因事実発生地法」の適用を定めた法例11条の適用は排除されることになるとする[122]。

(3) 内国民待遇の規定は外人法上の規定にすぎず，ベルヌ条約は直接的で明確な抵触法的内容を含んでいないとする説

内国民待遇の規定からも抵触法的ルールを導くことは無理があるとし，ベルヌ条約には，直接的な抵触法的規範は含まれていないという判断から，直

---

[120] A.Lucas et H.-J.Lucas, *Traité de la propriété littéraire et artistique*(LGDJ, 1994) at 448.利用行為地法と法廷地法の双方を同時に指定するという意味では，当該条約規定は不完全な抵触規定となるのである。この見解に対しては，保護国法の意味を問題に応じて読みかえるのは，無理の多い解釈であるという批判もあるが（駒田・前掲注（105）62頁），当該条約規定が明確な保護国法が何処なのか明示していないことから，具体的な保護国法を柔軟に解している点からは，Lucasの見解は妥当であると思われる。後掲注（347），（348）の本文参照。

[121] このような立場として，道垣内・前掲注（118）14頁，同・前掲注（31）55頁，同・「インターネットを通じた不法行為・著作権侵害の準拠法」日本国際経済法学会年報8号（1999）166頁，田村善之『著作権法概説』（第2版）（有斐閣，2001）562頁。

[122] 道垣内・前掲注（31）55頁。

接的な抵触法ルールがないので、法廷地国際私法のルールにより著作権関連の準拠法を決めていくべきであるという見解[123]と、ベルヌ条約の規定からは直接的に一定の準拠法選択上のプロセスが導かれるのではないが、条約に基づく実質法上の属地主義から保護国法への連結が導かれ、また、その保護国法決定のプロセスは各国の国際私法にゆだねられるが、その際実質法上の属地主義が、一般の抵触法的処理に更なる影響を与えるとする見解[124]がある。また、本源国法説も古くから存在している。

(i) 法廷地国際私法説

著作権を侵害する行為が法廷地以外で生じた場合については、ベルヌ条約では解決されていないとする立場が有力であるとし、5条2項の「保護が要求される同盟国の法令」には法廷地実質法のみではなく、法廷地の国際私法のルールが含まれるという考え方である。

著作者の権利の成否、内容、保護期間から、民事救済および制裁、私法手続に至るまでの様々な抵触法的規律について、保護国法という文言で法廷地たる同盟国の全法秩序に送致し、その中には当該国の国際私法が含まれ、著作者の権利の準拠法に関する様々な私法問題は、同国の国際私法によって解決されることになる。すなわち、この立場によれば、著作権侵害の準拠法は法例11条1項に基づいて、その「原因事実発生地」の解釈如何によって決定されることになる。これに対して、この見解はベルヌ条約が抵触法的問題に関して特定の立場を取るものではないことを前提にしているので、抵触規定としてのベルヌ条約5条2項の規定意義がなくなるとの批判がある[125]。だが、この批判は5条2項が自己完結的な直接的な抵触規定であることを前提としているものであって、同規定が、各国の国際私法規定を排除できるくらいの自己完結的な抵触規定であるかは疑問である。しかし、この法廷地国

---

(123) この説を採るものとして、元永和彦「著作権の国際的保護と国際私法」ジュリスト935号 (1989) 58頁、駒田・前掲注 (105) 43頁、同・「著作権と国際私法」著作権研究22号 (1995) 109頁がある。

(124) このような見解として、石黒・前掲注 (50) 190頁以下。

(125) 道垣内・前掲注 (31) 56頁は、前掲注 (123) の元永説に対して条文解釈の不自然さを指摘している。

際私法説については，後述の自動執行力を持つ条約規定に対する配慮を欠いているといえよう。

(ii) 条約に基づく実質法上の属地主義から保護国法を導く説

これは，保護国法への連結を明示しているベルヌ条約5条2項2文が，少なくとも条約が内国において直接適用性を持つ日本の憲法体制の下では，自動執行性（self-executing）を有する条約規定であるため直接適用され，保護国法主義の絶対的適用という帰結が条約から直接もたらされるとする説である[126]。ただし，この説は，保護国法を如何に決定すべきかについては，条約は何の直接的規律をしていないため，法廷地国際私法によって補充がなされなければならないとする。またその際には，ベルヌ条約5条2項と内国民待遇規定の5条1項・3項の'抱き合わせ'によりもたらされる各国著作権の実質法上の属地性も，これらの条約規定が自動執行性を有する条約規定であるため，法廷地国際私法による具体的な保護国法の決定プロセスに法廷地の絶対的強行法規として影響を与えるとされる。

(iii) 本源国法説

ベルヌ条約5条は外人法上の規定であって，抵触法的内容は含んでいないとし，同条約は本源国法（country of origin）の適用を前提としているという見解である。シャック（H.Schack）は，「保護が要求された国の法令により（nach den Rechtsvorschriften des Landes, in dem der schutz beansprucht wird）」のin demをfur dessen Gebietと読み替えて保護国法と読むことになるが，そのような読み方は条約の歴史や資料から正当化されないとし，本源国法によることを主張した[127]。一般に，本源国法説の根拠としては，ベルヌ条約の現在の5条2項に当たる1908年ベルリン改正条約4条は「本源国における全ての方式が満たされた場合にのみ他の同盟国における保護が保障される」としていた規定を改正したものであり，外人法上の問題を解決する以上のものではないと見られること，また，同条項が導入されたベルリン改正会議当時における属地主義の理解の状況からすれば，法廷地と保護国は一

---

(126) 石黒・前掲注（50）190頁以下，前掲注（124）の本文参照。

(127) H.Schack, Zur Anknüpfung des Urheberrechts im internationalen Privatrecht (Berlin:Duncker & Humbolt, 1979) at 29.

第 2 章　知的財産権関連条約と国際私法

致していたのだから，法廷地法を意味するに過ぎなかったこと，さらに，条約においては反対に，本源国法に言及した規定も少なくないことなどが主張され(128)，著作物の本国法を著作者の権利の準拠法とすべきであるとされる。また，1993 年ギリシア著作権法 67 条を起草したコマントスにおいても，本源国法による解決が何らベルヌ条約に抵触せず，むしろその趣旨にかなうとされている(129)。

III　考　察

1　条約の規定から完全な抵触規定を導くことができるのか

　上記の知的財産権に関する条約の検討からわかるように，パリ条約やベルヌ条約の規定からは，直接的で完全な抵触規定は導かれないということについては，ベルヌ条約 5 条 2 項について自己完結的な抵触規定であるとする一部の見解はあるものの，大体において意見の一致があるように思われる(130)。

　パリ条約の場合は，間接的には既に示した関連規定から抵触法的規範を推論することができるものの，直接的な抵触規定は含んでいないことがわかる。その反面，上述したようにベルヌ条約の場合は，「専ら，保護が要求される同盟国の法令の定めるところによる」という 5 条 2 項 2 文の文言があるので，この文言からベルヌ条約は保護国法への連結を意味する自己完結的な抵触規定を有しており，したがって各国の国際私法の適用は排除されるという考えがあるようである。しかし，ベルヌ条約は著作権に対し，同盟国間の最小限の保護水準を定めた（抵触法統一条約ではなく）実質法上の統一条約であるが，この条約はミニマムの保護水準を定めるのみで(131)，それ以上の規律については各国に委ねられていることになる。その中の抵触法的性格を有する 5 条

---

(128)　木棚・前掲注（74）189 頁。

(129)　駒田・前掲注（105）66 頁の注（45）。G.Koumantos, *supra* note 117, at 448. なお，本源国法主義を採る立法例としては，前掲注（101）および（102）の本文参照。

(130)　前掲注（122）および前掲注（80）参照。

(131)　ベルヌ条約 19 条は，「この条約は，同盟国の法令が定める一層寛大な規定の適用を求めることを妨げるものではない」，とされる。保護の範囲等につき同盟国が一層寛大な規定を置くことを容認しているのである。

についていえば，法廷地国内でその国の権利が侵害された単純なケースは別として，侵害地と法廷地が異なるケース等に関しては，「保護が要求される同盟国」とは一体どこなのかは5条2項からは判然としないため，解釈の対立が存在するのである。このように解釈が多岐に分れているのに自己完結的な規定であるとはいえないであろう。

したがって，ベルヌ条約自体は，著作権を侵害する行為が法廷地外で生じた場合にいずれの国の法律によるべきかについては，何も解決していないと見るべきであり[132]，また，ベルヌ条約5条は自己完結的な抵触規定であるとして，各国の国際私法の適用は排除されるとは言うべきではなく，5条2項のいう保護国法への連結という抵触法的解決のためには法廷地国際私法を介して具体的な保護国法を決めていくべきであると思われる[133]。

2　内国民待遇の原則から抵触規定が導かれるのか

パリ条約2条の内国民待遇の原則は，同盟国の国民である外国人は，他の同盟国において，その住所や営業所が内国にあるかどうかを問わず，内国民に課せられる条件および手続を満たす限り，内国民と同一の保護を受け，権利の侵害について内国民と同一の法律上の救済を与えられるという原則である。内国民待遇の原則から抵触法上の原則を導いているウルマーによると，内国民待遇から保護国法への直接的連結を導くという点で，外人法と抵触法が密接に結合しているとされる。しかし，パリ条約上の内国民待遇条項については，単なる外人法上の規定であるというのが一般的な見解である。たし

---

[132]　元永・前掲注(123) 59頁では，StewartやUlmerを引用しながら，このような立場が有力であるとしている。また，石黒・前掲注(108) 64頁の注(24)でも，「ベルヌ条約上も，A国著作権のA国での侵害に対して，権利者がB国でA国法に基づき訴えられるかという問題は未解決であり，各国著作権法に委ねた問題である」とされている。

[133]　石黒・前掲注(50) 177頁は，「少なくとも条約の規定をめぐって各国の解釈が分かれる場合には法廷地国際私法を介して準拠法の選択が必要となるし，当面する5条2項については，保護国法によることの先の（あるいはそこに至るまでのプロセスについての）抵触法上の問題は何ら『解決されていない』というべきである」とする。

かに，外人法は外国的要素をもつ法律関係に適用することを予定して制定されたもので，それ自体の中に場所的適用範囲を定めた抵触規定と読める規定が内包していると言えるかもしれないが，外人法とは自国国内法上における外国人や外国企業の法的地位に関する実質法である(134)以上，抵触法である国際私法とは，法目的および法規の性質上異なるものとみるべきである。かつては，外人法は国際私法に先立って適用されるものであるとする見解も主張されたが，現在では，外人法も私法的性質を有する実質規定である以上，抵触規定の指定を待ってはじめて適用されるものであるという認識が広く認められている(135)。したがって，外人法上の規定である内国民待遇の規定について無理な双方化を行い，そこから抵触法上の規定を導くべきではない。

著作権の場合においても，ベルヌ条約5条1項の内国民待遇の原則から保護国法主義を導く見解が広く認められてきた。たとえば，このような見解によるアメリカの判例としては，著作権においても属地主義の原則が妥当するとして，内国民待遇の原則からは，著作物の最初の発行地や著作者の本国ではなく，侵害が行われた国の著作権法が準拠法となるという保護国法の原則が見出されるとするMurray v. British Broardcasting Corp., 81 F.3d 287,290（2d Cir.1996）がある。また，内国民待遇の原則と関連して，日本においては，フランスで出版された画集の日本への輸入，日本での販売が差止められた事例であるレオナール・ツグハル・フジタの生涯と作品事件判決(136)がある。この判決に対しては，ベルヌ条約5条1項の内国民待遇条項により，フランス法上，原告に許諾権が認められないことになった以上，フランスで与

---

(134) 石黒・前掲注（47）298頁。

(135) 抵触規定の指定を待ってはじめて，外人法が適用されるとする立場の江川説（「衝突規則と私法との関係に関する卑見」法協45巻1875頁）によれば，たとえば，「我国にある土地の所有権を外国人が取得できるかという問題に対して，法例10条により日本法が準拠法となることが前提とされる」とし，「抵触規定が外国法を指定する以上我国の外人法の適用は否定されることになる」とする。木棚・前掲注（11）16-17頁（横山潤「抵触法と外人法」）。

(136) 東京地判昭和62年11月27日判時1269号136頁。

(137) 三井哲夫「フランスで出版された画集の輸入・国内販売が差し止められた事例」ジュリスト934号（1989）148頁。

えられる保護以上のものを与えるべきではないとし、原告に本件差止請求権がないとする見解もあるが[137]、外人法上の規定である内国民待遇の規定のみにより、かかる解釈をするべきではなく、ベルヌ条約5条2項の保護国法主義により、侵害が行われた国である日本国法により判断すべきであろう[138]。その場合、権利の属地的性質により、日本法による差止請求は認めざるをえないことになる。ベルヌ条約5条をどう解釈するかによって結論が異なり得る事例であると思われる。

上述したようにパリ条約・ベルヌ条約上の内国民待遇の原則から法廷地法主義または保護国法主義を導く見解が多いが、そこでは、実質法と抵触法の明確な区分がなされていないことが前提になっていると思われる。内国民待遇の原則は、外人法として外国人および外国企業の法的地位のための実質法上のものであり、国際的私法活動を営為する自国民および自国企業の法的地位のためのものではないので、抵触法上のものであるとはいえない[139]。したがって内国民待遇の原則から、抵触法的規範として法廷地法主義を導くのは、単なる内国法適用の利便（いわゆるhomeward trend）にほかならないし、また、同原則の双方化により保護国法主義を導くのも、論理上無理があるように思われる。

3　実質法上の属地主義から保護国法への連結について

条約の規定による実質法上の属地主義から保護国法への連結を説くウルマーとフォーセットは、フォーセットの場合は、パリ条約の場合において実質法上の属地主義による保護国法への連結という結論を4条の2の独立の原則が補強する（reinforce）ものとはしているが、両者とも、保護国法への連結の根拠を内国民待遇の原則から導かれた実質法上の属地主義にあるとし、ベ

---

(138) 石黒一憲「フランスで出版された画集の日本への輸入、販売」別冊ジュリスト著作権判例百選（第2版）（1994）232頁。

(139) 石黒一憲「知的財産権の国際問題」ジュリスト918号（1988）43-53頁。なお、同・前掲注(108) 62頁においても、内国民待遇の原則を抵触法上扱うことに対する批判として「ベルヌ条約の基調をなす内国民原則は、一定条件の下に加盟国で広く（同時的に）各国法に基づく著作権を発生させることに重点があり、また、少なくとも基本的にはそれにとどまると解すべきである」とされている。

ルヌ条約の場合にも，両者とも5条1項・3項の内国民待遇の原則から導かれる実質法上の属地主義から保護国法主義という抵触法上の属地主義が導かれているとしている(140)。これに対して，石黒教授は，内国民待遇の規定を踏まえつつも，パリ条約においては4条の2の独立の原則に重点をおき，同原則から実質法上の属地主義を導いて，直接保護国への連結を主張している(141)。この見解によると，4条の2の独立の原則は自動執行力を有する条約規定であるゆえ，少なくとも日本国内においては絶対的に適用され，具体的な保護国法の決定の仕方は法廷地国際私法に委ねられているとされる。また，ベルヌ条約の場合においては，5条1項・3項の内国民待遇の規定と権利の本源国法と保護国法との相互の独立性を規定している5条2項1文，また，これを具体化して保護国法への連結を定めている5条2項2文により実質法上の属地主義がもたらされる，とされる(142)。

　権利の属地的独立性という知的財産権の実質法上の属地主義から保護国法への連結を図ることは，条約との関係で妥当であると思われる。条約のどの規定から実質法上の属地主義が導かれるかについては，第3章第2節Ⅰの1で詳細に論ずるが，思うに，パリ条約の場合は，条約上の内国民待遇の規定と条約上実質法上の属地主義をもっと明確に示されている独立の原則の規定により，また，ベルヌ条約においては，条約上の内国民待遇の規定と権利の属地的独立性を規定した5条2項1文により実質法上の属地主義がもたらされるとみるのが妥当であると思われる。かかる規定に基づく実質法上の属地主義から保護国法への連結という抵触法上の属地主義が導かれると考えられる。この点をベルヌ条約の場合，保護国法への連結という抵触法上の属地主義を具体的に定めている5条2項2文によりもっと明確にしている。同条約5条2項2文の規定は，実質法上の属地主義の根拠であるよりは，抵触法上の属地主義の実質的根拠であるように思われる。

　また，権利の属地性と保護国法への連結に関して，本源国法主義プロパーによる内国民待遇規定に基づいて保護国法主義を導く考えに対する批判の中

---

(140)　前掲注 (82)，(87)，(88) の本文参照。
(141)　石黒・前掲注 (50) 187 頁，224 頁以下。
(142)　同前 183 頁。

には，パリ条約2条および3条の適用される広義の知的財産権，たとえば，原産地表示や原産地名称に関する保護，不正競争防止法上の請求権をも含めて保護国法が適用されるようになるが，広義の知的財産権にも保護国法を適用するのがはたして妥当であるかどうかを問う見解がある[143]。しかし，ウルマーやフォーセットからもわかるように保護国法への連結は，権利の属地性を前提としての連結である[144]。権利の属地性を欠く上記の不正競争防止法上の請求権については，保護国法によらなければならないというべきではないので，その妥当性を問う必要がないと思われる。保護国法主義は（実質法上の）属地主義を前提としているといえるからである。

4 本源国法主義について

条約が明文の規定をもって本源国法の適用を認めていることを根拠に，本源国法主義を主張している見解があるが，ウルマーによると，それは本源国法への部分的な送致にすぎないことになる。彼によると，パリ条約には保護期間のような本源国法による内国民待遇の原則の制限は規定されていないとされる。さらに，ある対象につき各国で取得された保護権は各々独立であるという原則が重要である。換言すれば，工業所有権の保護が本源国における保護権の存立に従属しないということである。したがって，本源国法への送致は原則として生じないことになるとされる[145]。この見解によると，保護国法主義の例外であるとされるパリ条約6条の5の，いわゆるテル・ケル条項[146]や保護期間に関するベルヌ条約7条8項などの規定は本源国法上の規定の参酌ないし考慮に過ぎないことになる[147]。実際，パリ条約の場合，商標に関して，独立の原則の例外としてその保護を本源国における登録にかか

---

(143) 木棚照一「工業所有権に関する国際私法上の原則とパリ条約」立命館法学5・6号（1988）1010頁は，「少なくとも内外人平等の原則に根拠を求める以上，理論上は広義の無体財産権全体に適用できる抵触法上の原則として保護国法によるべきことになるはずである」とし，「果して，このような広義の無体財産権に通じる抵触法上の原則を導けるか，その原則が妥当であるかどうか，広義の無体財産権に適用する際に，その特徴から如何なる制約が生じるか，などが検討されなければならないであろう」としている。

(144) 前掲注（84），（89）の本文参照。

第2章 知的財産権関連条約と国際私法

らしめることができるかどうか、かつては議論の余地はあったが、パリ条約の1958年リスボンの改正で現在の6条3項に明文がおかれることにより、本源国法への連結は取り除かれた事実があり、独立の原則による保護国法主義をそのまま原則として維持しているといえる。また、著作権の準拠法に関して、ベルヌ条約5条2項1文が、本源国以外の同盟国における著作者の権利の享有および行使は、著作物の本国（本源国）における保護の存在にかかわらないと規定している点にも、注目すべきである。

このような見解や解釈からみた場合、条約上の一部の本源国法主義の規定をもって、すべての知的財産権に関して本源国法によるべきであると解することはできないであろう。条約規定からもたらされる権利の属地性との関係で、（とくに、ベルヌ条約5条2項2文において）保護国法への連結が条約上明確化されているからである。したがって、条約上明示されている抵触法上の属地主義（場所に着目する意味でのそれ）としての本源国法主義の規定は、あくまでも、同じく抵触法上の属地主義である保護国法主義の例外として、保護国法主義の枠内での部分的送致として把握すべきであろう。また、最近のサイバースペースでの知的財産権侵害に関して、権利の明確化のために本源国法主義を考慮すべきであるとする考えから見られるように、現実的な妥当性の見地から本源国法を論ずるのではなく、条約の規定により保護国法への連結が明確になっていることを勘案し、条約と国際私法との適用関係の中で

---

(145) E.Ulmer, *supra* note 80, at 56は、"An important principle of the Paris Convention is the rule of the independence of rights of protection claimed for an object in various countries ; protection is not made dependent upon the existence of the right in the country of origin. From the point of view of conflict of laws therefore no reference is made, in principle, to the law of the country of origin." としている。

(146) パリ条約6条の5 A(1)1文は「本国において正規に登録された商標は、この条で特に規定する場合を除くほか、他の同盟国においても、『そのまま』その登録を認められかつ保護される」、としている。

(147) なお、駒田・前掲注(105) 48頁も、「ベルリン改正後も、保護期間に関して本国法が認める以上の保護期間を許与する必要はないとする規整は残されたが、このような措置は、保護が要求される国の法令の枠内で行うことを条約が命じているにすぎない」としている。

考えるべきであると思われる。

第3節　知的財産権関連条約と国際私法との適用関係

I　条約上の解釈のズレと欠缺補充のための国際私法ルールの介入

　各国の実質法を統一する条約の批准により，条約の適用範囲内において国内の従来の実質法が排除され，条約の規定は優位に立つが，各国の実質法を統一する条約を批准することによって，その条約の適用範囲内での在来の国際私法ルールまでが当然に排除されるのかが問題となる。これに対しては，実質法の統一条約を批准したことの法論理的な必然として，在来の国際私法が当然に排除されるという見解と，国際私法が当然に排除されるわけではなく，それが批准により直ちに排除ないし制限を受けることがあるとしても，それは排除ないし制限を受けるという旨の格別の規定が条約の中に挿入された場合のみであるとする見解がある[148]。実質法統一条約が締結されても，当該事項に関するすべての法律問題を網羅的に規律するものではなく，そこには必ず何らかの欠缺があり，各国の国際私法が定められる準拠法による補充が必要になる。上記の二つの見解は，条約の適用範囲以外の問題については，条約上の欠缺の補充のため，各国の国際私法に委ねているという点では共通しているが，後者の場合は，条約の適用範囲内においても，直ちに在来の国際私法が排除されるのではなく，準拠法決定は必要であるとしている。

---

(148)　石黒・前掲注（36）8－9頁。この見解によれば，ワルソー条約32条や1964年ハーグ統一売買法2条のような法廷地国際私法の制限ないし制限を受けるという旨の格別の規定がない時に統一条約の批准に際して在来の国際私法が排除ないし制限されることがあるとしても，それは何ら批准国の条約上の義務によるのではなく，理論上は批准に伴って，新たな国内的立法措置が付加的になされるものと解すべきであるとされる。

すなわち，締約国の間に統一法規定に対する解釈が相違する場合に，当該事実と牽連性が乏しい法廷地側の解釈によるのではなく，最も密接な関係を有する所，つまり統一条約規定の欠缺部分について準拠法とされている国の解釈に従って処理すべきであるとする(149)。条約の適用範囲内の準拠法と条約の適用範囲外の準拠法の接合面での不整合が防止できる点から，後者の見解が妥当であると思われる。統一条約を準拠法所属国の全体としての法秩序の中に置き，その事案をその法秩序の法によって極力統一的に処理する必要があるからである。

既に論じてきたように，パリ条約およびベルヌ条約に含まれるとされる抵触法ルールについては解釈の一致は見当たらない。また，条約上の保護国法を如何に決定すべきかのプロセスについて，条約は何の直接的な規律もしていないので，かかる規定の欠缺補充の問題が生ずる。条約の適用範囲内の規定において，解釈が異なっており，具体的な規定の欠缺があると判断される場合，法廷地国際私法による判断が必要となる。したがって，知的財産権関連事件においては，当該紛争事実に対して国際私法上の法律関係の性質決定をし，当該紛争事実に対する保護国法がどこなのかを決定していくべきであると思われる(150)。また，実質法統一条約において，条約規定に対する解釈が異なる場合には，準拠法所属国の解釈によることになる(151)。その反面，抵触法統一条約または条約上の抵触法ルール（つまり，具体的準拠法国の決

---

(149) 石黒・前掲注（47）113-115頁参照。

(150) 石黒・前掲注（50）191頁参照。

(151) 石黒・前掲注（108）205頁は「パリ条約の規定をめぐって各国の解釈が分れる場合には法廷地国際私法を介して準拠法所属法秩序における取扱にまずもって従うべきことになる」としている。また，同・前掲注（47）110-117頁。

(152) Fawcett/Torremans, *supra* note 60, at 469は，"International exploitation of the work…will have to take all these separate national rights into consideration. Another implication of the use of the term right is the exclusion of revnoir and private international law in general."とし，反致は排除されることを指摘している。なお，ある事項を外国法に委ねるならばその外国でなされるとおりに自国（法廷地国）として準拠法を決めようとするドイツ型反致観に対する批判として，石黒・前掲注（47）193頁以下。

定）に対して，条約加盟国の間で解釈が異なる場合は，準拠法所属国の判断（解釈）に委ねるのは，反致(152)を認めるのと同じ結果となるし，準拠法を指定するというのは，準拠法所属国の実質法を指定することを意味するので，当該法廷地の条約解釈により準拠法所属国の実質法を適用すれば足りるのである。

II 条約の国内における直接適用可能性

条約の拘束力の程度，すなわち条約が直ちに国内法的な効力を持つかは，各国の憲法体制により異なる。日本の場合は，憲法98条2項の「日本国が締結した条約及び確立された国際法規は，これを誠実に遵守することを必要とする」という規定について「現在では，この規定により条約は特別の立法の必要なしに国内で法としての効力を有するという説が，圧倒的多数で通説である」とされる(153)。ドイツの場合は議会の承認によって条約規定は国内的な効力を有し，かつ，条約と連邦法（または国内法）は同順位であり，後法優位の原則があてはめられる(154)。韓国の場合も，ドイツと同様に憲法6条1項において条約は国内法と同一の効力を有すると規定している(155)。スイスの場合は連邦憲法上には条約と国内法との関係を直接規律する規定はないが，自動執行性を有する条約が従前の国家法に優先することは確かだとされる。だが，条約に対して後法となる国家法と条約との関係については若干の争いがある，とされてきた(156)。米国の場合は，州法には条約が優先するが，連邦法と同順位とされる。また，イギリスの場合，条約にそのまま国内

---

(153) 岩沢雄司『条約の国内適用可能性』（有斐閣，1985）28頁。また，同31-32頁は，知的財産権と関連して，日本の場合，「著作権法5条，特許法26条に『条約に別段の定めがあるときは，その規定による』と規定しているが，憲法98条2項により直接内国適用可能な条約規定は国内法に対し優先適用されるので，これらの規定は任意的規定に過ぎず，これによって条約の国内的効力や法律に対する優位が認められるものではない」とする。

(154) 石黒・前掲注（47）156頁の注（327）は，ドイツの場合に関して，「条約とその批准に伴って制定された国内法との間に矛盾はあった場合には，むしろ国内法を優先させようとする考え方が，ドイツでは従来から根強くある」とする。

的効力を認めず，議員立法に変えられることにより，国内的に実施されるとされる(157)。

このように条約の国内的拘束力は国ごとに異なっている。しかし，条約の国内的拘束力と条約の自動執行可能性（self-executing）とは区別する必要がある。自動執行的条約というのは国内でそれ以上の措置を採る必要なしに直接適用される条約を意味する。条約は国内で法としての効力を持つとしても直接適用されうるとは限らないからである。したがって，条約が自動執行的であるか否かの基準が問題となる。これについては，「常設国際司法裁判所が，条約は当事国の意思に従い直接個人に権利義務を創設することもできるとしたために，わが国でも，条約がself-executingかは当事者の意思にかかるといわれることが少なくない」(158)とされ，当事国の意思を基準とするのが，通説的な見解であるとされる。しかし，通説的見解の不都合性について，条約が自動執行的であると当事国が意識することはほとんどなく，当事国の意思を探求することはあまり意味がないとした上で，結局は「条約規定の明確性」に求めるべきであるとされている(159)。すなわち，当事国の意思がself-executingではあっても，規定の仕方によっては，non-self-executingでありうる(160)。また，条約に対する自動執行可能性の判断をするのは各国の国

---

(155) 韓国憲法6条1項は，「憲法により締結・公布された条約と一般的に承認された国際法規は国内法と同じ効力を有する」と定められている。丁相朝「知的財産権に関する国際的法秩序と国内法」法学46巻3号　ソウル大学（2005）126頁以下は，韓国の場合，「条約は締結・公布のみで国内法として効力を有するので，条約の国内法による具体化がなくても内容上そのまま国内法として直接適用できる程度の明確性や完成性を有していると判断される条約，いわゆる自己執行的条約は国内的に直接適用される」としている。

(156) 石黒・前掲注（50）237頁。

(157) Fawcett/ Torremans, *supra* note 60, at 460は，"English law does not allow us to look at and give value to international Conventions, because such Conventions do not have force of law in the absence of implementing legislation."とし，それにもかかわらず，これらの条約を考慮する理由が，"most domestic statues are, in part, based on these Conventions and are supposed to implement their provisions"であるからとする。

(158) 岩沢・前掲注（153）48頁。

第 3 節　知的財産権関連条約と国際私法との適用関係

内法であって(161)，同一規定についても国ごとに直接適用可能か否かは異なる。一般的に，知的財産権関連条約に対して，ボーテンハウゼンによるパリ条約を 4 類型化する考え方(162)に依拠し，パリ条約については，内国民待遇について定めた 2 条および 3 条は，工業所有権に関する同盟国の国内法令の適用を命じる規定として，外国人である同盟国国民は「直接これらの条項を基礎として内国法の適用を請求でき」，そのために何ら特別の立法は必要な

---

(159)　山本草二『国際法』（新版）（有斐閣，1995）105-106 頁においても，self-executing の判断について，私人の権利義務を定め直接に国内で執行可能な内容のものにする締約国の意思という「主観的要件」に，私人の権利義務が明白，確定的，完全かつ詳細に定められていて，その内容を国内的に執行可能な条約規定であるという「客観的要件」をも挙げ，こういった要件を考慮して，個々の条約規定について，自動執行力の有無を認定せざるを得ないとしている。なお，国際法学会編『国際関係法辞典』（三省堂，1995）389 頁も参照。

(160)　しかし，この場合，non-self-executing な条約または当該規定は憲法上認められた国内的効力を持たないというわけではなく，non-self-executing な条約も憲法の規定を通じて国内法に受容され，国内において妥当する法として存在するという見解は妥当であると思われる。なお，岩沢・前掲注（153）68 頁の注（211）。同 55 頁において岩沢教授も，「条約はすべて国内的効力を持つとし，その上で，個々の場合に応じて条約が直接適用かを判断する，そして，例えば直接適用されえないとしてもその他の効果を発揮することは認める」というような考え方を採るべきなのではないかとしている。知的財産権関連条約においても，条約自体が国内的拘束力を有するとしても，国内で直接適用されるか（自動執行的なのか）は，当該条約の個々の規定の明確性によるほかないが，仮に，ある条約規定が自動執行的ではないと判断された場合にも，国内においては法として効力を持ち，それの国内適用のためには，新規立法をするなど一定の措置を採る必要があるであろう。谷内正太郎「国際法規の国内的実施」広部和也／田中忠編集代表『国際法と国内法』山本草二先生還暦記念（勁草書房，1991）114 頁参照。

(161)　岩沢・前掲注（153）323-324 頁は「条約が明確であるかの判断は，各国における権利分立のあり方，法的伝統，その事柄に関する国内法制に状況によっても異なりうる。そうだとすると，同一の条約がある国では直接適用可能だが他の国では直接適用可能ではないといえるのではないか」とする。

(162)　①パリ同盟の組織に関する規定および条約自体の手続的規定②同盟国が立法措置を採ることを要求しまたは許容する規定③工業所有権に関する同盟国の国内法令の適用を命じる規定④個人の権利および義務に関する実体規定は自動執行的であるとする。

第2章　知的財産権関連条約と国際私法

いという意味で自動執行的であるとする。また，個人の権利および義務に関する実体規定として，各国の特許の独立を定めた4条の2や商標の独立を定めた6条3項などは自動執行的で，直接適用されるとしている[163]。これに習って，日本著作権法5条の「条約に別段の定めがあるときは，その規定による」という規定は，単なる注意的規定に過ぎず，ベルヌ条約5条1項・3項の「内国民待遇」の規定，そして5条2項もまた，自動執行的な条約規定であるといえよう[164]。

したがって，知的財産権に関するこれらの条約上の規定は条約の国内法的効力（自動執行性）を認めている国においては，絶対的に適用される強行規定として適用されることになる。しかし，上述したように，ある規定が自動執行的であるか否かは国ごとに異なっており，たとえば日本においては自動執行的な条約規定として絶対的に適用されるとしても，他の国においても同じくそうであるとはいえない[165]。知的財産権関連条約のこれらの規定については，大部分の国では，自動執行的な条約規定として判断しているが，ア

---

[163]　岩沢・前掲注（153）81頁。

[164]　石黒・前掲注（50）182頁も，「ベルヌ条約5条1・3項の『内国民待遇』の規定，そして5条2項もまた，自動執行的な条約規定として，一般の国内法規をoverrideし，それに優先して適用される関係に立つことになる」とされる。石黒教授は自動執行的か否かの判断基準を自国裁判所で実際に適用する上で支障ないほどに具体的か否かがメルクマールとなるとしている。一方，作花文雄『詳解著作権法』（第3版）（ぎょうせい，2004）519頁は，ベルヌ条約2条（6）の「すべての同盟国において保護を受ける」という規定は，条約の直接適用を指定しているものであるとしているものの，日本の場合，「条約が直接適用されることは前提としていない」とし，日本著作権法5条は「『国内法には何ら規定されていない事項』について仮に条約に定めるものがあるならば，当該条項を適用し得ると解すべきである」としている。日本の法体系における自動執行的条約規定の直接適用可能性と関連して疑問に思われる。

[165]　石黒・前掲注（50）237頁は，ドイツの場合，条約の直接適用を内国政治上の配慮等から不適切とし，それを理由に条約の自動執行性を否定する国内立法を，批准に際してあえて行なうこともあるとする。

[166]　ゴーマン＝ギンズバーグ編（内藤篤訳）『米国著作権法詳解（下）』（信山社，2002）934頁の注（1）は，「従って，自動執行力がないゆえ，具体的な立法がなければ，ベルヌ条約上の原則を適用することはない」とされる。

第3節　知的財産権関連条約と国際私法との適用関係

メリカの場合は，ベルヌ条約は自動執行力がないものとして1988年に同条約の国内実施法（Berne Convention Implementation Act of 1988 ベルヌ条約施行法）を制定している(166)。このような立場からの判決としては，Itar-Tass Russian News Agency v. Russian Kurier Inc., 153 F.3d.82（2d Cir. 1998）(167)がある。この判決では，「ベルヌ条約はそれ自体自動執行力のあるものではないため，根拠となりえず，どのような抵触法ルールを適用するかは各国の自由に委ねられているとされる」と判示されている。このような判断と異なって，これらの条約の抵触法的規定に対し自動執行性の有するものと判断した場合に，国際私法との関係はどうなるであろうか。自動執行性を有するものと判断され，国内において直接適用されるとしても，国内において強行的に適用されるのは，条約の規定する最小限の実質的規律の範囲内のもので，それを越える部分ではないというべきであろう。したがって，保護国法の決定についても，保護国法への絶対的適用が条約上要請されるが，条約の規定する最小限の実質的規律の範囲を越えての保護国法への連結については，国際私法上の公序の活用によりその適用を排除することは可能であると思われる(168)。また，条約が示していない具体的な準拠法選択のプロセスについては法廷地国際私法が介入することになる。また，実質法上の属地主義が条約規定から導かれるという見解からは，当該規定が自動執行性を有すると判断する限り，実質法上の属地主義の制限を受けることになる。この場合，自動執行性を有しないと判断する国との関係が問題となるが，このような場合に

---

(167) 同判決は，ロシアの新聞社や記事配信社らの出版物に過去に記載された記事や将来記載される記事について，これを被告らがコピーすることを禁じ，被告らに対して相当額の著作権侵害の損害賠償を認めたものである。なお，後掲注（369）の本文参照。

(168) 石黒・前掲注（50）185-186頁も「ベルヌ条約（パリ条約も同じ）はミニマムの保護水準を定めるのみで，後の規律は各国に委ねられている。従って，ここで保護国法の絶対的な適用といっても，例えば保護国法上の過剰な，条約に規定されていない実質法的部分の適用を，部分的に国際私法上の公序で排斥する等のことは，可能である，条約の実質法的規律部分についての保護国法の適用が絶対的なのであって，それを超えた部分については，公序適用後に法廷地法が適用されても，この点での問題はないと，考えるべきである」としている。

も，法廷地国際私法の一般ルールにより解決されるようになるであろう。すなわち，法廷地において自動執行性を有すると判断される条約の解釈（たとえば，保護国法への絶対的連結）により，自動執行性を有しないと判断する国の法（条約を国内法化した規範）が準拠法として指定された場合は，法廷地国際私法の一般ルールにより当該外国法が準拠法として適用されるが，その際，法廷地においては自動執行性を有すると判断される条約上の規定，たとえば，権利の属地的独立性を表しているパリ条約における独立の規定などは，準拠法の如何にかかわらず，法廷地の絶対的強行法規として適用されることになる。

第4節　小　括

　以上において，知的財産権に関して，条約上の抵触規定の解釈や条約と国際私法の適用関係について考察した。

　まず，知的財産権関連条約における抵触規定の解釈に関しては，かかる規定から直接的で明確な抵触規定を導くことができないため，多様な解釈の差が存在する。しかし，知的財産権については，ベルヌ条約5条2項2文の「保護が要求される同盟国の法令の定めるところによる」という規定により保護国法への連結が明確に意図されていると解すべきであり，Forum shoppingやhomeward trendのような問題点が指摘されている法廷地法主義，または本源国法主義を採るべきではない。条約上示されている本源国法への連結規定については，保護国法への原則的連結の枠内での本源国法の参酌ないし考慮という例外的規定と見るべきである。だが，かかる保護国法への具体的連結プロセスについては，条約上明確に提示していないため，当規定は自己完結的な抵触規定として，その限りで一般の国際私法ルールが排除されるとは解することはできない。保護国法への具体的連結プロセスは，条約上における欠缺規定の補充のため，法廷地国際私法の介入が必要とされる。これは，パリ条約の場合にも同様である。このような抵触法上の属地主義としての保護国法への連結の根拠となるのは，ウルマーやフォーセットの説からわ

第4節 小　括

かるように，条約上現れている知的財産権の実質法上の属地主義である。しかし，権利の属地的独立性という実質法上の属地主義は，パリ条約においては，2条および3条の内国民待遇の原則や4条の2または6条3項の工業所有権独立の原則から，また，ベルヌ条約においては，5条1項および3項の内国民待遇や5条2項1文の本源国との独立規定からもたらされるものであって，各国の外人法（実質法）である内国民待遇の規定のみによって導かれるものではない（実質法上の属地主義の根拠については，次章において詳述する）。かかる条約規定に基づく実質法上の属地主義により，（上記のベルヌ条約5条2項2文の）保護国法への連結という抵触法上の属地主義が導かれたものと解すべきであると思われる。

　次に，条約と国際私法との適用関係をみると，実質法統一条約の規定について，条約の適用範囲内の事項において，法廷地と準拠法として指定された保護国法との間で異なる解釈がある場合には，法廷地としては，条約の適用範囲外の事項との接合面での不整合が生じないように，準拠法所属国である保護国法の法秩序における判断（解釈）に従うべきである。また，抵触法統一条約または条約上の抵触法ルール（つまり，具体的な準拠法国の決定規定）に対して，条約加盟国の間で解釈が異なる場合は，当該法廷地の条約解釈により準拠法所属国の実質法を適用すればよいのである。

　そして，ある条約が国内的拘束力を持っているのか，あるいは如何なる条約規定が自動執行性を有しているのかという問題は国ごとに異なっている。日本の場合，憲法98条2項により，条約の遵守義務が規定されており，知的財産権の属地性を表している内国民待遇の規定や独立の原則の規定，また，保護国法への連結を定めているベルヌ条約上の規定は自動執行性を有する規定と解されている。したがって，日本が法廷地となった場合は，自動執行性を有する条約規定は，法廷地の絶対的強行法規として適用されることになる。その際，自動執行性を有し，国内において強行的に適用されるというのは，条約の規定する最小限の実質的規律の範囲内のもので，それを超える部分ではないことに注意すべきであろう。

第3章

知的財産権に関する属地主義の原則と国際私法

第1節 序　説

　知的財産権をめぐる渉外的問題を解決するためには，知的財産権に関して国際的に広く受けいれられている「属地主義の原則」の実質法的性格とその抵触法上の位置づけをまず，明確にしなければならない。知的財産権をめぐる紛争の解決においては，従来から，属地主義の原則に根拠を求めて結論を導くのが通常であった。しかし，知的財産についていわれている属地主義は，実定法上の位置づけが明確ではなく，その根拠があいまいであるとの指摘がなされてきた(169)。とくに，近年インターネット時代を迎え，知的財産の国境を越える利用というものが活発化されてきている状況の中で，旧来の属地主義をとることによって実際的な問題が生じることが少なくないので，ここで言う属地主義はその法制度的背景を失ったという見解さえ存在する(170)。

　属地主義の原則とは，日本国内においては通常，「①一国で認めた知的財産権はその国の統治権の及ぶ領域内に限られ，②その成立，移転，効力などは総てその権利を認める国の法律によるとするもの」(171)と定義される。このように定義される属地主義の原則については，これが実質法上の原則か，抵触法上の原則か，その両方を含むものかという議論がなされており，このよ

---

(169) 木棚・前掲注（34）4頁は，「知的財産法における属地主義の原則が長い歴史に耐え，確定した内容を持つ自明の原則として認めてきたかというと必ずしもそうではないとする」としている。

(170) 駒田泰土「『属地主義の原則』の再考——知的財産権の明確な抵触法的規律を求めて」『特許関係訴訟と審判』日本工業所有権法学会年報27号（2003）10-12頁。駒田助教授は，同10頁において，「属地主義が知的財産権条約によって強制されているという見解がある」としつつも，それは，「せいぜい暗黙の前提，もしくは可能な解釈の一つとして属地主義を導くことができるという程度のものしかない」としている。この指摘は，既述（前掲注（163），（164）の本文参照）の，日本における自動執行力を有する条約規定の取扱いに対する配慮を欠いているといえよう。

(171) 紋谷・前掲注（21）25頁。

第3章 知的財産権に関する属地主義の原則と国際私法

うな議論が後述の一連の判例における属地主義の原則の捉え方として影響を及ぼしているといえよう。属地主義の原則の定義に関する日本国内での議論を具体的に見てみると、まず高部調査官は、前記の①の部分は、特許権は特許が成立した国以外に及ばないという意味で、特許権の効力についての実質法上の原則を定めたもの、公法的法律関係としての属地主義、すなわちある国の特許法は他の国家を拘束しないという原則を定めたもので、②の部分は「属地主義」を国際私法上の属地法主義、すなわち人に着目する属人主義との対比において、土地に着目し、特許権の成立した国を連結点として準拠法を決定する、抵触法上の原則を定めたものであるとしている(172)。また、①の部分については、茶園教授が、ある国で付与された知的財産権は、その国の領域内についてのみ効力が認められるという実質法上の原則（属地的効力主義）、そのような権利の成立、効力、消滅等は原則として権利付与国、より正確にいえばその領域内において権利の保護が要求される国の法（保護国法）によるという実質法上の原則を内容とするものであると説明しているのに対して(173)、駒田助教授は、各国法上の特許権の効力に関する法規を属地的に適用していくこととしてそれを把握すると、抵触法上のルールの一つであると説明している(174)。また、小泉教授は、各国の特許の成立、移転、効力は当該国の法によるという②の部分については、パリ条約4条の2でいう各国特許権の独立の原則を指すものであるとし(175)、横溝助教授は、②の「効力」という文言から、特許権付与手続という国家行為の効力の国際的範

---

(172) 高部・前掲注 (24) 85頁。

(173) 茶園成樹「特許権侵害に関連する外国における行為」ジュリスト679号 (1999) 15頁は、「属地主義の原則は、一般の理解によれば、ある国で付与された知的財産権は、その領域内においてのみ効力は認められるという実質法上の原則、およびそのような権利の成立、効力、消滅等は原則として権利付与国、より正確に言えばその領域内において権利の保護が要求される国の法によるという抵触法上の原則を意味する」とし、「属地的効力主義のもとでは、各国の特許法の適用はその国の領域内に適用されることになり、その面からは特許法は本来的にその地域的適用範囲が画されているということができる。もっとも、この特許法の属地的適用を認めることは、ある国において行われた行為には当該国の法律が適用されるという結果に至るにすぎない」とする。

第1節 序 説

囲の問題と解する余地もあるとしている(176)。

これとは別に，出口教授は，このような属地主義の原則の定義は知的財産法学において従来いわれてきたものと一致するとしつつ，これは領域限定という結論を意味する国際法上の領域性原則の意味におけるものとも，管轄または法律の場所的限定のための手段を意味する国際私法上の属地法主義の意味におけるものとも異なるとしている(177)。

このように，日本においては，属地主義の原則の定義に関する解釈が多岐に分かれている。しかし，属地主義の原則の概念に対するこのような議論は必ずしも外国での議論と整合性があるとはいえない。ワドロー（C.Wadlow）

---

(174) 駒田・前掲注 (170) 6 頁。①の部分を〝各国法上の特許権の効力に関する法規を属地的に適用していく〟と解し，抵触法上のルールとする。この見解によれば，結論として②の部分は，「各国の国家実行をふまえた単なる事実命題を述べたものにすぎないと考えるべきではないか」とされている。この見解によると，知的財産権の属地主義の原則それ自体が，抵触法的ルールとなるが，その法的根拠は明確ではなく，また，そうであるならば，属地主義を二つの部分に分けて論ずる必要はとくにないように思われる。また，知的財産権の属地主義の原則それ自体が，抵触法的ルールとなるので国際私法との関係が問題となる。そこから駒田助教授は，権利効力の領域限定というテーゼは，サヴィニー型国際私法の構造には馴染まない（同 8 頁）とし，ドグマとしての属地主義の克服を説いているのであるが，はたして，これで十分であるかは疑問である。もとより，サヴィニー的国際私法方法論から考えた場合，知的財産権の属地主義の原則それ自体が抵触法的ルールとはいえないはずである。属地主義の法的根拠を明確にし，それが如何に抵触法的枠組みの中で作用するかをまず検討すべきではなかろうか。

(175) 小泉直樹「特許法 35 条の外国特許権に対する適用」L&T 19 号（2003）29 頁。

(176) 横溝大「知的財産法における属地主義の原則——抵触法的位置づけを中心に」知的財産法政策学研究 2 号（2004）19 頁。

(177) 出口耕自「判例紹介，米国特許権に基づく損害賠償等請求事件——カードリーダ事件」コピライト 42 巻 501 号（2003）27 頁。出口教授は，結論としては，「最高裁は，判例変更によって属地主義という概念を否定すべきである」としている。また，同じ見解として，小泉・前掲注（25） 5 - 6 頁がある。同見解は，国際法上の属地主義と知的財産法上の属地主義を区分し，前者は一国の法の適用範囲を確定する際の一つの手法に過ぎず，後者は地理的適用範囲を確定する手法ではなく，地理的適用範囲についての一定の結論自体であるとし，領域限定という知的財産権上の属地主義を否定している。

85

は，属地主義の原則の定義について，Cornishを引用しながら，①各国の知的財産権の効力はその国の法によって定められる，②知的財産権の効力はそれが付与された領域における行為にのみ及ぼす，③その権利は付与された国家の国民によってのみ主張される，④その権利はそれが付与された国家の裁判所においてのみ裁かれるという原則であるとし，①と②は，知的財産権は域外的効力（no extraterritorial effect）を持たないことを意味するとする。また，①から，侵害が行われた国または不法行為地としての保護国の法によるという抵触法上の原則が帰結されるとしている[178]。前述したように，この点はウルマーにおいても同様であって，ドイツにおいても，権利効力の限定という意味で属地主義の概念が理解されているのがわかる[179]。また，韓国の場合も，諸学説において，知的財産権における属地主義の原則を抵触法的意味をも含めたものとみるものはなく，効力の限定という実質法上の属地主義の概念としてとらえているのがわかる[180]。このように，外国においては大部分において，知的財産権の属地主義の原則自体については，抵触法的側面からではなく，各国権利効力の属地的限定という実質法的側面からの議論がなされており，その実質法的側面が抵触法的ルールにおいてどう影響するかについて議論がなされているといえよう。

　以上のような属地主義に対する様々な見解や理解を踏まえて，本章においては，第一に，実定法上の根拠があいまいといわれている属地主義の原則の法的根拠を明確にし，その実質法上の属地主義の原則が抵触法上の処理にど

---

(178) Christopher Wadlow, *Enforcement of Intellectual Property in European and International Law : The new private international law of intellectual property in the United Kingdom and the European Community*(Sweet & Maxwell, 1998)at 9.

(179) 駒田・前掲注（170）4頁も，ドイツのA. TrollerとM. Rehbinderを引用しながら，属地主義の概念について，とくにドイツ語圏の諸国においては，権利効力の限定，つまり，上記の①②の中の①の意味のみのものとして理解されているとしている。

(180) 李好廷・丁相朝「渉外知的財産権　試論――知的財産権の準拠法」法学39巻1号 ソウル大学（1998）114頁以下，石光現・前掲注（62）549頁以下も知的財産権における属地主義というのは権利の属地性を意味するものであることを前提としている。

のような影響を及ぼすかに重点をおきつつ、その抵触法上の位置づけについて考察する。また、属地主義の原則が実際に各国の判例の中にはどのように取り扱われてきたかを検討した後、その問題点について検討する。第二に、明確な法的根拠を持つ属地主義の原則がどのような場面でその射程が限定されているのか、また、それを属地主義の原則の制限と把握すべきかそれとも属地主義の原則とは切り離して判断すべき問題なのかを検討し、実質法上の属地主義の原則の限定がはたして必要なのかを考察する。最後に、最近の知的財産の国境を越える利用の増大と関連して注目されている知的財産法の域外適用の可能性について、実質法上の属地主義の観点から、他国での行為による自国知的財産権の侵害（あるいは自国での行為による他国知的財産権の侵害）が成立できるのかまた共同不法行為的構成は可能なのかを検討し、他国の域外適用「的」規定に対する抵触法的対処について考察する。

第2節　属地主義の原則と判例での使われ方

I　属地主義の原則の法的根拠と抵触法上の位置づけ

1　属地主義の原則の法的根拠

知的財産法に関する属地主義の原則の根拠については、まず、よく言われているのが、①沿革的に知的財産権は君主によって与えられた特権として各国の産業政策と密接に結びつくことにその根拠を求める説[181]、②パリ条約2条の内国民待遇の原則[182]に、または、③パリ条約4条の2の特許独立の原則（商標権の場合は6条3項）にその根拠を求める説[183]、また、④知的財産権保護に関する条約の暗黙の前提とされているとする説もある[184]。その

---

(181)　紋谷・前掲注（21）25頁。
(182)　桑田三郎『工業所有権における国際的消耗論』（中央大学出版部、1999）55頁。
(183)　石黒・前掲注（50）186頁、土井輝生「工業所有権」『国際私法講座 第3巻』国際法学会編（1964）803頁。

他、⑤属地主義を抵触法上の概念として把握し、講学上の概念にすぎないとする見解[185]、⑥利益衡量に根拠を求める見解[186]等諸説が唱えられている[187]。また、属地主義については、最初からその理論的根拠はなかったという見解もある[188]。

まず、属地主義の原則については、これが実質法上のものなのか、抵触法上のものなのか、それとも両方を含むものなのかについて、上述したように日本国内においては議論が混乱している[189]。主に、属地主義については、知的財産権の効力が付与国ないし登録国の領土内にのみ及ぶことを意味する

---

(184) 木棚・前掲注（81）69頁は、属地主義の根拠について、「同盟国が明示的に他の法によることを定めていない場合には、保護国法によることを暗黙のうちに認められている」としている。また、小泉・前掲注（25）9頁も、「属地主義を条約の暗黙の前提として、地理的適用範囲を画定する手法ではなく、一定の結論そのものを指すものである」としている。

(185) 齋藤彰「並行輸入による特許権侵害」『知的財産の法的保護Ⅰ』知的財産権研究班著（関西大学法学研究所、1997）100頁以下。ここでは、「国際私法における『属地主義』とは漠然とした概念であり、ある法的問題の準拠法決定について属地的な連結政策を採用することを普通には意味する」とし、属地主義を抵触法上のそれとして把握したうえで、「我が国の実定法規則である法例10条が存在するにもかかわらず、いきなり講学上の概念にすぎない『属地主義』が表に顔を出すのかは、全く理解不可能である」としている。

(186) 田村・前掲注（121）560頁および同『知的財産法』（第3版）（有斐閣、2003）464頁は、「利用者に予測可能性をもたらすために、知的財産の利用行為が侵害となるか否かということに関しては、その地を統治する国の法によって判断されるべきであるとの理を表現したものが、属地主義である」としている。また、茶園・前掲注（173）13頁も、実質法上の属地主義と抵触法上の属地主義を明確に区分しつつ、抵触法上の属地主義を具体化した「保護国法主義」の「理由」ないし根拠につき、田村説を引用しつつ、準拠法に関する「知的財産の利用者」にとっての「予測可能性」を挙げている。

(187) その他、道垣内・前掲注（31）52頁の注（15）によると、「特許法69条2項1号（パリ条約5条の3）は属地主義が前提となっていると解することができよう」とある。すなわち、「日本国内を通過するに過ぎない船舶・航空機等には日本の特許権が及ばない」との規定から属地主義の原則が導かれると指摘している。これに対しては、石黒・前掲注（50）292頁において条文引用の的外れなどの批判がなされている。

第 2 節　属地主義の原則と判例での使われ方

とともに，その成立，効力，消滅が属地法つまり権利付与国ないし登録国によるという抵触法上の原則を含むものと解されてきたとされているが[190]，はたしてそうなのか。

このように属地主義の原則に実質法上の意味とともに，抵触法上の原則も含まれていると解することになると，条約上の保護国は必ず，権利付与国ないし登録国でなければならないことになるか，あるいは法廷地国際私法の介入は不要となってしまうという抵触法上の問題が生ずると思われる。

抵触法上の属地主義というのは，サヴィニー以来の抵触法体系において，法律関係から出発して，不法行為地，目的物所在地といった場所的連結点に着目して準拠法を決定していく連結方法のことであって，ここで，その法的根拠を検討している知的財産権に関する属地主義の原則というのは，上記の抵触法上のそれではなく，権利効力の属地的制限性という意味での実質法上のそれである点に注意しなければならない[191]。この意味で，上記の日本での議論のように，属地主義の原則の概念を二つに分けて議論するのはあまり意味のないように思われる。重要なのは，実質法上の属地主義と抵触法上の属地主義とを明確に区分し，両者の関係を明確にすることである。

このように考えると，属地主義の根拠について抵触法上の属地主義を前提としている前記の⑤の見解は妥当ではないといえよう。また，⑥の利益衡量に根拠を求める見解によると，利益衡量は，実質法上の属地主義の原則の根

---

(188) 横溝・前掲注 (176) 21-23 頁は，属地主義の原則（知的財産権の場合に限らぬそれ）の出発点とされるフベル (Hubert) の属地主義の原則は，その根拠を「黙示的な社会契約の存在といった何らかの理論に求めるのではなく，支配者の家族と国家の領域を土台としたこのような国家の性質と当時の法の適用に関する国家実行に求めていた」もので，「最初から理論的根拠を有していなかった」と批判している。なお，フベルの属地主義の原則を抵触法的属地主義と解することができるかについては，後掲注 (191) 参照。

(189) このような議論がなされている理由として，同前 23 頁は，「各国がサヴィニー型抵触法体系を導入した必然的結果」であるとしている。だが，同じくサヴィニー型抵触法体系を導入しているドイツをはじめとする海外においては，かかる議論がそれほどなされていないことを注目すべきであろう。前掲注 (179) の本文参照。

(190) 木棚・前掲注 (81) 70 頁。

第3章　知的財産権に関する属地主義の原則と国際私法

拠ではなくて，抵触法上の属地主義の原則の根拠を指すもので，抵触法上の属地主義の根拠として利用者の予測可能性を利益衡量の例としてあげているが，利用者の予測可能性といった要素は抵触法上の利益衡量とは関係ないといえよう[192]。サヴィニー的方法論における抵触法上の利益衡量とは，当該紛争事実と最も密接な関係を有する法を国際私法的正義に基づいて虚心に探求するものであるからである。

つぎに，属地主義の原則の根拠を条約から直接導くことはできるかについて検討する。条約が属地主義の根拠になるという見解に対して，属地主義は知的財産権の内在的性質として議論されるべきものであり，条約という外在的な法自体を根拠にするのは論拠として弱い（条約の解釈はあくまで外堀をうめる議論に過ぎない）という見解がある[193]。たしかに，前記①のような理由で知的財産権に関する権利の属地性という概念自体は，知的財産権関連条約が制定される前から，存在していたともいえる。しかし，そのような権利の属地性はパリ条約やベルヌ条約のような条約により具体的に発現されているのである。

このように知的財産権の内在的性質である属地主義が，条約の暗黙の前提としてではなくて，条約の規定として明確に現れているとしたら，属地主義の法的根拠，つまり実質法上の属地主義を条約に求めることはできると思われる。ここで問題となるのは，条約のどの規定から（実質法上の）属地主義

---

(191) もちろん，前掲注（188）と関連して，このような権利効力制限の意味での実質法的属地主義の原則について，属地主義全般についてではあるが，サヴィニー的抵触法方法論が登場する前に，国家礼譲説を主張したフベル（Hubert）による「外国法をcomityとして適用する前の段階においての原則的な各国法の厳格な属地的適用」という観点から，抵触法上の属地主義と解する余地もあるが，このような解釈は，現在支配的方法論といえるサヴィニー的抵触法方法論における，当該法律関係から場所的連結点を決めていく意味での抵触法上の属地主義とはなじまないと思われる。
(192) 石黒・前掲注（50）297頁。
(193) 条約から実質法上の根拠を求めることへの消極的見解として，駒田・前掲注（170）10頁，田村善之「職務発明に関する抵触法上の課題」知的財産法政策学研究5号（2005）12頁の注（6）がある。

を導くことができるか，または条約のどの規定で（実質法上の）属地主義が現れているかである。前記②のように，条約上の内国民待遇の原則から属地主義を導く見解について，内国民待遇の原則は既述したように単なる外人法上の原則であると判断する場合，同原則から直ちに抵触法上の属地主義を導くのには無理があると思われるが[194]，内国民待遇の原則から各国それぞれに各国法に基づく知的財産権が発生し，本源国以外の各国内で，それぞれの国の法による保護を受けると解すれば，内国民待遇の原則からも権利の属地的独立性または属地的効力制限性という実質法上の属地主義が導かれているといえると思われる[195]。また，パリ条約においては，4条の2または6条3項の工業所有権独立の原則から権利の属地的独立性という実質法上の属地主義がより明確に明記されているといえる。工業所有権独立の原則から，実質法上の属地主義の原則を導く見解に対して，木棚教授は，工業所有権独立の原則は，いったん成立し，取得された権利に関するものであるとの理解から，属地主義の原則と異なると説明している[196]。木棚教授によると，「独立の原則は一見すると，ある国で成立した知的財産権の効力はその国の法によ

---

[194] 小泉・前掲注（25）8頁は，「内国民待遇は外人法上の原則に過ぎず，ある国が自国民と外国人に等しく外国法を適用することを排除するものではないので，ここでいう属地主義を導くことはできない」とし，同・前掲注（175）30頁も，「たとえば，日本の特許法上，内外人に等しい外国の特許法を適用しても，内国民待遇に違反しない。したがって，内国民待遇の原則から各国特許法の領域限定性を一律に導くことはできない」としている。また，梶野篤志「特許法における属地主義の原則の限界」知的財産法政策学研究 創刊号（2004）174頁の注（2）においても「属地主義を採用しなくても，内国民と外国民を同等に待遇することは可能なのであるから，論理的には内国民待遇の原則から直ちに属地主義が出てくるものではない」とされる。その他，同旨のものとして，木棚照一「国際的な知的財産紛争の準拠法」L&T 16号（2002）54頁および183頁，同・前掲注（81）87頁，また，田村・前掲注（20）241頁がある。

[195] C. Wadlow, *supra* note 178, at 12は，"The principle of national treatment is consisitent with that of territoriality in the narrow sense. After all,if an author or inventor from a contracting state carried his own personal law around with him wherever he went,there would be no need for him to invoke the principle of national treatment on a state-by-state basis."とし，内国民待遇の原則と属地主義の原則とを関連付けて論じている。

第3章 知的財産権に関する属地主義の原則と国際私法

り判断されるという属地主義の原則と似た概念であるように思われるが，たとえばある国における登録を守るために他国の登録を取得しなければならないという法制がとられた場合，登録者に過大な負担がかかることになる。属地主義の原則の下では，このような制度も可能であるが（属地主義の下では各国が自由に知的財産権の権利内容を決めることはできる），独立の原則の下では，各国の工業所有権は独立であるが故に，このような法制は許されないことになる。その意味で，工業所有権独立の原則は属地主義を制限する概念でもある」とされる(197)。このような見解から，パリ条約における属地主義は必ずしも絶対的なものではなく，パリ条約は本源地国法の適用を予定する場合は少なくないので，知的財産権における属地主義の限界または保護国法主義の制限等の主張がなされているのである(198)。

また，このような見解は，属地主義の下では，その成立，移転，消滅については各国の自由に定める国内法に委ねられるのであって，各国は内国における内国の知的財産の保護を外国の知的財産法に委ねるとか，内国の知的財産法を外国にまで及ぼす旨の規定など，どんな内容の立法もできるという前提の下のものであるが，はたしてこれが実質法上の属地主義の意味することといえるのかは疑問である。

実質法上の属地主義の意味するのは，既述のように，権利の属地的効力限定性，つまり各国権利の属地的独立性である。また，工業所有権独立の原則とは，ある国において登録された特許や商標は他の国における登録から独立したものであるという原則である。したがって，独立の原則は属地主義を制限するものではなく，属地的効力限定性または属地的独立性という実質法上の属地主義を前提としたものである(199)。さらに，4条の2第2項において

---

(196) 木棚・前掲注（81）72頁。また，小泉・前掲注（25）8頁も，「条約から属地主義が導かれるという見解もあるが，独立の原則は実質法上の原則に過ぎず，そこから抵触法上の結論を一義的に導くべきではない」としている。

(197) 木棚・前掲注（81）72頁。なお，同じ説明をしているものとして，田村・前掲注（186）475頁。

(198) 工業所有権独立の原則が属地主義を制限する概念であるという考え方は，外国においては，筆者が調べたところ，あまり見あたらなく，また，その論理をもって属地主義を制限しようとする論議はなされていないようである。

第 2 節　属地主義の原則と判例での使われ方

は，特許独立の原則を絶対的意味に解釈しなければならない旨の規定があり，各国相互間の権利の属地的独立性が絶対的なものとして規定されている。このようにパリ条約の場合は，条約上の明示の規定により実質法上の属地主義は自明であるといえる。これは著作権保護に関するベルヌ条約においても同様である。5 条 1 項・3 項の内国民待遇の規定と，本源国法と保護国法との相互の独立性を規定している同条約 5 条 2 項 1 文により，権利の属地的独立性という実質法上の属地主義がもたらされる。この点につき，これを具体化して保護国法への連結を定めている 5 条 2 項 2 文によっても実質法上の属地主義がもたらされるという見解があるが[200]，この規定は，権利の属地的独立性という実質法上の属地主義の規定ではなく，保護国法への連結という抵触法上の属地主義を明確に規定している抵触規定（自己完結的なそれではないが）であると解すべきであると思われる。ちなみに，5 条 2 項 2 文においては保護国法の絶対的な適用が明記されている点にも注意すべきである。

このように知的財産権の実質法上の属地主義の原則は，条約において明確に具体化されたと理解すべきである。普遍的に世界中で認められており，かつ，条約により明確な法的根拠を持っている知的財産権に関する属地主義について，条約との関係を無視したまま，最初からその理論的根拠はなかったものでその法制度的背景はもう失っているとはいえないはずである。

問題となるのは，抵触法上の属地主義として，常に本源国法を適用するのも，常に保護国法を適用するのも，いずれも各国の権利が属地性を有すること，つまり実質法的属地主義を前提としているといえるから[201]，かかる実質法上の属地主義の原則と保護国法への連結という抵触法上の属地主義との

---

(199)　紋谷暢男「知的財産権の国際的保護」ジュリスト増刊 国際私法の争点（新版）（1996）26 頁は，「工業所有権独立の原則は，属地主義の原則を前提としたものであるが，その理論的帰結ではない」とし，「それは属地主義を徹底したものとして把握され，各国国内立法における工業所有権規整において，外国法の規定に関連を持たせうる自由に対するパリ条約上の制限として，各国国内法による属地主義の修正の限界を画する一面をも有している」としている。工業所有権独立の原則が，各国が自由に知的財産権の権利の属地的独立性を制限する立法をするのを制限していると解している点で，この見解は妥当な見解であると思われる。

(200)　石黒・前掲注（50）183 頁。

93

関係を明確にし，具体的な事案においてどう作用するかを考察することである。

2　抵触法上の位置づけ

条約により明確な法的根拠を有する知的財産権における実質法上の属地主義の原則は，条約の規定から保障され，その条約規定が自動執行性を有するものと判断されている国においては，絶対的に適用される強行規定として適用されることになる。ここでは，かかる実質法上の属地主義の原則が抵触法的処理においてどう影響するのか，つまり実質法上の属地主義の原則と保護国法への連結との関係について検討する。

上述のように，保護国法主義のみならず，本源国法主義も権利の属地的独立性を意味する実質法上の属地主義の原則を前提にしていると解することもできようが，ベルヌ条約5条2項から分かるように，条約上保護が要求される国，すなわち保護国法によるという明確な規定が存在しており，また，パリ条約の場合は，かかる規定が明確に存してはいないが，ベルヌ条約上の保護国法主義との整合的解釈や条約上の知的財産権の実質法上の属地主義により同じく保護国法主義が導かれているとするのが，海外においても一般に主張されている。すなわち，ウルマーにおいても「属地主義の原則を保護国法への連結の理論的基礎としている」[202]とし，また，ドイツ学説の圧倒的多数

---

[201]　同前185頁は「この属地主義の語の用い方は，かなり特異なものである。常にオリジンの国の法を適用するのも，常に保護国の法を適用するのも，いずれもそれ自体としては各国の権利がバラバラで属地性を有することを前提とするからである」とし，駒田・前掲注 (170) 8頁も「著作権について，その保護が世界中のどこで問題となろうとも著作物の第一発行国の法によるというルールも，属地主義の一つと見ることさえできる」と指摘している。また，Mireille van Eechoud, *supra* note 80,at 98も "It could just easily be argued that on the basis of legislative sovereignty the private international law of the forum determines which substantive copyright law applies and this does not necessarily have to be the lex protectionis. Obviously an author can invoke his home rights if the choice of the law of the forum provides for it." とし，属地主義から本源国法の適用を図ることがあることを示唆している。

が，知的財産権は当該権利の存在する国（保護国）内でしか侵害されないという保護国法主義はいわゆる属地性によって裏付けられるとしている[203]。スイス，イギリスの場合も，「保護国法主義を（実質法上の）属地主義で基礎づける（更には，保護国法主義自体を抵触法上の属地主義で説明する）ことが一般に広く行われてきている，としている[204]。このように，知的財産権の実質法上の属地主義からは，保護国法主義が明確に導かれているといえよう。

一方，実質法上の属地主義の原則が抵触法的処理においてどのような影響を及ぼすのかについて，日本においては，実質法上の属地主義の原則から国際私法的処理を経由することなしに，直接保護国法に連結されるという見解がある[205]。つまり，属地主義すなわち効力の領域限定から，本来的に法律相互間の抵触や衝突は生じることはなく，その結果準拠法選択という国際私法上の問題は生じないとするのである[206]。しかし，属地主義により直ちに国際私法の問題は生じないとする見解は，外国においてはあまり見当たらない[207]。また，このような見解は，国際私法学者による批判にさらされている[208]。属地主義の原則により準拠法決定が不要であるという意味を，特許権からいえば，外国特許権に基づく請求がなされても，一国の特許権の効力

---

(202) 石黒・前掲注（50）219-220 頁は，「ただ，パリ条約の内国民待遇規定からダイレクトに抵触法上の保護国法主義を導くウルマーの理論構成からすれば，彼がいう属地主義が実質法のみならず，抵触法の原則であるかは必ずしも明らかではない」とし，彼がいう属地主義が実質法上の属地主義である可能性について述べている。

(203) 同前 221 頁は，von Hoffmann が条文上明示されている実質法上の属地主義が，保護国法が知的財産権侵害の準拠法となることの根拠であるとし，Kropholler においても実質法上の属地主義から保護国法を準拠法とするとの抵触法上の処理が自明のものとしてもたらされているとしている点，また，同前 223 頁は，Kreuzer も実質法上の属地主義は準拠法決定を既に前提としている点から，実質法上の属地主義が，保護国法への連結の理論的根拠となっているとするのがドイツの学界の一般的な見方だとして紹介している。

(204) 石黒・前掲注（50）177-178 頁，Fawcett/Torremans, *supra* note 60, at 467.

(205) 紋谷・前掲注（199）27 頁は「特許権の属地主義の原則によれば，特許法の地域的適用範囲は当該領域内に限定されていること，特許権の侵害については，法例 11 条の適用を待つこともなく，当該権利の保護国法が適用される」とする。また，松本・前掲注（19）59 頁も同旨。

がその国の領域内にしか及ばないのだから、外国特許法は法廷地で適用されないという意味と、外国特許権が問題になった場合には、属地主義の原則により当然にその保護国法が適用されるという意味で理解するとしても、前者は外国特許侵害訴訟については、外国特許法も法廷地で適用されうるので、この場合には国際私法的処理が必要となるし、後者は保護国法という準拠法を決定しているので、準拠法決定の不要を前提としているとはいえなくなる。

---

(206) 出口・前掲注（177）28頁は、領域限定という意味における属地主義を前提とする限り、「抵触規定は問題とならない」、「国際私法は不要である」という見解のほうが説得的であるとしている。これに対して、木棚・前掲注（34）38頁の注（4）は、属地主義により国際私法上の問題は生じないとする見解は飛躍があるとし、その理由としては、「領域限定の意味を認めたとしても、それにどのような意味を認めるかによって異なり、侵害訴訟の裁判管轄を登録国の専属とみない限り、国際私法原則は必要になるからである」とする。

(207) C. Wadlow, *supra* note 178, at 10は、知的財産権の属地性と関連して、"very few statutes or laws are actually extraterritorial in fact or in intent; but that does not stop foreign courts routinely applying them consistently with the rules of private international law."としている。なお、Fawcett/Torremans, *supra* note 60やE. Ulmer, *supra* note 80においても、属地主義の原則が原因で国際私法上の問題は生じないとするところはない。しかし、最近の論文としてMireille van Eechoud, *supra* note 80, at 97のように"For the territorial application of private law, however, to which copyright largely belongs, other arguments are needed. Because to say that each country is authorized to legislate its own copyright, and that, therefore, it cannot by definition be applied beyond its border, is to negate the existence of private international law, or less drastically: to reduce it to the maxim that all courts should always apply their own law"とし、属地主義の原則により法廷地国際私法のルールが制限されるとする議論が必要であるとしているが、この見解は、準拠法選択という法廷地国際私法ルールの完全な排除を主張する立場のものではなく、準拠選択を前提として、厳格な属地主義の原則の妥当性を否定する立場からこのように説いたものと思われる。

(208) 元永・前掲注（18）573頁以下は、各国が厳格に特許権の効力範囲を自国領域のみに限定している状況にあると言い難く、特許権侵害訴訟における適用法が複数存在していることは明らかであるから、侵害行為が行われた国の法以外にその侵害行為に対して外国の特許法などの適用がないかどうかを確認するため、抵触法の適用が必要となるとする。

権利の属地的独立性あるいは属地的効力限定性による保護国法への直接連結というのも，同じく保護国法への連結という国際私法的処理をしているのであるからである。また，このような属地主義により国際私法は不要であるという見解によると，外国の知的財産法が内国での行為に対して適用されると解され得るおそれもあるのである[209]。

一方において，属地主義の原則はその根拠があいまいであるので，知的財産権関連の国際的問題については，単に法廷地国際私法により処理すればよいという見解もある[210]。しかし，これは保護国法への連結を定めている条約の規定を見逃しているものであるといえる。既述したように，実質法上の属地主義が条約上，明確にもたらされている点を勘案すれば，属地主義の原則とは関係なく，法廷地国際私法による処理のみで判断するのは釈然としない。

重要なのは，実質法上の属地主義と保護国法への連結という抵触法上の属地主義の原則は，明確に区別すべき概念であり，権利の属地的効力性という実質法上の属地主義が，保護国法への連結という条約の規定による抵触法上の属地主義に影響を与えている点，つまり相互連続的な関係にあるという点である。

前述したように，各国権利の属地的効力性という意味での実質法上の原則としての属地主義はもとより内国民待遇の原則や独立の原則に関する条約上の規定からダイレクトにもたらされており，それが保護国法主義という抵触法上の属地主義を基礎付けるのである。

パリ条約においては，保護国法主義という抵触法上の属地主義は，実質法上の属地主義の原則（つまり，独立の原則）により間接的にもたらされるが，

---

[209] 松本・前掲注（19）60頁は「国際的な侵害事件については，行使が主張される国の特許権について，その独占権が，侵害行為であると主張されている行為に及ぶものであるかどうかが検討されることになる」としている。この見解によると，行使が主張される国が外国でのある行為に対して侵害と判断した場合には，当該国の法が当該行為に対して適用されうることになるのである。

[210] 木棚・前掲注（81）89頁。もとより，この見解は，実質法上の不法行為の概念を抵触法的レヴェルに直ちに用いていることで妥当ではないと思われる。前掲注（63）および（94）参照。

第3章　知的財産権に関する属地主義の原則と国際私法

ベルヌ条約においては，明確な条約の規定により直接的にもたらされる。また，保護国法の具体的な決定方法は，既述したように，条約上の解釈のズレと欠缺補充の観点から，法廷地国際私法に委ねられているとみるのが妥当であると思われる。

II　属地主義の原則の判例での使われ方

1　国際裁判管轄関連事件

(1)　専属管轄に関する議論と外国の判例の動向

　厳格な属地主義の原則の下では，特許などの知的財産権に関する訴訟はその属地性から，当該権利が付与した国でしか審理できないことになる。イギリスおよびドイツにおいては，このような厳格な属地主義の下で，外国の知的財産権の当該外国での侵害について，内国で訴えることはできないという考えが長く維持されてきた[211]。すなわち，まずイギリスにおいては，このような考え方から，外国著作権に対して外国の専属管轄を認め，イギリスの国際裁判管轄を否定した判例として，Tyburn Productions Ltd.v.Conan Doyle事件[212]がある。裁判所は「イギリスの法廷には，外国の土地に関する権利の所在や権利の侵害に対する賠償についての紛争を審理する管轄はないというルールは，外国の知的財産権から生じる権利の有効性やその権利の侵害に関する紛争はlocal natureのものであり，その管轄は当該権利を付与した国の裁判所に専属的に帰属する」とした。しかし，このような従来の扱いは，double actionability[213]を放棄する旨の国際私法の改正（1995年）[214]と関連して，学説側からの提案もあり[215]，最近においては，Pearce v. Ove Arup Partnership Ltd.事件判決[216]に見られるように，硬直な取扱いが緩和されつつある。

---

　[211]　Dicey/Morris, *The Conflict of Laws,* 12th(Sweet & Maxwell 1993)at 1516.また，ドイツにおける判例・学説については，茶園成樹「外国特許侵害事件の国際裁判管轄」日本工業所有権法学界年報21号（1998）61頁以下。

　[212]　Tyburn Productions Ltd.v.Conan Doyle [1990] 3 W.L.R 167.

ドイツの場合においても，学説の多くは，そもそも属地主義は実体法上の問題であって，国際裁判管轄の問題とは関係ないとし，外国商標を当地で侵害した内国民に対して，ドイツ内で外国商標権に基づく請求をすることを認めた1930年判決[217]以来，外国特許の侵害においてもドイツ内での審理が可能となった。この1930年判決が出るまでは，属地主義の原則により，外国特許侵害訴訟を内国裁判所に提起することはできなかったのである。しかし，特許権の有効性に関する訴訟については，厳格な属地主義の下での専属管轄が現在も維持されている。

　アメリカにおいては，第3国で起こった侵害に対して，原告の英国著作権法上の権利の侵害を理由にアメリカで提起した訴訟に対して，複数の外国法を適用・解釈しなければならないから，フォラム・ノン・コンヴェニエンスの原則に違背するとする被告の主張を排斥し，被告がアメリカ人であり，また，より適切な海外の管轄があるかどうかは不明であるということで，アメリカの裁判管轄を認めた判例がある[218]。また，これと関連して，実体的な著作権問題は当該地域の著作権法についての審理がなされるべく，当該外国

---

(213) double actionabilityとは，不法行為請求につき，当該行為がイギリス内で行われたと仮定した場合にイギリス法上においても不法行為責任をもたらすことを別途要求するものである。

(214) Private International Law(Miscellaneous Provisions)Bill, HL Bill 6,51/3(1995).

(215) Fawcett/Torremans, *supra* note 60,at 597ff. また,Dicey/Morris, *supra* note 60, at 1522にも "the English courts should abandon this limitation in non-convention cases, thereby allowing the application of the choice of law rules contained in PartIII of the 1995 Act"とし，属地主義による裁判管轄制限を侵害事件等においては放棄することを示唆している。

(216) Pearce v. Ove Arup Partnership [1999] 1 AllE.R.769.本判決は，外国著作権法を準拠法としてイギリスにおける救済の可能性を肯定した。

(217) RG8.7.1930＝RGZ 129,385,388＝JW 1931,428,429 [vacuum oil]，連邦通常裁判所も1956年のFlaver-Erdgold事件（BGH 2.10.1956＝BGHZ 22,1,33＝GRUR 1957, 215,218）において，この判決を肯定している。茶園・前掲注（211）62頁参照。

(218) London Film Produtions, Ltd.v.Intercontinental Communications,Inc. 580 F. Supp.47(S.D.N.Y 1984).

第3章 知的財産権に関する属地主義の原則と国際私法

において審理されるのが一番であるとし，フォラム・ノン・コンヴェニエンスを理由に却下決定をした原審の判断を，外国法を適用することは決定的な障害ではないとしながら覆した事例もある(219)。このようにアメリカにおいては，有効性の問題も含めて，権利の属地性の側面からというよりは，フォラム・ノン・コンヴェニエンスの原則の側面から，管轄を認めるべきかを判断しているといえよう。

一般に，知的財産権に関する国際裁判管轄判断の際には，特許権，商標権等登録を要する知的財産権自体の有効性に関する訴訟と侵害に関する訴訟と分けて考え，まず，特許をはじめ登録を必要とする知的財産権の登録および権利自体の有効性に関する訴訟については1968年「民事及び商事事件に関する裁判管轄及び判決の承認執行に関するブラッセル条約」16条4項(220)やその後の2002年「民事及び商事事件に関する裁判管轄及び判決の承認執行に関するEU規則」22条4項(221)，また，1999年10月のハーグ国際私法会議

---

(219) Boosey & Hawkes Music Publisher,Ltd.v.Walt Disney & Co 145 F.3d 481(2d Cir.1998).

(220) Article 16 Exclusive jurisdiction 4は,"In proceedings concerned with the registration or validity of patents, trade marks, designs, or other similar rights required to be deposited or registered, the courts of the Contracting State in which the deposit or registration has been applied for, has taken place or is under the terms of international convention deemed to have taken place…."と規定している。スイス国際私法109条1項および3項も同旨。

(221) EC Council Regulation on jurisdiction and the recognition and enforcement of judgments in civil and commercial mattersのArticle 22 Exclusive jurisdiction4は "In proceedings concerned with the registration or validity of patents, trade marks, designs, or other similar rights required to be deposited or registered, the courts of the Member State in which the deposit or registration has been applied for, has taken place or is under the terms of a Community instrument or an international convention deemed to have taken place. Without prejudice to the jurisdiction of the European Patent Office under the Convention on the Grant of European Patents, signed at Munich on 5 October 1973, the courts of each Member State shall have exclusive jurisdiction, regardless of domicile, in proceedings concerned with the registration or validity of any European patent granted for that State."と規定している。

における「民事及び商事事件に関する裁判管轄及び外国判決に関する条約の準備草案（以下，準備草案）」12条4項[222]などでも規定されているように登録国の専属管轄によるというのが，通常の考え方である。また，2003年12月のハーグ国際私法会議の「裁判所の専属的選択合意に関する条約草案」1条3項k）やl）[223]においても，特許権等の有効性は条約の範囲外であるとする規定をおくことによって，特許権等の有効性に関しては，登録国の専属管轄とすることとされ，管轄合意をすることによって法廷地を選択することはできないとされている。

かかる登録国の専属管轄については，権利の有効性のみならず，特許権または著作権の侵害に関する訴訟についても，登録国の専属管轄を認めるべきか否かという問題が最近の議論の中心となっている。1999年ハーグ国際私法会議の準備草案に関する議論でも侵害訴訟においても専属管轄を認めるべ

---

[222] Article 16 Exclusive jurisdiction4は，"In proceedings which have as their object the registration, validity, [or] nullity [, or revocation or infringement] of patents, trade marks, designs, or other similar rights required to be deposited or registered, the courts of the Contracting State in which the deposit or registration has been applied for, has taken place or is under the terms of international convention is deemed to have taken place, have exclusive jurisdiction. This shall not apply to copyright or any neighbouring rights, even though registration or deposit of such rights is possible."と規定している。同条項の [, or revocation or infringement]（取消または侵害）の部分はイギリスが提案したものである。この提案によると，侵害訴訟も権利登録国の専属管轄となることになる。

[223] Article 1は，"This Convention shall not apply to proceedings that have as their main object any of the following matters…k)validity of patents, trademarks protected industrial designs, or layout designs of integrated circuits; l) validity of other intellectual property rights the validity of which depends on, or arises from, their registration, except copyright… ."とする。本草案段階においては，同一の知的財産権に関して，前提問題として有効性を判断した外国判決と，有効性に関して正面から判断し，対世効を有する決定・判決が抵触する場合の処理の問題に対してはまだ審理未了となっている。ちなみに，2004年4月27日に作成されたハーグ国際私法会議の「裁判所の専属的選択合意に関する条約草案」には，第2条2項k）とl）において，同様に有効性が主たる問題となる場合にはこの条約の適用範囲から除外される旨の規定を置いている。

第3章　知的財産権に関する属地主義の原則と国際私法

きであるとするイギリス側の提案が問題とされていた。2003年ハーグ国際私法会議の「裁判所の専属的選択合意に関する条約草案」においては、侵害事件は条約の適用対象になるとされている反面、2005年6月30日に最終的に合意されたハーグ国際私法会議の「管轄合意に関する条約」の2条2項のn）とo）(224)においては、著作権および著作隣接権を除く知的財産権の有効性や著作権および著作隣接権を除く知的財産権の侵害（ただし、その権利に関係する当事者間の契約違反について侵害訴訟が提起され、または提起され得た場合は除く）に関する事項については、条約は適用されないとし、登録国の専属管轄に対する考え方の対立を回避すべく、侵害訴訟についても条約の適用範囲から外すこととされているのである。

登録国の専属管轄の根拠としては、①権利の属地的性格、②実体法と手続法との密接関連性、③登録訴訟における登録事務との緊密なつながり等が挙げられているが、主として権利の属地性から、外国特許について判断することは当該外国の主権を侵害することになるという考え方から導かれたものである。

かかる意味での権利の属地性から侵害事件についても専属管轄を肯定しようとするのははたして妥当であるのか(225)。このような見解に対して、茶園教授は、属地主義の原則とは実体法上の原則であって、これにより国際裁判管轄が制限されるものではなく、内国裁判所が下す判決は内国においてのみ効力を有しており、その判決を承認するのは別の問題であるので、外国主権の干渉とはならないとしている(226)。また、ウルマーにおいても、属地主義の原則が外国において生じた知的財産権の侵害につき内国で訴訟提起することを排除するものではないとし、このような場合内国の裁判籍が肯定されるならば、内国の裁判所に国際裁判管轄を認め、同裁判所は当該外国法を適用

---

(224) Article 2の2は、"This Convention shall not apply to the following matters… n)the validity of intellectual property rights other than copyright and related rights ; o)infringement of intellectual property rights other than copyright and related rights,except where infringement proceedings are brought for breach of a contract between the parties relating to such rights, or could have been brought for breach of that contract ; … "とする。

すべきであると論じている(227)。

　思うに，内国裁判所は外国知的財産権侵害事件について，知的財産権の属地主義の原則の下で当該外国の知的財産法を準拠法として適用することになるので，侵害事件の国際裁判管轄を当該外国にのみ認める必然的理由はないように思われる。また，外国特許の効力が内国には及ばないとする属地主義の原則とは，内国裁判所における外国知的財産権の救済が求められ得るかどうかの国際裁判管轄の決定問題とは関係のない実体法的な原則であるという考え方からすれば，権利の有効性等に関する訴訟に対してもあえて専属管轄を認める必要はないとするのがより論理的ではないかと思われる(228)。しかし現実的には，著作権については，登録という国家行為とのかかわりがない点を挙げ，これを専属管轄とすべき理論的根拠はないとし，著作権の存否に

---

(225) 権利の属地性以外に，侵害事件に対して専属管轄を肯定する根拠として，①外国特許は外国政府の公権の行為によって成立しているから，他国の裁判所が審理判断することは外国の国家行為に干渉することになる，②特許の有効性と侵害について同一の処理を行う世界的な統一ルールが実現できる，③侵害訴訟における無効の抗弁に悩む必要がなく，内外の判決が齟齬する事態を避けられること，④無効の主張を抗弁とするか別訴とするかも国によって異なることが挙げられている。一方，否定する根拠としては，①属地主義は準拠法を定める裁判所の考慮要素とはなっても，国際裁判管轄のルールとしての専属管轄化とする法的根拠にはなり得ないとし，②特許が，国家が付与した権利であっても，その侵害訴訟は公法的法律関係といえず，むしろ純粋な私法的法律関係といえる，とする。さらに，③損害賠償を外国判決の承認執行という迂遠かつ不確実な方法をとらずに実現できる，④被告が特許登録国には財産を有しない場合に，財産を有する国家で訴えを提起することの便利性・実効性，⑤被告にとって都合のよい被告の常居所地での裁判まで禁止する必要はないこと，⑥実務では仲裁でも特許侵害を判断しており，裁判についてだけ専属管轄とする実益に乏しいこと，⑦登録国以外における他の訴訟において，権利侵害の主張を反訴として提起することは許されなくなり，紛争の一体的解決にその限りで窮屈な枠をはめることになるということも根拠として挙げられている。高部眞規子「侵害訴訟の判例の動向」『特許関係訴訟と審判』日本工業所有権法学会年報27号（2003）70-71頁。

(226) 茶園成樹「知的財産権侵害事件の国際裁判管轄」知財研フォーラム44号（2001）40頁，同・前掲注(211)63頁および78頁の注(13)参照。

(227) E.Ulmer, *supra* note 80, at 16-17.

関する訴訟と著作権侵害訴訟とを分けて論ずる実益はないとするのが一般的な見解であるとされているのに対して(229)，特許権等，登録等を要件とする権利の有効性に関しては，実務上の理由等により専属管轄としているのが通説となっている。

ところが，特許権侵害訴訟の場合は，通常の財産権侵害訴訟と同様のルールにより管轄が認められるが，問題は当該侵害の裁判所において権利無効の抗弁が可能かどうかにある。これに関しては，権利登録国の裁判所の判断があるまで訴訟手続を中止(230)するという見解と，侵害訴訟の管轄裁判所が特許権の存否についても判断することができる(231)という見解とがある。侵害訴訟の管轄裁判所が判断できる理由は，特許侵害訴訟の先決問題としての特許の有効無効の判断については，当事者間のみに効力を及ぼし，また，その

---

(228) ドイツのSchackも「属地主義という実体的な権利の領域的制限が必然的に特許無効訴訟の専属管轄性を導くとはいえないし，また，判決の効力は判決国内にしか及ばないことから，特許付与国の主権侵害の問題も生じない」とする。H.Schack, *Internationales Zivilverfahrensrecht*(2.Aufl. 1996)Rn.509.

(229) 道垣内・前掲注(118) 18頁。ただし，著作権に関して，イギリスのTyburn Productions Ltd.v.Conan Doyle3W.L.R.167(Ch. 1990)判決においては，前述のように，外国著作権に対してイギリスの国際裁判管轄を否定している。

(230) 現行の日本民事訴訟法では，訴訟の中止について，この場合に用いることができるような明文規定は存在しない。この点につき，茶園・前掲注(211) 76頁は，ドイツの場合，ドイツ民訴法148条により訴訟を中止することができるのに対して，日本の裁判所にも，「問題となる外国特許が無効と思料されるようなときに訴訟を中止するという選択肢が与えられるべきであろう」とし，その際，特許法168条2項の準用によることができるのではないかとしている。

(231) 茶園・前掲注(226) 41頁。また，日本国内事件ではあるが，特許権侵害訴訟において無効の抗弁は認められるかについて，キルビー特許権事件判決(最判平成12年4月11日民集54巻4号1368頁)は，無効原因が存在するのが明らかな特許権に基づく損害賠償等の請求は，権利の濫用に当たり許されないとした原審の判断を支持しており，侵害訴訟が係属している裁判所が無効の抗弁の適否を判断することができるという立場を取っている。しかし，日本国内問題においては，現時点では，訴訟の一回的解決のために有効無効の判断を裁判所に任せるのは，実務上難しいところが多いと思われる。「明らかに無効」の場合にのみ裁判所での判断を認めるとしても，明らかか否かというのはあいまいな基準で被告には説得力がない。

後の訴訟については，同一当事者間の紛争であっても拘束力を持たないからであるとする。当事者の訴訟経済，有効無効の判断には既判力が生じないことを考慮した場合，侵害訴訟の管轄裁判所が有効性を判断できるとするのが妥当であると思われる。しかし，被告が単に無効の抗弁を提出するにとどまらず，登録国に無効の訴えを提起し，係属している場合は，ブラッセル条約22条，またはその後の2002年EU規則28条(232)により，ブラッセル条約加盟国は侵害訴訟の裁判所は訴訟手続を中止しなければならないと思われる。

これと関連した各国の学説や判例を見ると，イギリスの場合は，被告が無効の抗弁を主張した場合には有効無効はブラッセル条約16条4項により権利登録国しか判断できないので，侵害問題もイギリスでは判断できず，その権利登録国で審理すべきであるという立場を採っており，関連判例としては，Fort Dodge Animal Health Limited v. Akazo Nobel NV［1997］がある。この判決では，「一般論として侵害訴訟はブラッセル条約16条4項の専属管轄の対象外としつつ，被告が当該特許権の有効性を争っている場合には，専属管轄になる」と判示している(233)。ドイツの場合は，外国特許の有効性を先決問題として判断することは通説となっている。その理由としては，ドイツ裁判所の判決は国内にしか効力を有しないから，当該外国特許を無効と判断しても，付与国の主権侵害とはならないからであるとする。しかし実務上，ドイツでは，特許の有効性を争うためには連邦特許裁判所に特許無効訴訟を提起しなければならず，侵害訴訟においては特許は有効なものとして扱われ，特許無効の抗弁は許されないことになっている。

---

(232) ブラッセル条約Article 22(1)は，"Where related actions are brought in the courts of different Contracting States, any court other than the court first seized may, while the actions are pending at first instance, stay its proceedings."と規定している。EC Council Regulation Article 28(1)も同じ規定を設けている。

(233) それ以外の関連判例として，Coin Controls Ltd v. Suzo International(UK)Ltd, ［1997］3 All E R 45がある。イギリスの場合，「先決的または付随的に提起される場合」には，16条4項の対象外と考えていたブラッセル条約の公式報告書であるJenard報告書に反して，特許が有効か無効かは侵害訴訟の帰趨に直結することから，付随的な問題とはいえないという立場を採っているようである。したがって，特許の効力が争われれば，損害訴訟も専属管轄となるとの議論がなされている。相澤英孝『電子マネーと特許法』（弘文堂，2000）268頁。

第3章　知的財産権に関する属地主義の原則と国際私法

　また，アメリカは，上記のハーグ国際私法会議の1999年予備草案12条6項において「前条項の規定は，同項に定める事項が前提問題として生ずる場合には適用しない」という提案をしているが，これは権利無効の抗弁がされた時に，裁判所が外国知的財産権の有効性をも審理できることを意図したものであると思われる。上記のハーグ国際私法会議の2003年「裁判所の専属的選択合意に関する条約草案」や2005年「管轄合意に関する条約」においても，有効性が侵害訴訟の前提問題としてのみ生じた場合については条約の適用範囲から除外されない，つまり選択された裁判所が登録国でなくても有効性の問題について判断できるとされている。

　最後に，外国特許侵害に基づく差止請求について専属管轄を認めるべきかという問題もある。これを肯定する根拠として主に挙げられているのが，差止請求は当該外国領域内の一定の行為を行うことを禁止することであるから，外国の領土主権の侵害に当たるということである。これに対しては，内国判決が差止するのは外国特許法に従ったものであるから，外国においても禁止される行為だけであり，また執行法上の効果が国内にしか及ばないから外国主権侵害の懸念は決定的なものではなく，損害賠償請求にも将来の侵害行為に対する抑止効果があるから，差止と損害賠償を区別して管轄を認めることは疑問であり，また，差止請求を認めないことは，特許付与国の利益の貫徹を拒む事になるとし，学説の多数は外国法に基づく差止請求も国内で訴求しうると解している[234]。属地主義の原則は実体法上の原則であり，知的財産権の専属管轄の問題の実質的根拠とはならないという私見からは，このような多数説が妥当であるように思われる。

(2)　日本の判例における属地主義の原則の国際裁判管轄への影響

　日本の裁判例は，外国の知的財産権侵害訴訟の国際裁判管轄においては，厳格な属地主義の原則から離れて，一般の民事事件に関する国際裁判管轄ル

---

[234]　ドイツの学説として，Klauer/Möhring, *Patentrechtkommentar*(3. Aufl. 1971)§6 Anm 175 ; Stauder, *Gerichtliche Zuständigkeit für Klagen aus ausländischen Patenten, Mitarbeiterfestschrift für Ulmer*(1973)S.515は，外国法に基づく差止請求も国内で訴求しうるとしている。茶園・前掲注(211) 65頁参照。

ール[235]を適用していると解される。その中には，国際裁判管轄について明示的に何も述べることなく，本案について審理していることから，国際裁判管轄を肯定しているものと解されるものとして，満州国特許権を満州国で侵害した日本の輸出業者の行為に対する裁判管轄について日本の裁判管轄を肯定した満州国特許事件[236]，米国特許権の侵害を積極的に誘導する日本での行為に対する裁判管轄について日本の裁判管轄を肯定したFMカードリーダ事件[237]等がある。また，国際裁判管轄の有無について直接判断しているものとして，日本に住所を有しない外国人に対する外国における外国著作権侵害に関する事案で国際裁判管轄が認められたウルトラマン事件[238]や米国著作権法により保護される著作物の著作権（排他的複製許諾権）が同国内において侵害されたことを理由とする侵害差止および損害賠償請求事件で管轄が

---

[235] 国際裁判管轄に関する日本の判例の動向をみると，財産関係事件の国際裁判管轄に関するリーディングケースともいえるマレーシア航空事件（最判昭和56年10月16日）において，一般論として普遍主義の立場から，当事者の公平，裁判の適正・迅速という観点から，国際的規模での裁判管轄の場所的配分を考慮する管轄配分説とも解しうる表現をとりながらも，具体的には「条理＝民訴法上の土地管轄規定」として，結論的に国内の民事訴訟法上の管轄規定から国際裁判管轄権の存否を逆に推知する逆推知説によって判断した。この後の東京地裁をはじめとする下級審裁判所は，上記の最高審判決を踏襲しつつ，当事者の公平，裁判の適正・迅速に反するような「特段の事情」があると認められる場合は，国際裁判管轄を否定するものと解した。その後，このような「特段の事情論」は，最高裁平成9年11月11日判決によって最高裁にも明確に採用され，現在では，「特段の事情論」が，判例・学説の主流となるに至った。なお，特段の事情については，特段の事情の判断の肥大化と裁量性が問題になり，予測を困難にする恐れがあるとの批判もあるが，当事者の利益や便宜や個別紛争事実の勘案しようとする利益衡量説の立場から見た場合は妥当であると思われる。
[236] 東京地判昭和28年6月12日下民集4巻6号847頁。事件の概要は，Xは同一内容の真空管の特許を日本と満州国それぞれに持っており，Xからライセンスを得て真空管製造した訴外Aが，それをYに売り，Yはそれを使用してラジオ受信機を製作し，満州国に輸入して同国で拡布した。Xはこれに対して，満州国特許の侵害としてその損害賠償を求めたのが本件である。請求は棄却された。
[237] 最判平成14年9月26日民集56巻7号1551頁。満州国特許事件と同様に被告の住所が国内に存在する場合である。

否定された鉄人28号事件[239]がある。

　さらに，属地主義の原則と直接関連して，管轄を判断したものとして，特許権の移転登録請求について，取消しを求める会社に従業員として勤務していた時にした発明に関する日本および米国の特許を会社に侵害されたとして会社に特許権の返還請求，謝罪広告を求めた事案がある[240]。この判決においては，原告の米国特許権の移転登録請求について，「米国特許権の登録に係る訴えは，専ら同国における特許権の帰属の問題であって，わが国の裁判所の国際裁判管轄を認める余地はない」と判断した。これは，属地主義により特許権の移転登録が登録国の専属的管轄に服することを理由に日本の国際裁判管轄権を否定し，属地主義による専属管轄を認めたものである。その反面，米国特許権に基づく差止請求権不存在確認請求事件において管轄を肯定したサンゴ化石粉体事件判決[241]においては，属地主義につき，「特許権の実体法上の効果に関するものであって，特許権に関する訴訟の国際裁判管轄に

---

(238) 最判平成13年6月8日民集55巻4号727頁／判時1756号55頁。この事件の第一審（東京地判平成10年11月17日）と原審（東京高判平成12年3月16日）は，ともに，不法行為地管轄について，不法行為の要件事実について違法性阻却事由がないことを含め，一応の証明を必要とする「一応の証明必要説」を採用し，被上告人の行為について違法性阻却事由が一応認められるとして管轄を否定したが，最高裁は，不法行為地管轄について，不法行為の要件事実のうち，不法行為と評価されることにつながる客観的な事実関係の存在を必要とする「客観的事実説」を採用し，被上告代理人による日本国外で本件著作物に対する独占的利用権を有することを確認する手紙の送付は不法行為の客観的事実を構成するといって，管轄を肯定した。

(239) 東京地判平成14年11月18日判タ1115号277頁。管轄否定の理由として，裁判所は①日本国内に被告（米国法に基づき設立された外国法人）の普通裁判籍は存在しないこと，②被告の米国における行為が，米国著作権法に基づき著作権を侵害したとしてその差止を求めるものであって，仮に本件訴えが不法行為に関する訴えに当たると解することができるとしても，不法行為地は米国であり，不法行為地の裁判籍は日本内にないこと，③賠償の義務履行地が国内であることを前提とすると義務履行地としての裁判籍が日本国内にあると解する余地があるとしても，我が国に訴訟を提起されることについての被告の予見可能性，被告の経済活動の本拠地等を考慮すると，当事者間の公平，裁判の適正・迅速を期するという理念に著しく反するものというべきであるとした。

(240) 東京地判平成15年8月26日（平成15年（ワ）第14128号）。

つき言及するものではない」とし,「当該特許権の登録国以外の国の国際裁判管轄を否定する理由とはならない」とした。また,無効の抗弁についても,「当該特許についての無効判断は,訴訟当事者間において効力を有するものに過ぎず,当該特許権を対世的に無効にするものではないから,当該抗弁が許容されていることが登録国以外の国際裁判管轄を否定する理由とはならない」とした(242)。この判例は,属地主義は実体法上の効果に関するもので,国際裁判管轄の決定には影響を及ぼさない旨を明確にしたことに意味があると思われる。

2 準拠法関連事件

(1) 属地主義の原則と関連した外国の判例

知的財産権紛争に関する準拠法選択においては,並行輸入の問題,国内からの行為による外国特許権侵害の成否,外国特許権による差止請求権不存在確認,知的財産譲渡における契約と知的財産権自体の準拠法との関係,また,職務発明に関する外国の特許を受ける権利の譲渡の対価につき国内特許法の適用の可否などが,知的財産権の属地主義の原則と関連して問題となる。準拠法決定問題と関連して知的財産権の属地主義の原則を直接言及している外国の判例としては,アメリカの場合,国際的な著作権侵害に関する内国民待遇の原則には,侵害の生じた国の法が適用されるべきという意味の属地主義の原則が含まれているとする判例があり(243),韓国の場合も,真正商品の並行輸入の商標権侵害と関連して「商標権の属地主義の原則を貫徹する場合,

---

(241) 東京地判平成15年10月16日判時1874号23頁／判タ1151号109頁。この判決は,最判平成9年11月11日の修正逆推知説なる特段の事情論に基づいて管轄を肯定したが,「被告の本店が我が国に存すること等に照らせば,被告が我が国において本件訴訟に応訴することが,米国において差止請求訴訟を提起して追行することに比べて不利益を被るとはいえない」とし,「原告が我が国の国際裁判管轄を不当に取得したともいえない」とした。

(242) これと関連して,国内事件において,特許に無効理由が存在することが明らかである場合は,裁判所が判断することができるとしているキルビー事件判決については前掲注(231)参照。

国内商標権者に対する関係で，形式的には商標権侵害を構成するが，競争の促進を通じた商標価格の下落等の肯定的効果を誘導することができ，実質的には商標権侵害にならず，正当なものとして許容される」としたソウル高等法院判決がある(244)。この判決の上告審(245)は，属地主義の原則については具体的な言及はしていないが，「並行輸入そのものは，違法性のない正当な行為として商標権侵害を構成しない」ので，並行輸入業者が商標権者の商標が付着された状態で商品を販売する行為は当然に許容されるとし，商標機能論の観点から「並行輸入及び広告行為の一切は商標権侵害を構成しない」と判示している。韓国の場合，これらの判決からわかるように，並行輸入の可否については，形式的には属地主義の原則により商標権侵害が認められるとしつつも，実際には，属地主義の原則とは切り離して実質的な理由から商標権は侵害しないという構成をとっているようである。これは，並行輸入許容の問題を国内法解釈の問題として属地主義の原則とは無関係であるとした，後述の日本のBBS特許製品並行輸入事件最高裁判決と対比され得ると思われる(246)。

また，属地主義の原則に関する韓国の最近の判例としては，属地主義の原則を前提に外国知的財産権侵害による損害賠償を否定したX-GIRL商標事件判決(247)がある。本事件の控訴審判決(248)においては，韓国の商標権侵害につ

---

(243) Subafilms,Ltd. v. MGM-Pathé Communications Co.24 F 3d 1088(9thCir. 1994), cert. denied, 513 U.S. 1001(1994).裁判所は，内国民待遇の原則について，「"national treatment" principle has resulted in the absence of "conflicts of law problems…in the law of copyright"」であるとし，「Although the treaties do not expressly discuss choice-of -law rules, it is commonly acknowledged that the national treatment principle implicates a rule of territoriality」としている。すなわち，内国民待遇は属地主義の原則を意味するものであるとし，結果的には，「Infringing actions that take place entirely outside the United States are not actionable.」と結論付けた。

(244) ソウル高等法院 1996.9.25 宣告 98 ナ 35466 判決。

(245) 大法院 2002.9.24 宣告 99 ダ 42322 判決。大法院判例集 50 巻 2 集 (2002) 119 頁以下。

(246) 後掲注 (258) の本文参照。なお，属地主義の原則の制限に関して，後掲注 (278) 以下の本文参照。

いて，被告が韓国での日本の商人への販売行為は韓国の商標権侵害にあたるとしつつも，被告が上記の販売行為をする期間内には原告は韓国内では営業活動をしていなかったので，上記の販売行為により原告の営業上の損害はなかったと見るべきであるとし，また，パリ条約上の内国民待遇の規定により，外国人と自国民は同等な知的財産権に関する保護を受けるので，韓国と日本はともにパリ条約に加入しており，日本で発生した営業上の損害も韓国の商標権の保護範囲に該当するという原告の主張に対して，控訴審は，「内国民待遇の規定の趣旨は知的財産権の保護と関連して日本人と韓国人は同一の保護を受け，権利の侵害に対して韓国人と同一の内容の法律上の救済を受けることができることを意味しているのみで，韓国の商標権の保護範囲を国外にまで拡大し，日本国内で発生した損害まで塡補しなければならないという意味ではないので（商標権も他の知的財産権と同様に属地主義の原則により当該商標権は登録された国内にのみ効力を持つ），韓国の商標権侵害を前提とした原告の日本での営業上の損害賠償主張は理由がない」とした。本事件の大法院判決[249]においても，原審の判断が正当であるとしている。本判決は韓国の商標権侵害の範囲につき，属地主義の原則に基づいて判断している点からは妥当な判断であったと考えられる[250]。

(2) 属地主義の原則と日本国内の判例

---

[247] 本件は，韓国でX-GIRLという商標を登録（2000年4月14日）した原告（日本会社（株）Biz International）が，正当な商標の使用権なしに偽造商標が付着されたTシャツ等を2001年8月から2001年11月20日の間，韓国の衣類販売業者である被告が，日本の商人に販売し，日本の商人が日本国内においてそれを廉価で販売していたことにつき，被告の上記の販売行為に対し韓国の商標権および日本の商標権のそれぞれの侵害による営業上の損害賠償を請求したものである。ただし，原告は日本において2000年7月21日に上記の商標を登録，営業活動を開始しているが，被告の上記の販売行為が行われた期間内には韓国内では営業活動をしなかったことが事実関係上ある。

[248] ソウル高等法院2003年10月29日宣告2002ナ65044判決。

[249] 大法院2005年1月27日宣告2003ダ62910判決。

[250] 本判決が，日本の商標権侵害の有無と関連して，韓国での行為の共同不法行為成立につき，どう判断しているかについては，後掲注（308）の本文参照。

日本国内の判例の場合は，属地主義の原則に関する条約の規定を言及しているものは少なく，知的財産権に関する属地主義の原則により，準拠法選択の余地がないとするか，属地主義の原則とは関係なく，法例の規定により準拠法選択をしている。

属地主義の原則を言及しているものとして重要なのは，以下のような判決である。

① 満州特許侵害判決[251]

東京地裁判決は，「特許権については，いわゆる特許独立の原則が行われ，日本の特許権のみが権利として認められ，外国特許権は何ら権利としての存在を有しない（従って日本国内において外国特許権を侵害するも不法行為が成立しない）ことは多言を要しないところで，この理は満州国と満州国の特許権についても何ら異なるところがない。従って外国特許権を外国において侵害した行為は，日本によって外国特許権が認められない以上，法例11条2項の規定によって不法行為とはならないのである。」と判示した。この判決は，法例11条2項の解釈において，満州国特許権が日本の法律により権利として認められないので，不法行為の成立すべき余地はないとしている点は不当であると思われるが[252]，特許独立の原則への明示的言及がある点はとても重要である。この判決について，「特許権侵害に基づく損害賠償請求の問題を不法行為と性質決定し，法例11条を適用している点から，パリ条約は抵触規定を含むものではないと解されていることにもよる」という見解もあるが，前述したようにパリ条約の規定をめぐって各国の解釈が分れる場合には，法廷地国際私法を介して準拠法所属国の法秩序における取扱いにまずもって従うべきであるという立場からすれば，本件判決が法例11条を通じて満州国特許の取扱いに言及するのもこれと同様の趣旨であると判断することもできよう[253]。

② パーカー万年筆事件判決[254]

本件判決は商標の機能を出所識別機能と品質保証機能という二側面から考

---

(251) 前掲注（236）参照。石黒・前掲注（47）287頁。
(252) 石黒・前掲注（108）207頁。なお，後掲注（400）以下の本文参照。
(253) 同前205頁。

察することを通じて純然たる真正商品の並行輸入に対する内国の商標専用使用権者の差止請求権を否定し，商標権の国際的消尽の理論自体は否定された。

裁判所は，「商標権の独立性あるいは属地性の原則とは，外国商標権は内国における行為によって，また内国商標権は外国における行為によって，それぞれ侵害されることなく，また内国商標権は同一権利者によって外国に登録された商標権の存続に依存することなく独立である趣旨に解されている。しかし，パリ条約が1934年のロンドン改正において第6条丁（リスボン改正により第6条(3)となる）の規定を設けて商標権独立の原則を確立した当時には…本件のような並行輸入問題が生ずることは予測されていなかったと考えられるし，同条約が特許権については条約第4条の2の2の規定を設け，各国における特許権が独立であることは厳格すべきものとしながら，商標権については同旨の規定を設けなかったことからみても，商標権の属地主義の原則がいかなる限度まで適用されるべきであるかは，同条約及びわが国の商標法上しかく自明のものではなく，この問題の解決のためには，商標保護の本質にさかのぼって検討する必要がある」とした。

裁判所は，各国権利の独立性と属地性の原則とが双方を一体のものとみており，また，商標権の属地主義がパリ条約によって確立されたものであることを明確に示している。この後の判決における混乱などを勘案した場合，きわめて意味のある判決であると思われる[255]。

③　BBS特許製品並行輸入事件判決

(i)　一審判決[256]

パリ条約4条の2について「パリ条約4条の2は，各国特許権の相互依存（非独立）は条約の精神に反するとの考えから設けられたものであり，…独立とは，各国の特許権自体の無効，消滅，存続期間等が他国の特許権自体に

---

(254)　大阪地判昭和45年2月27日無体裁集2巻71頁。本件は，著名な万年筆であるパーカーを輸入する業者である原告が，税関において原告の輸入行為は，関税定率法22条に言う商標権侵害物品であるとして輸入不許可としたことに対して，日本における「PARKER」なる商標の専用実施権者である被告を相手に，差止請求権不存在確認訴訟を提起したものである。

(255)　石黒・前掲注（50）378頁。

影響を与えないということであって，特許権自体の存立とは直接関係のない，個々の転々流通する実施品に特許権を行使しうるかという特許権の行使の可否の問題について規定しているわけではないと解すべきである。したがって，甲国内で甲国の特許権を有する特許権者が適法に拡布した製品について，右適法な拡布を理由として，わが国における特許を行使し得ないものと解することが，パリ条約4条の2の規定によって否定されるわけではない」とした。属地主義との関係については，「我国における特許権者が我国内でその権利を行使することに関し，我国の裁判所が，我国の法の解釈として，権利行使の対象となっている製品が，同一の発明について外国で付与された特許の実施品であり，同外国で適法に拡布されたものであることを考慮して権利の行使を制限することも属地主義の原則に反するものではない」としている。

(ii) 控訴審判決[257]

国際的消尽は特許独立の原則および属地主義の原則に反するものであるとする被控訴人の主張に対して，裁判所は，「パリ条約4条の2が，各国の特許の独立，すなわち，いわゆる特許独立の原則を定めた規定であることはその規定内容に照らして，明らかである。すなわち，この特許独立の原則は，特許権の成立，効力，消滅等は全て各国ごとに独立であり，自国の特許権に対して，他国における特許権の変動が何らの影響をも与えるものではないことを規定したものであることは，その規定内容に照らして明らかなところである。したがって，甲国における特許権が同国内における特許製品の適法な拡布によって当該製品について消滅したことにより，同一人が有する甲国における特許権と同一内容の乙国における特許権の当該製品について当然に消滅するとの理由で特許権が国際的に消尽すると解するならば，かかる見解は特許独立の原則に反することは明らかである」とし，また，「属地主義の原

---

(256) 東京地判平成6年7月22日判時1501号70頁。本件は，自動車の車輪についてのドイツ特許権を有しているドイツの会社Xが，その実施品としてドイツ国内で製造し，販売した自動車用ホイールを日本へ業として輸入，販売しようとしたY会社に対し，Xが日本で有する同一発明に関する特許権の侵害にあたるとして同輸入，販売行為の差止および損害賠償を求めた事案である。

(257) 東京高判平成7年3月23日判時1524号3頁。

則についてみると，同盟国の国民に対する内国民待遇の原則を規定するパリ条約2条や4条の2の規定に照らすと，我が国の領域内に限って認める旨のいわゆる属地主義の原則を採用していることは明らかである。したがって，他国における特許権の消尽による当該製品についての特許権の消滅が当然に同一製品に関する自国特許権の消尽による消滅をもたらすとの理由で特許権が国際的に消尽すると解するならば，かかる見解は属地主義に反することになる」としている。

(iii) 最高裁判決[258]

BBS事件最高裁判決は，パリ条約4条の2の規定を引用しながら，「同規定は，特許権の相互依存を否定し，各国の特許権，その発生，変動，消滅に関して相互に独立であること，すなわち，特許権自体の存在が，他国の特許権の無効，消滅，存続期間等により影響を受けないということを定めるものであって，一定の事情のある場合に特許権者が特許権を行使することが許されるかどうかという問題は，同条の定めるところではないというべきである。また，属地主義の原則とは，特許についていえば，各国の特許権が，その成立，移転，効力等につき当該国の法律によって定められ，特許権の効力が当該国の領域内においてのみ認められることを意味するものである。わが国の特許権に関して特許権者がわが国の国内で権利を行使する場合において，権利行使の対象とされている製品が当該特許権者等により国外において譲渡されたという事情を，特許権者による特許権の行使の可否の判断にあたってどのように考慮するかは，専らわが国の特許権の判断の問題というべきである。右の問題は，パリ条約や属地主義の原則とは無関係であって，この点についてどのような解釈を採ったとしても，パリ条約4条の2および属地主義の原則に反するものではないことは，右に説示したところから明らかである」とした。

この一連のBBS事件判決に対しては，なぜ日本特許法が準拠法となるかの理由は明示されていない[259]，第一審から最高裁まで一貫して特許独立の原則と属地主義の原則の二つの原理の意義を異なるものとしてとらえている，

---

[258] 最判平成9年7月1日民集51巻6号2299頁。
[259] 小泉・前掲注(175) 28頁。

また，この判決での定義については，単に通常属地主義といわれるものはこういうものであるということを示すにとどまり，わが実定法上属地主義なる原則が存在するとまでは明言してはいない[260]などの批判がある。

しかし，この判決においては，パリ条約4条の2の趣旨を明確化し，二つの原則の関係，つまり特許独立の原則は属地主義の原則を前提としていることを明確にしている点が重要である。すなわち，控訴審判決において，属地主義の原則は，内国民待遇の原則を規定するパリ条約2条や独立の原則の4条の2の規定からもたらされる旨が明確に示されている。また，特許製品の並行輸入に対し特許権の行使が許されるかどうかの判断は，「専らわが国の特許権の解釈の問題」というべきであって，これは「パリ条約4条の2及び属地主義の原則と無関係」であるとするが，これは，まさに属地主義の原則から導かれる保護国法主義を前提にしているものとも理解することができる[261]。すなわち，保護国法として日本法が適用されたと解され得る。

④　FMカードリーダ事件判決

本件判決は，属地主義の原理について，一審判決においては，(i)特許権は国ごとに出願および登録を経て権利として認められるものであること，(ii)特許権に関しては，…属地主義が採られ，各国の特許権の効力等は当該国の法律によって定められていること，(iii)各国の特許権は，その発生，変動および消滅に関して相互に独立であり，特許権自体の存立が他国特許無効，消滅，存続期間等により影響を受けないとされていること（いわゆる特許独立の原則…パリ条約4条の2参照）に照らすと，「特許権に基づく差止及び廃棄請求に関しては，当該特許権が登録された国の法律を準拠法とすべきものと解するのが相当である」とし，本件の場合は登録国法である米国特許法が準拠法となるが，公序により排除されるとした。二審判決においては，特許権については，「国際的に広く承認されている属地主義の原則が適用され，外国特許権を内国で侵害するとされる行為がある場合でも，特段の法律または条約

---

[260]　出口耕自「第5章　競争法・知的財産法」国際法学学会編『日本と国際法の100年第7巻国際取引』（三省堂，2001）136頁の注（62）。

[261]　陳一「特許法の国際的適用問題に関する一考察——BBS事件最高裁判決を出発点としつつ」金沢法学46巻2号（2004）76頁。

に基づく規定がない限り，外国特許権に基づく差止及び廃棄を内国裁判所に求めることはできないというべきであり，外国特許権に基づく差止及び廃棄請求権については，法令で規定する準拠法決定の問題は生ずる余地はない」とした。「仮に，…準拠法…が問題となるとしても，法例等に特許権の効力の準拠法に関する定めはないから，正義及び合目的性の理念という国際私法における条理に基づいて決定するほかないが，…一般にある国で登録された特許権の効力が当然に他国の領域内に及ぶものとは解されていないことなどに照らすと，準拠法はわが国の特許法または条約であると解すべきである」と判断した。また，最高裁判決では，「属地主義の原則」について，最高裁平成9年7月1日判決のBBS特許製品並行輸入事件判決を引用しながら，「各国の特許権が，その成立，移転，効力等につき当該国の法律によって定められ，特許権の効力が当該国の領域内においてのみ認められることを意味するものである。すなわち，各国はその産業政策に基づき発明につきいかなる手続でいかなる効力を付与するかを各国の法律によって規律しており，我が国においては，我が国の特許権の効力は我が国の領域内においてのみ認められるにすぎない。しかし，このことから，外国特許権に関する私人間の紛争において，法例で規定する準拠法の決定が不要となるものではないものである」とした。差止・廃棄請求については，特許権の効力と性質決定し，準拠法を登録国法とする理由の一つとして，「属地主義の原則」を言及している。また，「属地主義の原則」（と条約の不存在）を理由に，法例33条により，登録国法として選択された準拠法の適用を排除した。損害賠償請求については，「属地主義の原則」を採り，米国特許法271条(b)項のような規定を持たない日本法の下においては，（立法または条約のないかぎり）法例11条2項により米国特許法各規定の適用を排除した。

以上のように，本件判決においての属地主義の原理とその捉え方は一審判決から最高裁の判断にかけてその論理の一貫性に欠けているといえる。最高裁判決に対する調査官解説によると，属地主義の原則は抵触法上の意味と実質法上の意味とを含んでいるとされるが，登録国を準拠法として適用する理由として，特許権の効力に関する属地主義の原則を挙げるほか，特許権それ自体の性質，登録国法が最密接関係法であることも挙げており，また，属地主義の原則により決定した準拠法を，まさにその属地主義の原則により公序

規定を適用し排斥するなど，属地主義の原則の位置付けは依然不明であるといえよう(262)。

3 考察

(1) 属地主義と専属管轄

登録を必要とする知的財産権の登録および権利自体の有効性に関する訴訟については，登録国の専属管轄を認めている根拠として，権利の属地性という属地主義の原則が挙げられている(263)。これは，侵害訴訟について専属管轄を主張する場合においても同様である。しかし，外国特許権の侵害が当該外国でなされた場合にその侵害から生じた個別的請求権を内国で行うこと自体は，属地主義ないし特許独立の原則となんら抵触するものではない。なぜならこの場合，内国において適用される準拠法は，知的財産権の属地主義の原則により，保護国法である当該外国特許法となるからである。この際，外国法の証明および適用の困難さは国際裁判管轄決定上の考慮要素には含まれていない。また，法廷地国で下された判決が準拠法所属国で執行されえないとのリスクを考慮する必要もない。承認執行の判断は，準拠法所属国の判断によるものであるからである。国際裁判管轄の問題は，準拠法選択の問題とは別問題として扱われるべきである。既述したように，知的財産権の実質法上の属地主義の原則とは，保護国法への連結という抵触法上の属地主義を導いており，具体的な保護国法の決定に影響するもので，準拠法の決定と関係するものである。したがって，知的財産権における属地主義の原則は，実体法上の原則であって，国際裁判管轄の決定には何の影響を及ぼさないと見るべきである(264)。

---

(262) この点につき，小泉・前掲注（175）29頁は，「属地主義の『原則』を特許法の問題に全面的・機械的に適用するのではなく，各問題・制度の目的・趣旨を考慮しつつ準拠法決定を行う，という最高裁が示したアプローチ自身は妥当なものである」としているが，条約との関係はどうなるのかを考えるべきである。

(263) その他の根拠として挙げられている，実体法と手続法の密接関連性，登録事務との密接な関わりについても，茶園・前掲注（211）75頁は，「専属管轄にとって決定的な理由とはいえない」とする。

日本の場合，民事事件における国際裁判管轄は，両当事者の利害の適切な衡量および法廷地国との関連性についての適切な考慮により，柔軟かつ合理的に処理されてきているといえよう。知的財産権関係訴訟においても属地主義の原則にこだわることなく，個別事案に即して柔軟かつ合理的判断により国際裁判管轄を決定すべきであると思われる。

(2) 条約との関係

日本の判例の場合，知的財産権関連事件，とくに特許権に関する事件においては，属地主義の原則あるいは特許独立の原則についてその意義について示されてはいるが，その原則がパリ条約から明確に導かれていて，その条約規定の自動執行性を有するゆえ，国内において直接適用されるとまで述べている判例は見当たらない。もちろん，商標権に関する事例ではあるが，パーカー万年筆事件判決においては，属地主義の原則，つまり商標権独立の原則がパリ条約から直接的に確立された旨を明確にしている。しかし，その後の判例においてよく引用されているBBS特許製品並行輸入事件最高裁判決における属地主義の原則の概念が，知的財産権における国際私法上の処理において混乱を招いたものと思われる。すなわち，BBS事件判決における属地主義の原則には実質法的属地主義と抵触法的属地主義とが同時に含まれていると解され，属地主義の原則により，国際私法的処理は不要であるとか，学説においては独立の原則は属地主義の原則の例外であると説かれているのである[265]。条約との関係が見逃されているのである。

---

(264) 前掲注（227）以下の本文参照。
(265) 属地主義の原則と工業所有権独立の原則を別個のものとして理解している見解として，木棚・前掲注（34）11頁は，「属地主義の原則は，ある国で付与された工業所有権は，その権利付与国の領土内においてのみ効力を認められるという実質法上の原則及びそのような権利の成立，効力，消滅等が原則として権利付与国法，より正確に言えば，（その領域において）その権利の保護が要求される国の法によるという抵触法上の原則を意味する。それに対して，商標権独立の原則は，一旦成立した商標権の運命は同一ないし類似の標章を対象とした外国の商標権に従属してはならないとする実質法上の原則である」としている。なお，前掲注（199）の本文参照。

実質法的属地主義と抵触法的属地主義は完全に区分すべき概念であって，知的財産権における属地主義の原則というのは，各国の知的財産権の効力の属地的限定または属地的独立性を意味する，実質法上の原則として条約の規定から明確に確立されており，また，かかる条約上の実質法的属地主義は，その具体的決定方法は法廷地国際私法に委ねられているものの，保護国法の絶対的適用という抵触法的処理において影響している点を考慮すべきである。

第3節　属地主義の原則とその限定

I　属地主義の原則の制限

権利の属地的独立性と効力の領域限定性という知的財産権における属地主義の原則は，前述したように条約上明確な法的根拠を有しているにも拘わらず，この原則は同盟国がこれと異なる決定をしない限り認められる条約上の暗黙の前提であるとし，知的財産権関連のパリ条約とベルヌ条約は19世紀の産物として，インターネットの登場と国際的人的・物的交流の拡大および知的財産取引の増加，コンピュータソフトウェア，データベース，デジタルコンテンツ等の新しい知的財産が出現している現代においては，知的財産権における伝統的な属地主義は貫徹できない状況に至ったとし，属地主義は克服されるべき対象であるともされている[266]。このような状況の中で，属地主義の射程は限定すべきであるという議論がなされており[267]，属地主義の射程の限定として主に挙げられている例として，侵害事件に関する国際裁判管轄，条約による属地主義の限定，並行輸入，特許を受ける権利の準拠法等がある。これらの問題における属地主義の原則の制限論から直ちに（実質法上の）属地主義の原則の克服を訴えるよりは，知的財産権をめぐる紛争を問題ごとに分けて考えた場合，当該問題が，属地主義の原則が及ぶ範囲内の問題なのかそれとも属地主義の原則とは関連のない問題なのかを判断してゆく必要がある。以下，属地主義の射程の限定の例として挙げた上記の問題における属地主義の原則の制限論が，条約に基づく実質法上の属地主義の原則か

らみた場合，はたして妥当なものなのかを検討する。

1 侵害事件に関する国際裁判管轄

知的財産権の侵害訴訟の裁判管轄について，権利の有効性に関する訴訟の場合のような専属管轄を認めていないことを属地主義の制限の一つであるとする見解がある[266]。しかし，属地主義の原則は，実体法上の原則で，国際裁判管轄の決定には何の影響もしないという見解からすれば，侵害事件について，外国特許権の侵害が当該外国でなされた場合にその侵害から生じた個

---

[266] 木棚・前掲注（34）4頁は「近年，衛星放送やインターネットの発達と，TRIPS協定により各国の実質法の同一化が進んでいる中，知的財産権の効力が一国の領域内にのみ及ぶという領域限定的な属地主義の帰結自体はもはや意味を失っている」とし，小泉・前掲注（25）2-3頁も属地主義における「領域限定という結論自体の当否」につき，e-commerceとの関係で「これまでの法適用の限界が指摘され始めている」ことを指摘している。また，道垣内・前掲注（118）13頁も「著作権は私権としてその物権的性格により所在地法を適用する意味で属地的といえるが，属地主義の原則が直ちに妥当であるものではない」とするなど，日本では知的財産権における属地主義自体に対して批判する見解は多いが，本論文で引用している外国文献においては，かかる議論はさほど見られない。ただ，属地主義についてやや否定的な見解を見せるものとしては，Mireille van Eechoud, *supra* note 80がある。前掲注（207）参照。

[267] 石黒・前掲注（108）61頁は「知的財産権をめぐる紛争の全体像の中で，問題ごとに分けて考え，いわゆる属地主義の射程を限定してゆく必要が大きいのである」とする。その点につき，同・前掲注（50）165-167頁において，上記の同・前掲注（108）61頁の真義について述べている。すなわち，「属地主義への疑問」という言葉を用い，「問題ごとに分けて考え，いわゆる属地主義の射程を限定してゆく必要が大きい」としてはいるが，その場合，「属地主義の射程の限定の例として挙げられているのは，侵害事件に関する国際裁判管轄，特許協力条約に基づく国際出願，並行輸入のみ」であって，それ以外の場合には，条約に基づく実質法上の属地主義のコロラリーとしての特許独立の原則という見方に立ち，その考え方を著作権・商標権とも共通するものとして示しているとしている。しかし，筆者は，知的財産権をめぐる紛争を問題ごとに分けて考えた場合，石黒教授が例として挙げた問題についても，属地主義の射程の限定の問題ではなく，属地主義の原則が及ぶ範囲内の問題なのかそれとも属地主義の原則とは関連のない事柄なのかという観点から判断してゆく必要があると考え，以下のような分析をしたのである。

第3章　知的財産権に関する属地主義の原則と国際私法

別的請求権を内国で行うこと自体は，知的財産権における実質法上の属地主義の原則とは関係のないことといえよう[269]。したがって，民事事件における国際裁判管轄ルールに従って侵害事件の裁判管轄を認めるのは，属地主義の射程の限定とはいえないであろう。準拠法選択に影響を及ぼす実質法上の属地主義と国際裁判管轄の決定の仕方とは別個の問題と扱われるべきである。

2　条約による属地主義の限定

つぎに，知的財産権の属地主義の原則自体が条約上の規定により限定されているという見解がある[270]。すなわちパリ条約の場合は，属地主義の原則を制限する規定として，優先権制度に関する4条Aの優先権の成立要件において，第1国出願が正規なものであるかどうかは第1国出願国の法により決定されること，つまり外国での出願の事実や外国法上の出願の適法性を国内法上の成立要件の一つとする点を示しており，その限りでは普遍主義的な考え，つまり本源国法主義に基づいているとする[271]。また，商標権に関して，本源国法によって正規に登録された商標を原則として保護する旨の6条の5

---

[268] 石黒・前掲注 (108) 61頁は，1968年ブラッセル条約16条が，「特許権・商標権等の登録または有効性に関する訴とそれらの侵害等に関する訴とで分けて考え，前者についてのみ登録国の国際専属管轄を認め」，後者についてはそうしていないことをも，「厳格な属地主義への疑問」の文脈で捉えて，侵害事件については，属地主義が制限されている点を示している。

[269] C.Wadlow, *supra* note 178, at 10は"There has been widespread confusion between the proposition that intellectual property laws are not extraterritorial, and the quite separate proposition that they are not justiciable in foreign courts."としている。なお，前掲注 (228) の本文参照。

[270] 木棚照一「パリ条約と属地主義」ジュリスト939号 (1989) 171頁。同・「工業所有権に関する国際取引をめぐる国際私法の諸問題」松井芳郎＝木棚照一＝加藤雅信編・前掲注 (39) 192頁。

[271] 同前頁。なお，小泉・前掲注 (175) 29頁は，「外国での出願の事実や外国法上の出願の適法性を国内法上の成立要件の一つとする点で，権利の普遍性をその限りで認め，登録国の原則を制限するものであるとされる」としているが，実質法上の属地主義の原則から導かれる抵触法上の保護国法とは必ずしも登録国法を意味するのではないはずなのに，「登録国の原則の制限」としている点で疑問が残る。

の，いわゆるテル・ケル条項が，属地主義の例外であるとする。また，その有効性が他の国の特許に従属する輸入特許の場合も，属地主義の例外であるとする。このような見解によると，本源国法への送致規定を属地主義の原則の例外とみているようである。しかし，ここで注意すべきことは，保護国法主義も本源国法主義も抵触法上の連結方法であり，保護国法主義は権利の属地的独立性という実質法上の属地主義の原則の帰結であるが，必ずしも実質法上の属地主義の原則が保護国法主義と同一のものとは解されないということである。本源国法主義もかかる実質法上の属地主義を前提にしていると解することもできるからである(272)。

したがって，パリ条約において本源国法主義を定めている規定をもって実質法上の属地主義が制限されているとはいえないと思われる。ここでも，やはり実質法上の属地主義と抵触法上の属地主義とを明確に区分する必要性が出てくるのである。

一方，属地主義の原則により，知的財産権の保護は原則として各国の国内法に委ねられることになるので，各国間の保護の不均等は，貿易不均等と関連して知的財産権摩擦の問題が生ずる可能性があるとし，この問題を改善するために，WTOの場で締結されたTRIPS協定においても，実質法上の属地主義の相対化がなされているとする見解がある。すなわち，TRIPS協定41条1項で，「侵害行為に対し効果的な措置」を確保することになったことを理由とし，行為の一部が外国でなされていても，その全体を保護国法で規律することを認め，そうしても「属地性の要件は満たされると解することもできるのではあるまいか」とし，この規定を根拠としてパリ条約上の「属地性の要件」を緩和しようとするのである(273)。

---

(272) 前掲注(201)参照。
(273) 木棚照一「判例紹介：被告の日本国内におけるアメリカ特許に基づいて差止・廃棄請求及び損害賠償請求をした事例」AIPPI 45巻5号(2000) 310頁の注(3)は，WTO/TRIPSの下では，伝統的な属地主義の原則の機能を変化させるべきとする観点から，属地主義の意義を限定しようとするUlrichなどの見解を紹介している。また，同・「米国特許権に基づく，被告の日本国内における米国特許の積極教唆・寄与侵害行為に対する差止・廃棄請求および損害賠償請求の可否」判例評論498号(2000) 27頁以下。

しかし，同協定41条は，各国の知的財産権の行使の確保のための規定であって，保護の基準の問題であるパリ条約上の実質法的属地主義の相対化とは関連のない規定であるという指摘がある[274]。同協定41条は，同協定第三部知的財産権の行使の部に属し，知的財産権の行使のために効果的な行使手続を国内法において確保することを定めた規定であり，また，同協定2条においてパリ条約の遵守が明確に義務付けられていることからも，実質法的属地主義の相対化にかかわる規定とはいえないと思われる。

これに反して，条約上権利の属地的独立性という実質法上の属地主義の相対化が図られている場合もある。たとえば，特許協力条約（PTC）に基づく国際出願においては「出願人が指定する国において国際出願日から正規の国内出願の効果を持つ」ものであるとしているし，ヨーロッパ特許協定（EPC）は，EC域外諸国をも含めつつ，一層属地主義のコロラリートとしての特許独立の原則を修正するものである[275]。最近の特許条約においては，このような規定により属地的独立性を意味する知的財産権の実質法上の属地主義の原則は部分的に制限されているのである。しかし，これらの条約において，実務的な理由から実質法上の属地主義の原則が部分的に制限される規定は存在するものの，これらの条約も，パリ条約の基本的遵守を義務としており，かかる国際出願の規定をもって，属地主義の原則自体の限界を論ずる必要はないと思われる。

3 並行輸入

いわゆる真正商品の並行輸入を肯定することが，属地主義の原則の制限または修正であるとする見解がある[276]。日本の判例を見ると，商標権に関して，パーカー事件が出るまでは，商標の属地主義，商標権独立の原則から真正商品の並行輸入を日本国内の商標権を行使して阻止してきた。ところがパ

---

[274] 石黒・前掲注（50）332頁。

[275] 石黒・前掲注（108）60頁，木棚・前掲注（81）102頁以下。なお，E.Ulmer, *supra* note 80, at 60-63.

[276] 同前60頁は，「商標権については，いわゆる真正商品の並行輸入を肯定するかたちで，属地主義が修正を加えられている」としている。

一カー事件判決は、商標の機能を言及しながら、「需要者に商品の出所品質について誤認混同を生ぜしめる危険は全く生じない」とし、真正製品の並行輸入行為は、「実質的に危険性を欠き、権利侵害を構成しない」とし、差止請求権不存在確認請求を容認する判決をした。属地主義との関連については、パリ条約4条の2第2項により各国特許権の独立は厳格に解すべきであるとしながら、商標権についてはそうした厳格さを設ける条項がないことから、商標権の属地主義の原則がいかなる限度まで適用されるかは、条約上も国内法上も自明ではないので、商標保護の本質にさかのぼって検討する必要があるとした。それから並行輸入の差止について、それが「実質的にも違法な行為であることが必要」だとし、「その商標が世界的に著名な商標であること」を、真正商品性とともに考慮することは「商標権独立の原則にもとるものではない」とした。本判決は、並行輸入の肯定が属地主義の原則の制限であるとは明確にしてはいないが、その原則に反するものではないとしている。その後の商標権関連の並行輸入に関する一連の判例も、並行輸入は肯定するものであるが[277]、外国で生じた事実を考慮して、日本の商標権の行使を許容するかどうかを判断することは、何ら属地主義に反するものでないことを当然の前提としている。

しかし、商標権の並行輸入とは異なり、特許製品については、BBS事件判決が出るまでは、特許独立の原則、また、特許権の属地主義の原則により、特許製品の並行輸入は禁止されていた[278]。しかし、同じく、特許製品の並

---

[277] フレッドペリー並行輸入事件（最一小判平成16年2月27日判タ1117号216頁）においては「当該登録商標の保証する品質において実質的に差がないと評価される場合には、いわゆる真正商品の輸入として、商標権侵害として実質的危険性を欠く」とされ、日本の商標権に基づく差止請求等が認められないことが前提とされている。

[278] たとえば、ボーリング用中古自動ピン立て装置事件（大阪地判昭和44年6月9日無体裁集1巻1号160頁）は、「特許権には地域的制限があり、各国の特許権は互いに独立しているから、特許消耗の理論が適用されるのは、その特許の付与された国の領域内に限られると解すべきである。そうであるとすれば、ある製品につき一国の特許の消耗を来たすべき事由が生じたとしても、これによって他国の特許権もまた消耗すると解すべきいわれはない」として、差止請求を認めていた。

行輸入を否定したBBS事件一審判決においては，外国において外国特許の実施品が適法に拡布されたことを理由として，その製品についての我国の特許権の行使を制限することは，パリ条約4条の2および属地主義の原則に反するものではなく，これらの原則は真正商品の並行輸入の許否の判断を直接左右するものではないとされている。並行輸入を認めない理由につき，同判決は，我国特許法の解釈として，並行輸入を認める「明文の規定がない」し，立法時において国際的消尽が共通の理解として存在したということはできず，それを認めることが「特許法の目的に沿うものとも，特許制度による特許権者と社会公共の調整についての国際社会における意識に合致するとも認められない」のが現在の状況であるので，「特許法の文言どおり，当該商品の輸入，販売，使用は我国の特許権を侵害する」と述べている。だが，控訴審判決において，原審の結論は逆転された。すなわち，控訴審は，特許権者に対して発明公開の代償が一回保障されていることで足りるとする点を消尽論の実質的な根拠であるとし，このような国内消尽論の基盤をなす実質的観点からみると拡布が国内であるか国外であるかによって格別の差異はなく，単に国境を越えたとの一事をもって，特許権者に発明公開の代償を確保する機会を再度付与しなければならないとする合理的な根拠はなく，このことが現在の国際経済取引の実情を踏まえると，より一層の強い妥当性を有することは明らかであるとし，国際的消尽により特許製品の並行輸入を肯定した。また，最高裁においては，一般論としては特許権の国際的消尽を否定しつつも，特許権者が留保を付さないまま特許製品を外国において譲渡した場合には，譲受人およびその後の転得者に対して，日本において特許権制限を受けないで当該製品を支配する権利を黙示的に授与したものと解すべきであるという，いわゆる黙示的許諾論によって並行輸入が認められた。

　これらの判例においては，あくまで国内の特許法の解釈として特許製品の外国における適法な拡布や譲渡を特許権の及ぶ物的範囲を画定する際に考慮することは，属地主義の原則（独立の原則）と矛盾するところではないとしている。とくに，最高裁においては，並行輸入の許容の問題を国内法解釈の問題とするのは属地主義の原則とは無関係であるとしている。判決のとおり，特許製品の並行輸入に対し特許権の行使が許されるかどうかの判断は日本国の特許法の解釈問題とすることは，属地主義の原則に反するものではなく，

また，並行輸入に関しては，実質法上の属地主義の原則によりもたらされた抵触法上の属地主義である保護国法として日本法が適用されたと解釈することもできる。並行輸入の問題は，知的財産権の独占による世界市場分割の問題として扱うべきであり，それを肯定することと属地主義とは別個の問題として扱うべきであると思われる。

　また，特許権の国際的消尽と属地主義の原則の関係についてみると，前掲注（278）のボーリング用中古自動ピン立て装置事件においては，特許独立の原則から形式的に特許権の国際的消尽を否定しているが，BBS事件判決の場合は，第一審から最高裁まで，国際的消尽を特許独立の原則や属地主義の原則から否定するという理論を採用せず，日本特許法の解釈の問題として結論を導いている。国際的消尽に関してBBS事件控訴審判決は，「他国に置ける特許権の消尽による当該製品についての特許権の消滅が当然に同一製品に関する自国特許権の消尽による消滅をもたらすとの理由で特許権が国際的に消尽する」という意味での「特許権の国際的消尽」は，「特許独立の原則」および「属地主義の原則」に反し，誤りであるとし，この意味での国際的消尽説は採用していないが，「特許権の国際的消尽説は一切認められないとの前提」は誤りであるとし，特許権の国際的消尽を認めるか否かの問題と特許独立の原則や属地主義の原則とは無関係であり，国際的消尽論の採用は日本特許法上の解釈の問題であるとし，二重利得の禁止を実質的根拠とするという意味での国際消尽論に基づき並行輸入を肯定している。はたして，特許権の国際的消尽論により並行輸入を肯定するのは属地主義の原則に反するといえるのか。国際的消尽論は，外国において権利者あるいはそれと同視しうる者によって特許製品が適法に流通に置かれた場合に，当該製品について国内の特許権は消尽するという意味から，一般に国際的消尽論と（実質法上の）属地主義の原則は両立できない概念であるとされている[279]。しかし，国際

---

(279) C.Wadlow, *supra* note 178, at 10は, "Any article with territoriality…concluded that territoriality and international exhaustion were incompatible. We now have international exhaustion of intellectual property rights within the European Community, and no one seems to think that territoriality has been dealt a mortal blow."としている。

的消尽論は実定法上の概念ではなく，並行輸入を認めたくないという考え方を正当化するために便宜上用いられているにすぎないという見解[280]から考えると，上記のBBS事件控訴審判決のように，属地主義の原則とは無関係であるとすべきであり，また，属地主義の原則を根拠として国際的消尽論が登場したとはいえない限り，国際的消尽論により並行輸入を肯定するのは属地主義の原則に反するものとはいえないと思われる[281]。

4 特許を受ける権利

日本の特許法35条は，職務発明について発明者である従業者から使用者への予約承継を認め，使用者が職務発明を譲り受けた場合には，従業者は使用者から相当の対価を受ける権利を有する旨規定している[282]。属地主義の原則との関連で，従業者から職務発明を譲り受けたとする使用者が，外国出願をした場合に，その対価の決定に適用される法はどこの国の法であるか（日本法が適用され得るか）が問題となる。つまり，職務発明と関連して使用者の「特許を受ける権利」にも特許権の効力に関する属地主義の原則が妥当するのかという問題である。

このような問題と関連して，日立製作所職務発明事件一審判決[283]は，「各

---

(280) 中山・前掲注（63）375頁の注（5）は，「その要件，根拠等については確定的なものではなく，論者によって異なるのは当然である」とし，「特にその根拠については，二重利得の防止，商品の国際的流通の確保（取引の安全）が挙げられている」としている。

(281) 同前365頁は，国際消尽論が特許独立の原則に反するものという見解に対して，「特許独立の原則とは，自国の特許権の具体的な効力を判断する際に，他国で生じた事実を勘案することまで禁止するものではない」とし，また，田村・前掲注（20）243頁もそもそも並行輸入を許容する根拠は消尽理論以外のところに求めるべきであるとしつつ，「仮に用尽理論に依拠するとしても，各個の製品について特許権が用尽するということ，より正確に言えば特許権侵害が否定されるということは，特許権それ自体の消滅を意味しないのであるから，ただちに独立の原則に反するものではないといえる」としている。特許独立の原則に限っての見解ではあるが，妥当であると思われる。ただし，その際，知的財産権の属地主義の根拠を利益衡量に求めるのではなくて（前掲注（186）参照），独立の原則から属地主義の原則がもたらされることも勘案すべきであろう。

第3節　属地主義の原則とその限定

国特許権が，その成立，移転，効力等につき当該国の法律によって定められ，特許権の効力が当該国の領域内においてのみ認められるという，いわゆる属地主義の原則に照らすと，わが国の職務発明に当たるような事案について，外国における特許を受ける権利が，使用者，従業者のいずれに帰属するか，帰属しないものに実施権等の何らかの権利が認められるか否か，使用者と従業者の間における特許を受ける権利の譲渡は認められるか，認められるとして，どのような要件の下で認められるか，対価の支払義務があるか等については，それぞれの国の特許法を準拠法として定められるべきである」とし，特許法35条3項は，外国における特許を受ける権利に基づく対価の請求には適用されないとして，原告の請求を棄却した。この判決によると，属地主義の原則の下で，国内の特許法は外国における特許を受ける権利には適用されないので，属地主義から権利の帰属や譲渡等を個々の国ごとに判断しなければならないことになる(284)。一方，本件の控訴審(285)は，属地主義を理由と

---

(282) 職務発明と関連した日本特許法35条は，使用者側の予測可能性の低さや裁判所の判断する相当な対価の算定根拠の不明確さという問題点が指摘され，企業側の予測可能性の確保，使用者と従業者の力関係の勘案，決定した対価に対する裁判所の介入のバランス，対価以外の非経済的要素の加味，発明完成後の使用者の貢献および負担等を考慮する方向に改正され平成17年4月に施行されている。職務発明制度の改正については，熊谷健一「職務発明制度の改正の意義と課題」法政研究71巻3号（2004）8-29頁，相澤英孝＝岩倉正和＝山川茂樹「緊急座談会　職務発明をめぐって——特許法35条改正案と相当の対価」NBL 780号（2004）8-28頁，玉井克哉「職務発明改正法案の検証」知財管理54巻6号 臨増（2004）911-921頁。ちなみに，当条に対するかかる改正は，これから論ずる特許を受ける権利に関する抵触法上の議論とはかかわりがない。

(283) 東京地判平成14年11月29日判時1807号33頁。本件は日本法人Y会社に研究員として勤務していたXが，在職中に行った職務発明三件をY会社に承継されたとして，特許法35条3項に基づき，同発明にかかる日本特許およびアメリカ等外国特許を含めて，同条項における相当の対価をY会社に対し請求したものである。

(284) この点につき，裁判所からみると，関連国の特許法上の規定を調査して適用する必要が生じ，頻雑な判断が必要になり，当事者から見れば，特許を出願する可能性があるすべての国の法を調査して，それらの諸国の特許法の関連諸規定に適合した契約をしておかなければならなくなるという，実際上の妥当性の観点からの批判がある。田村・前掲注(193)8頁。

第3章　知的財産権に関する属地主義の原則と国際私法

した原審判決の判断を採用することはできないとして、「職務発明により原始的に取得する日本及び外国の特許を受ける権利等の移転の対価については、」「従業者と使用者間の雇用関係上の利害関係の調整を図り、発明を奨励するとの要素を考慮した上で、その国の産業政策に基づいて定められた法律により一元的に律せられるべき事柄であるから、従業者と使用者が属する国の法律により解決されるべき」だとする。この判決は、特許法35条を「職務発明の上の契約における相当の対価について定めた強行規定であり、わが国の産業政策に基づく、使用者と従業員発明者との間の利害関係を調整しながら、特許法1条が定めた目的を達成するために設けられたものであり、特許法における他の規定と異質の規定である」として、外国企業との包括的クロスライセンス契約の対価も含めて、特許法35条3項を適用するとした。その後の中村青色ダイオード（LED）職務発明事件・東京地裁判決[286]や味の素職務発明事件・東京地裁判決[287]においても、日立製作所職務発明事件の控訴審判決と類似の理由で、特許法35条3項の「相当な対価」には外国の特許を受ける権利等の譲渡の対価を含むとされた。

日立製作所職務発明事件一審判決のように、外国における特許を受ける権利について属地主義の原則により国内特許法の規定は適用されないというのは妥当であるのか。これを実務上の妥当性の面からではなく、国際私法的ルールに従って考えた場合にその妥当性が導かれるのかを検討する必要がある[288]。

その際、まず考慮すべきことは、特許を受ける権利に関する問題と属地主義の原則との関係である。この点につき、特許を受ける権利の性格から、そ

---

(285)　東京高判平成16年1月29日判時1848号25頁。
(286)　東京地判平成16年1月30日判時1852号36頁。
(287)　東京地判平成16年2月24日判時1853号38頁。判決は、特許を受ける権利の「承継の効力発生要件や対抗要件の法律関係の性質」については、「承継の客体である特許を受ける権利」であると決定し、これと最も密接な関係を有する「特許を受ける権利の準拠法」によると解すべきだが、承継についての「契約の成立や効力の法律関係の性質」については、「契約」であると決定し、これと最も密接な関係を有する「使用者と従業者間の雇用関係の準拠法」によると解すべきであるとしている。

第 3 節　属地主義の原則とその限定

もそも属地主義になじまないとする見解がある。つまり，木棚教授によると，特許を受ける権利は何らの手続を要さず，発明の完成によって当然の前提として原始的に取得される権利であり，この権利に基づいて特許出願をし，排他的独占権を取得する以前の権利であるので，保護国という概念が問題となる以前の段階における問題であるとされる[289]。これと関連して，特許法35条は特許付与以前と以後とを合わせて規律するものであるが，特許付与以後は特許権の効力に関する属地主義が妥当しても，特許付与以前の問題すなわち特許付与以前の発明の原始的帰属および譲渡に対する対価については，特許権の効力に関する属地主義は妥当しないと考えるべきであるとする見解もある[290]。また，属地主義の原則の適用範囲に関して，陳教授は，「属地主義の原則とは特許の成立・移転・効力等についてのみ妥当するものであって，

---

[288] 小泉・前掲注(175) 28 頁は，属地主義の下で外国における特許を受ける権利には特許法35条の適用は及ばないとした場合に，該当外国では，雇用関係に関する法が準拠法となっている場合には，日本法によっても，外国法によっても当該従業者は保護されないという仮想事例を挙げている。だが，日本において外国法が準拠法となった場合に，国際私法における外国法の適用は当該外国法の抵触規定をも含めて適用するのではなく，外国実質法の適用である。すなわち，上記の仮想事例においては，当該外国の国際私法が雇用関係に関する法を準拠法としていることとは関係なく，当該外国の実質法としての特許法の理解にしたがって，従業者に相当な対価が認められているかを判断すればよいと思われる。

[289] 木棚・前掲注(34) 17 頁，同・前掲注(270) 170 頁。

[290] 高畑洋文「職務発明の準拠法が問題となった事例」ジュリスト1261号(2004) 200 頁。しかし，同頁は，発明の原始的帰属および譲渡の対価は私法的法律関係として扱い，属地主義は妥当しないので，準拠法を選択すべきであるとする。だが，属地主義というのは，公法的属地主義にのみ該当する問題であって，属地主義の原則により，国際私法上の準拠法選択は必要ないという立場から上記のように言っている点から，その理由付けには疑問がある。また，小泉・前掲注(175) 32 頁は，特許の前段階である特許を受ける権利は，「特定国の産業政策に服する（属地主義）のではなく，ユニヴァーサルな性格」を有するものであるとしている。だが，特許を受ける権利を属地主義との関係から切り離して判断している点は，妥当であると思われるが，特許を受ける権利を特許の前段階として把握する場合にも，法律関係の性質決定を法廷地の実質法的概念からではなく，法廷地国際私法の観点から判断し，当該紛争事実と最も密接な関係を有する法への連結をはかるべきであろう。

第3章　知的財産権に関する属地主義の原則と国際私法

これらの事項以外の事柄については，基本的に当該原則とは無関係であることになる」とし，「特許を受ける権利等の承継及び専用実施権の成立要件・効力は特許権のそれと密接に関連する事柄であると思われるため，これらについては同原則の範囲に属するが，他の点については直接の関係がないといえよう。したがって，これら以外の点については，抵触法上の処理について別途検討する必要がある」としている(291)。この見解によると，特許法35条の職務発明の対価支払義務に関連して，外国の特許を受ける権利等の譲渡の対価の問題には属地主義の原則が及ばないことになる。

　以上のように，特許を受ける権利の性格から属地主義との関係を問うこれらの見解は，特許を受ける権利に関する問題を属地主義の原則の適用範囲外の問題として判断しており，その点については妥当であると思われる。

　従業者発明について直ちに属地主義を適用して（保護国法としての）登録国の法に委ねる見解は，海外においても見当たらない。アメリカの場合は，そもそも特許法の中には従業者発明に関する規定はなく，契約法の一部として規律されており，準拠法決定においても，契約の準拠法が適用されることになる。ヨーロッパにおいては，使用者と従業者の労働関係の法として性質決定するのが主流である。労働契約の準拠法について，ドイツの場合は，当事者自治による準拠法指定も尊重しているが，ヨーロッパ特許協定60条1項2文は，客観的連結として，雇用地，それが確定できない場合は営業所在地を連結点としている。また，1978年のオーストリア国際私法34条2項は，従業者発明や従業者著作のような従業者の活動に関わる無体財産権につき，使用者と従業者，従業者相互間の関係に関して雇用関係の準拠法によるものとしているのである。このように，海外においては外国における特許を受ける権利を労働契約の問題として性質決定しているのである。

　思うに，特許を受ける権利については，知的財産権の（実質法上の）属地主義の原則はその準拠法決定に影響しないので，特許法35条の趣旨を前面に打ち出すことなく(292)，労働成果の帰属に関する問題として労働契約の問題と性質決定するのが妥当であると思われる。すなわち，外国における特許

---

(291)　陳一・前掲注（261）82-83頁。

を受ける権利については，直ちに属地主義の原則の適用を考慮するのではなく，当該紛争事実と最も密接な関係を有する法として，使用者と従業者の労働関係の準拠法（主に，雇用契約の準拠法）により処理すればよいのである(293)。

以上のように，特許を受ける権利の準拠法に関しては，属地主義の原則の制限の問題としてではなく，属地主義の原則とは別個の問題として抵触法的処理をすべきである。なお，抵触法的処理としては，特許法35条を同条の目的・趣旨から使用者と従業者の労働関係の準拠法如何に関わらず適用される強行規定とみて，同条3項の「相当な対価」には外国の特許を受ける権利等の譲渡の対価を含んでいると判断する余地もある(294)。

---

(292) なお，小泉・前掲注（175）32頁は，「属地主義を採用した場合，従業者は各国の職務発明制度に基づき逐一請求する負担を負うことになるが，これはあえて『発明』による対価と銘打った日本法35条を裏切るものである」とし，日本特許法35条の適用範囲を外国特許権にも拡大するため，日本の職務発明制度の趣旨・目的を前面に出して，日本の法制度についての観点をその出発点としている。だが，法律関係の性質決定において，法廷地実質法の側から判断するのには疑問がある。

(293) 労働関係の準拠法を適用すべきであるとする説として，同旨のものとして，増井和夫＝田村善之『特許判例ガイド』（第2版）（有斐閣，2000）445頁，田村善之「職務発明に関する抵触法上の課題」知的財産法政策学研究5号（2005）6頁，花村征志「職務発明に関する国際私法上の問題についての一考察——特許を受ける権利の譲渡について」『特許関係訴訟と審判』日本工業所有権法学会年報27号（2003）29頁。この中で，田村教授は，結論としては，労働関係の準拠法によるとするが，「知的財産権における属地主義を抵触法上の利益衡量の結果，導かれる法理に過ぎないという理解から」，属地的に考える必要はなく，「使用者と従業者間の予測可能性に関する事情」を考慮して判断すべきであるとしている。また，このような理解に立つ場合でも，「そのようにして帰属が決まった権利の第3者に対する効力については，第3者の予測可能性に配慮して一般の属地主義と呼ばれる準拠法選択を行うことには変わりがない」としている。属地主義の根拠を利用者の予測可能性といった抵触法上の利益衡量に求めることへの批判については，前掲注（192）の本文参照。

第3章　知的財産権に関する属地主義の原則と国際私法

II　考察——属地主義の原則の適用範囲

　以上において，権利の属地的独立性という条約からもたらされた知的財産権の実質法的属地主義の原則は，知的財産権と関連した様々な場面においてその原則が制限されているという見解に対して，その妥当性を検討した。
　その結果としては，第一に，知的財産権の侵害事件に関する国際裁判管轄については，属地主義の原則というのは実体法上の原則であって，国際裁判管轄の決定には何の影響も与えないので，侵害事件に関して専属管轄を認めていないことを属地主義が制限されているというべきではない。準拠法選択に影響を及ぼす実質法上の属地主義と国際裁判管轄の決定の仕方とは別個の問題と扱われるべきである。第二に，パリ条約やベルヌ条約等の規定により属地主義の原則が限定されているといえるかについてである。たしかに，特許協力条約等のように実務上の理由により権利の属地的独立性という実質法上の属地主義が部分的に相対化されている場面もあるものの，条約上の本源国法主義を定めている一部の規定をもって実質法上の属地主義が制限されているとはいえないであろう。なぜなら，実質法上の属地主義が必ずしも保護国法主義と同一の概念ではなく，抵触法上の属地主義としての本源国法への連結も，権利の属地的独立性という実質法上の属地主義から導かれると解され得るからである。
　第三に，並行輸入の肯定は属地主義の原則の制限を意味するという見解が，はたして妥当するものかについてである。日本のかつての一連の判例は，知

---

(294)　陳一・前掲注 (291) 83-84 頁は，「特許法 35 条を絶対的強行法規とみて，雇用関係の準拠法如何に拘わらず同条を適用すべきである」と解したうえ，「その空間的な適用範囲に関しては職務発明にかかる活動の中心地がどこなのかがメルクマールになるとし，同法 35 条 3,4 項の物的適用の問題については，日本特許法の内在的問題に属する事柄であるとの理解の上で，当該職務発明をもたらした研究開発行為及びそれへの使用者の投資と当該外国特許との関係が密接である限り，当該外国特許を含めた方が発明の奨励という特許法の目的に合致する」としている。特許法 35 条を絶対的強行法規と把握した場合は，当見解のように特許法の目的を考慮してその規定の適用範囲を考慮するのは妥当であると思われる。

的財産権の属地主義ないし独立の原則から，真正商品の並行輸入を否定してきたが，最近の判例においては，商標権に関しては，外国で生じた事実を考慮して日本の商標権の行使を許容するかどうかを判断することは，何ら属地主義に反するものでないことを当然の前提としているし，また，特許製品についても，あくまで国内の特許法の解釈として特許製品の外国における適法な拡布や譲渡を特許権の及ぶ物的範囲を画定する際に考慮することは，属地主義の原則（独立の原則）と矛盾するところではないとし，並行輸入を肯定することと属地主義とは別個の問題として扱っている。並行輸入の問題は，属地主義の側面からではなく，知的財産権の独占による世界市場分割の問題として判断すべきであり，既存の判例の判断は妥当であると思われる。また，国際的消尽論と属地主義の原則は両立できない概念であるとされているが，国際的消尽論により並行輸入を肯定するのも，属地主義の原則を根拠として国際的消尽論が登場したとはいえない限り，属地主義の原則に反するものではないと思われる。

最後に第四として，特許を受ける権利にも特許権の効力に関する属地主義の原則が妥当であるのかという問題について，属地主義の原則の下で，職務発明の対価支払義務について各国の特許法を準拠法として定められるべきであるとすることに対して，特許を受ける権利に関する法律関係の性質決定を労働関係の問題として性質決定するのが，属地主義の制限を意味するのかという問題がある。この点につき，属地主義の原則の制限と判断すべきではなく，そもそも特許を受ける権利については，属地主義の原則は特許の成立・移転・効力等についてのみ妥当するものであって，特許法35条の職務発明の対価支払義務に関連して外国の特許を受ける権利等の譲渡の対価の問題はそれに含まれないと判断するなど，属地主義の原則の適用範囲内の問題ではなく，それとは別個の問題として，当該紛争事実と最も密接な関係を有する法として，使用者と従業者との労働関係の準拠法によるという抵触法的判断をするのが妥当である。また，同条3項の「相当な対価」を準拠法とは関係なく適用される法廷地の絶対的強行規定とみることによって，知的財産権の属地主義の原則とは関係なく，別の抵触法的考慮をすることもできよう。

以上の四つの問題を知的財産権の属地主義の原則とは別個の問題として取り扱うことと，属地主義の原則を制限する問題として取り扱うことは，一見

同じようなことを意味するものであるようにも見られる。だが，かかる問題に対して，現実的な妥当性の見地から属地主義の射程の限界として把握しようとするのは，条約上明確な法的根拠を有している権利の属地的独立性という属地主義の原則との関係で問題があると思われる。知的財産権をめぐる紛争を問題ごとに分けて考えた場合，属地主義の原則が及ぶ範囲内の問題なのかそれとも属地主義の原則とは関連のない事柄なのかを判断してゆく必要があると思われる。

第4節　知的財産法の域外適用の可能性

I　他国での行為による自国知的財産権の侵害あるいは自国での行為による他国知的財産権の侵害

　属地主義の原則に関しては，知的財産権の侵害行為の一部が侵害を主張する国の外たる他国でなされた場合，侵害を主張する国の法がその侵害行為の一部にまで及ぶかという問題が生ずる。これは，自国法の解釈により間接侵害や寄与侵害等に該当する行為が他国において行われた場合，自国の知的財産法が他国の行為に対して適用されうるのか，または他国法でいう侵害行為が自国において行われた場合，他国の知的財産法が自国の当該行為に対して適用されうるのかという問題である。かかる問題を属地主義の原則との関係からどう見るべきなのか，また，知的財産法上の理論構成ではなく，一般の共同不法行為的構成を採ることによって，属地主義の原則に反しないといえるのかについて検討する。

1　属地主義の原則との関係
　属地主義の原則の下では，内国で特許権が存在する製品につき，その模倣品が外国で製造されている場合，外国での製造行為自体は内国の特許権の侵害とはなり得ないことは自明である。しかし最近，国境を越える知的財産の利用が急増しており，また，ビジネスモデルなどネットワークでの実施が予

第4節　知的財産法の域外適用の可能性

定されている発明が登場し，国内で特許発明が完結しない外国での一部実施の場合も想定できる状況の下で，このような厳格な属地主義の原則を貫徹するのが，権利者保護の観点からはたして妥当であるのかという問題意識から，外国で行われた行為の一部については自国知的財産法の適用が可能となりうるという見解が多数存在する[295]。すなわち，内国特許の侵害に向けられた外国での行為を内国特許権の侵害と見ても，外国の特許権と抵触するものではないとしているのである。

　アメリカの知的財産法の場合，著作権法においては，一般的に国境を越えては適用されないと判断されているが[296]，近年，米国著作権法上の侵害行為を広く解釈することによって，外国で行われた行為に著作権の効力が及ぶとする判決が見られるようになった[297]。また特許の場合も，米国特許法は，直接侵害行為が米国で行われることが必要であると明記されている同法271条(a)において基本的に属地主義の原則を採用しているが，同法271条(b)，(c)の積極的誘導および寄与侵害規定により，判例法上，域外適用が認められている。たとえ製品が外国で製造された場合であっても，その製造行為が第三者のアメリカでの販売を援助したと解される場合は，アメリカ特許侵害とな

---

[295]　木棚照一「米国特許権の侵害を積極的に誘導する行為をわが国内で行った被告に対する差止・損害賠償請求等を認めなかった原判決を結論的に支持した事例」発明100巻6号（2003）105頁は，BBS事件の最高裁の判決を引用しながら「外国で生じた事実を属地主義の実質法的機能の根拠と矛盾しない限度で他国特許権侵害の要件として考慮することは，属地主義の原則に反することはないはずである」としている。なお，共同不法行為の構成を採ってその可能性を示しているものとして，茶園・前掲注 (173)，松本直樹「特許権の効力についての国際的問題（2・完）」特許管理43巻4号（1993）がある。

[296]　Subafilms,Ltd.v.MGM-Pathe Communications Co.事件判決は，米国国内での単なる許諾は，その許諾された行為（本件の場合，映画のビデオカセットの海外配給行為）が米国の国外で行われるものである限り，米国著作権法における請求原因とはならないとし，米国著作権法の国境を越えた効力を否定した（前掲注 (243) の本文参照）。また，万国著作権条約（UCC）の内国民待遇の原則は各締約国の領土内的効力，つまり属地性を前提として認められた原則であるので，アメリカ著作権法の域外的適用を否定した事例として，De Bardossy v.Puski 763 F.Supp. 1239(SDNY 1991)がある。

137

るのである。また、直接侵害行為を定めた同法271条(a)や方法特許の直接侵害に関する同条(g)においても、1996年改正により、「販売の申出」（offers to sell）をする行為も直接侵害とされ、これを広く解釈することによって、米国内で販売の申出がなされたことのみをもってアメリカ特許権の侵害が成立することになる(298)。また、方法特許の一部のステップのみが外国で行われていたとしても、米国で付与されて方法特許により作出されたものが輸入、販売、使用されたかどうかだけが問題となると解されている(299)。このようにアメリカ特許権の効力範囲の国際的な拡張が図られているのである。同じく、商標権の場合も、消費者保護のためには侵害行為の場所に限らずグローバルな商標の保護のため米国商標権の効力を広く認めた事例が多い。このようなアメリカの実務に倣って、日本においても、属地主義の原則の制限またはアメリカのような域外適用「的」規定を置くべきであるという主張がなされている(300)。

しかし日本の場合、条約との関係で、自動執行力を持つ条約の規定からも

---

(297) Los Angeles News Service v.Reuters Television International, Ltd., 149 F.3d 987,994-97 (9 th Cir.1998)は、米国の著作権者は著作権の侵害行為が完全に米国国内で完結している限り（本件においては、最初の侵害的なビデオコピーが米国内で行われた）、国境を越えた侵害行為による損害の賠償を求めることができるとした。また、GM Marketing USA Inc. v. Gerolsteiner Brunnen GmbH & Co., 782 F. Supp.763.(W.D.N.Y. 1991)は、著作権侵害に該当する無断展示行為は外国で行われたが、その無断展示行為に関する契約がアメリカ内で締結された場合は、外国での侵害行為に対してもアメリカ著作権法を適用し、外国での侵害行為による利益を損害賠償算定時に考慮することができると判示した。

(298) 「販売の申出」を広く解釈した事例として、3D Sys., Inc. v. Aarotech labs., Inc., 160F.3d 1373(Fed.Cir.1998)やRotec Industries, Inc. v. Mitsubishi Corp., 215 F.3d 1246(Fed. Cir. 2000)等がある。前者は、特許法上では、単なる広告であっても特許権者に経済的な不利益を及ぼす態様で申出が行われる限り、侵害行為である271条の「申出」に該当するとし、後者は、中国での販売についてその申出が米国国内で行われた場合にも特許権侵害となりうるという解釈に基づいたものである。米国内での販売のための申出であって、米国外で販売する目的で米国内で販売の申出が行われた場合は含まれないと解すべきではないかと思われる。

(299) 関連判例として、Avery Dennsion Corp. v. UCB Films Plc., No.95 C 6351, 1997 U.S.Dist.がある。

第 4 節　知的財産法の域外適用の可能性

たらされた知的財産権の属地主義の原則を排斥することはできないであろう。

一方，知的財産権の侵害行為の一部が保護国の外たる他国でなされた場合の問題に関する海外での議論をみてみると，知的財産権の準拠法たる保護国が自国である場合の問題が議論の中心となっており，自国国内法の解釈のみで外国で行為の一部が行われた場合の処理を考え，権利者の保護を図るため，自国法が保護国法（準拠法）である場合の解釈としては，国境を越えた行為の一部で自国権利の侵害にあたるとしているのである[301]。

自国国内法の解釈のみで外国で行為の一部が行われた場合の処理を考えること，また，他国の一部の行為に対して，他国での知的財産権の有無等を考慮せずに，自国法を準拠法（保護国法）として決定していこうとすることは，属地主義の原則との関係で妥当であるといえるのか。属地主義の原則との関係で，請求の対象が自国内への輸入以後の自国内での問題なのか外国で行わ

---

[300]　知的財産研究所編『米国におけるビジネス方法特許の研究』（雄松堂，2001）182-183頁（大野聖二）は，アメリカの場合は，域外適用を積極的に認める規定があって，これの解釈論としてインターネットを用いたビジネス方法特許に関して，ある程度対処が可能であるように，日本の場合も，「硬直化した属地主義の呪縛から逃れる時期が来ていると考えられ，早急な対応が必要である」としている。また，松本・前掲注（295）456頁も，日本においても米国のような間接侵害規定を設けるのは原則的に属地主義と矛盾するものではないとしている。

[301]　石黒・前掲注（50）232頁は，ドイツのKreuzerが外国において保護される権利の侵害について，行為の一部がドイツでなされたことを理由としてドイツ法を適用してはならないとしつつも，他国での行為が知的財産権侵害となるか否かは，当該保護国の実質法の解釈の問題であるとしている点，また，Schrickerも，外国でのみなされた行為によっては内国権利の侵害はなされえないが，一部が保護国内でなされた行為によって侵害が成立するかは，十分な内国牽連性が属地主義から要求されるとしながらも，保護国の実質法とその解釈の問題であるとしている点を指摘している。しかし，これらの議論においては，保護国法というのが，一部の行為に対する準拠法として選択されたものなのか，それとも単なる登録国法を意味するものなのかはっきりしていないと思われる。この点につき，外国での一部の行為に対して自国法を保護国法として決定した場合の議論であるとしても，外国での一部の行為に対して当該外国の法ではなく，他の国の法（自国法）が必ず保護国法（準拠法）として決定されるとは，属地主義の原則との関係で，断言はできないと思われる。

れた行為の一部に対するものなのかを明確に区別する必要があると思われる。なぜなら，当該外国でのその物の製造およびその外国国内からの輸出行為までは，当該外国国内での問題であり，自国内への輸入以後は自国内での問題になるからである。属地主義の原則からは，輸出されて以後の外国国内での出来事を，国内の特許権の侵害とすることは，パリ条約4条の2の特許独立の原則に反するといわなければならない[302]。

これと関連して，もし，国境を越えた行為の一部に自国の知的財産法が適用可能になるとすると，多数国で対応特許を持っている場合，ある一国での行為の一部について，多数国それぞれの特許法に基づいて同じ内容の差止請求を何度も行うことを認めることになるので，無用の紛争の蒸し返しになるという重要な指摘もある[303]。

重要なのは，知的財産権の属地主義の原則を考慮した上で，当該紛争事実がどの知的財産法秩序と最も密接な関係があるかを判断することである。そこから一般的な国際私法ルールにより具体的な保護国の法が準拠法として選択されるが，その保護国法の解釈のみにより，外国での知的財産権の有無ま

---

[302] 石黒・前掲注（50）235頁。同349頁は「少なくともわが国の憲法体制の下で考えた場合，自動執行性を有するパリ条約4条の2を正面に植えた議論が必要である。国境越えた自国特許権のスピルオヴァー現象が当該地国の特許法秩序への介入として，まさに特許独立の原則というパリ条約4条の2と正面から衝突することになる」としている。また，Paul Goldstein, *International Copyright*, Oxford University Press(2001)at68は「国家領域を超える利用に対して自国の知的財産権を適用して損害賠償を認めることに対して，外国での侵害から生じた損害も内国権利の侵害の損害の基礎とする考えは，属地主義に根本的に反する。かりに当該外国行為が外国権利の侵害であっても，損害の算定は当該保護国法によるべきである」とし，Fawcett/ Torremans, *supra* note 60, at 478においても "If one State's legislation would also extend to another State, the rule in Article 2, which dictates the law of the latter country should be applicable there as a law of the protecting country, would be infringed. The territorial scope of national intellectual property statutes and rights granted under these statutes are restricted to the territory of the State concerned. This is the territoriality principle that has been derived from the text of Article 2." とされている。

[303] 石黒・前掲注（50）353頁。

第4節　知的財産法の域外適用の可能性

たは当該外国の知的財産法を考慮せずに保護国の知的財産法を適用して，他国で行われた一部の行為に対して直接差止などを認めることは，知的財産権の属地主義の原則に反するものであるといえる。すなわち，条約上の属地主義の下では他国の知的財産法秩序への国境を越える介入はできないことになるのである。

2　共同不法行為的構成

　属地主義の原則との関係で，保護国法上は侵害品とされるものであっても外国において製造販売することは自由であり，これを輸出する行為までは，その外国の法により適法な行為であるので，外国における，かかる積極的誘導行為自体は保護国法上の侵害行為にはなりえない。かかる場合に，内国の特許権の侵害を国外で積極的に誘導した者に対して共同不法行為責任を負わせることはできるのかが問題となる。日本国内では，日本の特許権が外国からの教唆・幇助等の行為によって侵害されるような場合に，権利者保護の側面から「共同」不法行為とみることができるとの議論がなされている。特許権者の救済のために，属地主義の原則と抵触しない方法が探究されるべきだとし，特許法の枠外の法理として共同不法行為による構成を採っているのである[304]。この見解を採る茶園教授によると，外国における行為の結果発生地は侵害が生じる日本であると解され，法例11条1項により関連する外国で行われた製造行為の行為者に共同不法行為責任を負わせるとされる。すなわち，外国の行為者と日本の侵害者に教唆，幇助，共謀といった意思的関与が存在する場合にかぎり，意思に責任の根拠をおくことにより，実質法上の属地主義の趣旨を損なうことを避けることができるとする[305]。しかし，そ

---

(304)　茶園・前掲注(173) 17頁。また，FMカードリーダ事件最高裁判決における藤井裁判官の反対意見も，「日本特許権の侵害を積極的に誘導した者の行為が国外で行われた場合であっても，特許権侵害者の直接侵害行為が国内で行われたときは，侵害を積極的に誘導したものは，国内における特許権侵害に加担した教唆者又は幇助者として共同行為者とみなされ，直接侵害者と一体となって国内での損害を生じさせたものとして損害賠償責任を負うべきものと解するのが相当である」とし，「当該日本会社は，米国会社との共同不法行為者として損害賠償責任を免れない」としている。

の場合，外国における行為に差止を認めることは，結果的に国内特許権の効力を外国にまで及ぼすことになり，外国における発明利用を制約する程度が大きいため否定すべきであるとする[306]。また，国際私法上の一方的抵触規定の双方化により外国からの日本特許権の侵害に妥当することは日本からの外国特許権侵害にも妥当するので，日本の領土外からであれ，日本特許の侵害に向けられた意図的，積極的誘導行為であることが明らかな場合には，外国の特許権と抵触するわけではないから，日本の特許権の侵害とみてよいのではないかとの指摘もある[307]。

　また，共同不法行為の成立と関係する具体的な事例においては，韓国のX-GIRL商標事件の大法院判決[308]が，商標権侵害に関して，属地主義の原則について言及することなしに，共同不法行為責任の成立の余地を残している。すなわち，日本の商標権侵害と関連して，「日本での日本の商人の販売行為は日本の商標権侵害に当る」としつつ，「日本の商人の日本商標権侵害行為を被告が韓国内で教唆または幇助したことを理由とする損害賠償請求については，準拠法は侵害地法である日本法である」とし，「その当否は日本の商標法の解釈によるべきであるとし，被告の行為が上記の侵害行為の幇助に当たるとしても，日本裁判所の解釈論に照らしてみると，属地主義の原則を採用している日本商標権の下では，商標が登録された国の領域以外では当該商標権の登録国での侵害行為を誘導した行為は不法行為を構成しないので，被告の共同不法行為責任の成立を認めない」としている。判決の論理からすると，日本法ではなく，積極的誘導および寄与侵害の規定を有している米国法が準拠法となった場合は，韓国内でのかかる行為が韓国の知的財産権に基づいた行為なのかどうかは関係なく，専ら米国法の解釈により，当該行為に対

---

(305) 同前18頁。なお，この点に関して，属地主義の根拠を当事者の予測可能性という利益衡量にあるとする見解である田村・前掲注(186) 465頁によると，「日本国内の侵害行為に向けられたこれらの行為（教唆，幇助などの行為：筆者注）に損害賠償責任を課したところで，適用法に関し行為者を予測不可能な状況に追い込むことにはならないから，属地主義の原則に反することにはならない」とされている。
(306) 茶園・前掲注(173) 18頁。
(307) 木棚・前掲注(273) 判評27頁，同・前掲注(295) 101頁。
(308) 前掲注(249) 参照。事案の概要については，前掲注(247) 参照。

して米国法が適用される可能性もあるのである。

　共同不法行為的構成と知的財産権の属地主義の原則との関係について，共同不法行為的構成を肯定する見解によると，内国の特許権侵害に関連する行為（教唆・幇助）が外国で行われた場合に，内国法を適用して損害賠償請求を認めることは，外国における行為を内国の特許権の侵害とするのではなく，内国で生じた直接侵害に基づく責任を認めるものにすぎないから，属地主義の原則に反しないとしているが，はたしてそうであるのか。国によって法体制は異なるので，共同不法行為的構成が必ずしも特許法の枠外に存するとはいえない。したがって，共同不法行為的構成を採ることによって，外国における行為に内国法を適用することが，知的財産権の属地主義の原則に反しないと断言はできないと思われる。とくにかかる議論は，当該外国での行為者が当該製品につき特許権を有している場合等は考慮することなしに，直ちに共同不法行為的構成を採っているが，これは知的財産権の属地主義の原則との関係からみた場合，特許法の国境を越える効力の拡張というほかないと思われる。この意味で，上記の韓国の大法院判決は，属地主義の原則に関する考慮なしに，準拠法所属国法の解釈次第により共同不法行為責任の成立の余地を残した点からは問題のある判断ではないかと思われる。なお，不法行為者における準拠法の一本化をはかるために，その外国の行為者が侵害行為地が何処であるかを知った上で，これに直接意思的に関与していたと認められる事情があるときには，準拠法としての保護国法を適用するという見解もあるが[309]，準拠法の一本化を考慮した面からは妥当であるといえるが，知的財産権の属地主義の原則との関係を考慮していない点にはやはり問題があると思われる。

II　他国の域外適用「的」規定に対する抵触法的対処

　属地主義の原則の下では，他国の行為に対して自国の知的財産法を適用してその行為を差止めることはできないことになるが，一方においては属地主

---

[309]　元永・前掲注（18）585頁。

義の原則と関連して，他国の域外適用「的」規定に対して如何なる抵触法的対処をすべきかという問題も生じてくる。FMカードリーダ事件最高裁判決においては，米国特許法271条(b)項および283条の規定に基づいた請求について，属地主義の原則の下で，日本の特許権の効力は日本の領域内においてのみ認められるという理由で，法例33条の公序に反するとしている。

ここでは，外国の域外適用「的」規定に対してその性質をどうとらえるべきか，また，知的財産権の実質法上の属地主義の原則との関係で，このような規定を一般的抵触法の枠組内でどう処理すべきなのかについて検討してみる。

1　知的財産権の域外適用規定の性質

国際私法上，準拠法として指定されるのは原則として準拠法所属国の実質法のみであると解されている[310]。外国の知的財産権の域外適用規定の性質については，その規定が実質法上の規定かそれとも抵触法上の規定かによって，国際私法上の準拠法として適用されるか否かが決定されるという議論が日本国内においてはなされているようである。まず，知的財産権の域外適用「的」規定である米国特許法271条(b)項は実質法的部分と抵触法的部分とでなされており，米国法が準拠法となった場合，法廷地として適用されるのは，米国特許法271条(b)項の実質法としての部分，すなわち積極的誘導が特許権の侵害にあたるという特許権の効力の部分のみであるとされる。このような観点から，域外適用規定自体が公序に反するとしたFMカードリーダ事件の一審判決は，抵触法的性質を有する域外適用規定を含めて準拠法指定をしているので妥当ではないとする批判がある[311]。また，米国特許法271条(b)項

---

[310]　これが，国際私法上の通説的見解である。かかる通説的見解に対しては，それ程成熟した議論ではないとし，特許法等の知的財産法の域外適用法理等の侵害行為をどこまで認めるかという規定を国際私法上の送致範囲外とするのは妥当ではなく，国際私法の送致範囲の例外として位置付けるべきであるとする見解（大野聖二「カードリーダ事件最高裁判決の理論的検討と実務上の課題」AIPPI 48巻3号（2003）2頁）もある。だが，準拠法所属国の抵触法である国際私法規定による不完全な法律構成としての反致との関係を考えた場合，通説的見解は妥当であると思われる。

第4節　知的財産法の域外適用の可能性

は，全体として抵触法的規定であるとの前提の下で，抵触法的規定であるので準拠法の適用対象とはならないとする見解もある[312]。これは，知的財産権を競争法上の権利ととらえて，「米国特許法の域外適用規定は，特許権を所有権と類似する排他的独占的な支配力ととらえるのではなく，競争法上の権利としてとらえる立場から，競争法の場所的適用に関する原則を特許法に類推適用して，その行為の結果が米国市場に及ぶ場合に米国特許法を域外適用しようとする思想に基づくもの」で，「競争法上の域外適用規定は元々不法行為に関する結果発生地説を基礎として形成されたことから明らかなように，抵触規定であり，内国法の適用についてのみ問題としている点で，一方的である」としている[313]。つまり，法の場所的適用範囲に関する性質をもつ域外適用規定を除いた米国特許法の実質法のみを準拠法として適用すべきであって，登録国法として適用される米国法には，米国の抵触法である米国特許法の域外適用規定を含まないことになるとしているのである。

その反面，域外適用規定を権利の効力が及ぶ場所的範囲に関する実質法上の規定とみる見解もある。しかし，域外適用規定を実質法上の規定であるとしてしまうと，効力の及ぶ場所的限界は，権利自身の内容から当然に定まるので，国際的な選択の余地はなく，米国特許権の域外適用「的」規定の日本

---

(311)　高部・前掲注（24）88頁。ちなみに，域外適用規定に関して，第一審判決を支持する論者として，齋藤・前掲注（25）301頁は，「域外適用規定は，その空間的適用範囲をも自ら定める性格を合わせ持つため，伝統的国際私法の枠組みにすっきりと収まらない面があることは否定できない。しかし，本件のような場合には，準拠法中の強行規定として，その適用可能性自体は肯定してよいと考える」と述べる。これに対しては，早川・前掲注（9）202頁は，差止にかかる単位法律関係を，実質法の地理的適用範囲に関する意思は無視される私法的法律関係と性格づけながら，「米国法を準拠法として選択した上，米国特許法上の域外適用規定の日本における適用の可能性を検討し，法例33条の公序によりその適用を拒絶した」ことを「理論の筋道として妥当」と評価してしまった点に対しては，内部の論理の齟齬を認めざるをえないとの批判をしている。

(312)　木棚・前掲注（273）（AIPPI）306頁以下は「保護国法として適用される米国法には，米国特許権の域外適用規則を含まず，特許権がどのような場所的効力を生じるかは，法廷地である日本国が決定すべき問題であるから，米国特許権による差止請求等がわが国では認められないだけなのである」としている。

における適用を肯定する結果となるのである(314)。

このように，知的財産権における域外適用規定について，その性質をどうとらえるかについては様々な議論があるが，そもそも国内法の域外適用というのは，自国内では規制対象となる行為がなされていなくとも，自国内に実質的な効果ないし影響が及ぶならば，自国内で当該行為を規制し得るという効果理論に基づいて，独占禁止法あるいは反トラスト法，証券取引法，租税等のような非民事的な領域で，当該法規定が何処まで適用され得るかという国家管轄権の問題，その中でも立法管轄権の問題であると理解されている(315)。

このような国家管轄権的アプローチを採る立場からは，知的財産権を競争

---

(313) 木棚・前掲注 (34) 13 頁は「特許権に基づく差止・廃棄請求をあくまで国際私法的に処理されるべき財産権に基づく権利行使とみれば，米国特許法の域外適用はないはずである」とする。つまり，特許権の侵害を私法的法律関係と考え，米国特許法の域外適用は一方的抵触規則であり，米国法が選択されても適用されるべきではないとして，私法的法律関係の枠組みの中にある限り，実質法規の意思が無視されるのは当然であるとする。また，道垣内正人「米国特許権の侵害」ジュリスト 1246 号（2003）280 頁は，米国特許法が日本での行為に対して域外適用してくることは我が国の採る属地主義に反し，法例 33 条の公序良俗違反となるとしたFMカードリーダ最高裁判決への批判として，「国際私法の構造に対する無理解に基づくものであると言わざるを得ない」とし，その理由は，「外国法がどのように地域的に適用されるかは，それが『私法』であれば国際私法に委ねられていることであり，日本では日本の国際私法だけが私法の地域的適用関係を定めるのであって，反致を除き，外国の国際私法を適用することはあり得ない」としている。

(314) 松本直樹「特許権の効力についての国際的問題(1)」特許管理 43 巻 3 号（1993）263 頁以下。この見解は，「米国特許法 271 条(b)項(c)項について，米国法によって与えられる独占権を十分に保護しようとするに過ぎないから，これが原則としての属地主義と矛盾するものではない」とし，「法例 11 条の下で，国際的な侵害行為を全体としてまとめて，直接侵害行為地の法が外国での間接的侵害行為にも全体として適用される」とする。また，「日本の特許権についても同様に一種の域外適用を認めるべきであり」，現在においても域外的な適用を認めている「米国のようなものももちろん承認すべきであると考える」としている。

(315) 石黒・前掲注 (11) 17-18 頁，小寺彰「国家管轄権の域外適用の概念分類」『国家管轄権——国際法と国内法』山本草二先生古稀記念・村瀬信也＝奥脇直也編集（勁草書房，1998）343 頁以下。

法上の規律ととらえない限り，民事的な領域である知的財産法について，このような「域外適用」という理論は当てはまらないといえよう。

　これに対して，国内法の域外適用問題について，国際私法的アプローチによって問題を解決しようとする見解がある。すなわち，競争法上の「域外適用」問題について，国際私法上の「強行法規の特別連結論」による処理方法がそれである。このような考えから，知的財産法も競争法上の規律ととらえ，強行法規として，準拠法とは関係なく適用されうるとする見解がある[316]。かかる見解についてであるが，まず，民事的な領域としての知的財産法を，知的財産の創造と利用とをバランスよく促進することを通じて経済発展を目指す点において，競争促進を通じた経済発展を目指す競争法とある程度趣旨と目的を共通にしている部分はあるものの，非民事的領域ともいえる独占禁止法，証券取引法等のような競争法的次元の規律と把握するのは妥当ではなく，国際私法的アプローチとして「強行法規の特別連結論」を採ることは，刑事法令と類似の懲罰的規定を含み，公権力行使の性格を持つ法規定の適用関係を，私的自治を基礎とした私法行為上の準拠法指定ルールを示す「抵触法」規範のカテゴリーの中で把握している点で無理があるように思われる。また，第1章第2節で既述したように，「強行法規の特別連結論」は第三国の絶対的強行法規をも適用できるなどの弊害もある。したがって，外国の域外適用規定について，国際私法的アプローチから「強行法規の特別連結論」を採ることは妥当ではなく，国家管轄権の問題として，その適用関係を判断していくべきであると思われる[317]。しかし，上述のように，外国の知的財産法における域外適用「的」規定は，それが，民事法領域の問題であるゆえ，国家管轄権の問題ではない。

　したがって，かかる規定が抵触法的規定なのか実質法的規定なのかによって，内国においてその規定が適用されるか否かを判断するよりは，基本的には，一般的国際私法ルールから関連事案につき準拠法選択をし，当該準拠法上のかかる規定については，知的財産権の実質法上の属地主義の原則との関係を考慮し，内国においてはかかる規定は適用しないと判断すべきであると

---

(316)　出口耕自「ドイツ競争制限禁止法の『域外適用』問題（一）」上智法学論集40巻2号（1996）34頁。

思われる。とくにアメリカにおいては，商標権の域外適用をはじめ，特許法，著作権法に至るまで，知的財産権での域外適用「的」規定を通じて，競争法と同じ論理でアメリカ法を適用しようとしているが(318)，知的財産権の属地主義の原則，知的財産権の財産的側面，また，独占禁止法と知的財産権の効力のバランスを考えた場合，このような域外適用「的」規定を積極的に解釈する必要はないように思われる。

2 一般的抵触法の枠組における処理

外国知的財産法における域外適用「的」規定について，かかる規定を排斥するため，しばしば一般的抵触法の枠組から公序条項が発動されている。また，外国において，当該外国のかかる規定に基づいて下された判決について，内国の国際私法ルール(319)により外国判決の承認・執行の判断がなされるよ

---

(317) 小寺・前掲注 (315) 352 頁は，内国法の域外適用について，いわば国際私法的アプローチによって問題を解決しようとする見解に対して，「国際私法の枠組みでは，法廷地法を適用しても国際法違反の問題は生じないと一般に考えられている」とし，「国際私法をモデルに国際裁判管轄権の域外適用問題の解決を図るという主張は①正当な権限をもつ複数の規律管轄権が適法に行使されうる状況に対して，それを国際法レヴェルで立法的に解決するという立法的提案，②自国の規律管轄権が国際法上正当な権限を持つときに，国内法の問題として適用法規を決める，または自国法の適用を控えるという国内法の解釈論乃至立法論的主張のいずれかとみるのが適切である」としている。競争法分野での域外適用の問題を，私人対私人の訴訟の場において問題とされているとして国際私法的アプローチにより問題を解決しようとする立場ではなく，競争法はあくまでも非民事的領域の問題であって，国家管轄権的アプローチを採るべきであるとする立場からは，小寺説のように，国際私法の枠組みの中での処理を極力制限しようとするのは妥当であると思われる。

(318) アメリカの場合，商標権の場合は国内の通商に影響を及ぼす限り，直接侵害行為が国内で行われなくてもアメリカ法の直接適用を認めている。特許法においても，直接侵害行為がアメリカ国内で行われることを前提として外国の間接侵害行為に対して米国法の域外適用を認めている。また，著作権法の場合には，特許法のような域外適用「的」規定を明文化していないが，特許法上の当規定（米国特許法271条(b)と(c)）を採用するか，著作権法上の侵害行為を広く解釈することによって，実質上の域外的適用をしている。前掲注 (296), (297) の本文参照。なお，ゴーマン＝ギンズバーグ編・前掲注 (166) 812-814 頁，大野・前掲注 (300) 174-182 頁参照。

第4節　知的財産法の域外適用の可能性

うになる。具体的に如何なる問題があるのか検討してみる。

(1) 公　序

　準拠法として外国法が指定され，当該外国法の域外適用「的」規定に基づいて差止請求などが要求された場合に，知的財産権の属地主義の原則との関係は別として，かかる規定を法廷地の一般的抵触法の枠組では如何に処理すればよいのか。属地主義を考慮しない場合，上述のようにかかる規定の性質を抵触規定ととらえ，法廷地からの準拠法指定には含まれないので，法廷地での適用はないとするのも一つの手であるかもしれないが，はたしてかかる規定の適用を法廷地の国際私法上の公序規定により排斥することはできるのか。

　FMカードリーダ事件の一審判決と最高裁判決においては，かかる規定の適用について公序を発動してその規定の適用を否定した。すなわち，一審判決においては，「米国特許法の域外適用規定をわが国における行為に対して適用することは，わが国の法秩序の理念に反するものであるから，法例33条により，これを適用しない」として公序を理由に請求を認めなかった。また，最高裁では，米国特許法を適用した結果，差止および廃棄を認めると，外国における行為の差止は，特許権の効力を外国に及ぼすのと同様の結果となるため，わが国における属地主義の原則の趣旨に照らし，「本件米国特許権侵害を積極的に誘導する行為を我が国で行ったことに米国特許法を適用した結果我が国内での行為の差止め又は我が国内にある物の廃棄を命ずることは，我が国の特許法秩序の基本理念と相いれないというべきである」とし，法例33条の公序に違反するとした。

　これらの判決に対しては，一審は米国特許法の規定自体を公序の対象としており，最高裁は日本の採る属地主義の原則に反すると一般的に述べるにとどまり，外国法の適用の結果が違法かどうかを問う法例33条の通説的理解に反するものとして批判が強い(320)。つまり，公序の発動については，一般に外国法の規定内容そのものが公序良俗に反するからといって直ちに適用が

---

(319)　もとより，国際民事訴訟法も含めた広い意味での国際私法（抵触法）のことである。

149

排除されるのではなく，個別具体的な事案の解決にあたって外国法の規定を適用した結果そのものが，国際私法上の公序によって排斥されなければならないほど法廷地社会において真に忍び難い事態が生ずるか否かが問題となるとされる(321)。前記の批判とはそのこととの関係でのものである。

国際私法上の公序による外国法の排斥は，外国法の尊重という国際私法の基本理念から最後の手段として使われるものである。したがって，このような公序を考慮するにあたっては，法廷地社会との十分な牽連性の下で，当該外国準拠法を適用した結果が極めて不当である場合に限るべきである。本件のように，米国法が準拠法とされたとしたら，その適用結果の法廷地社会での不当性を具体的に検討すべきである。本判決において，真に忍び難い事態というのは，「自国の法秩序の基本理念に反する」というだけでは不十分であって，十分な内国牽連性の下で，特許権の属地主義との関係で日本特許権を有している者が，日本国内での特許権の行使が否定されていることであろう(322)。すなわち，公序適用を考慮するなら，知的財産権の属地主義の原則を考慮してその適用結果の法廷地社会での不当性を検討すべきである。

また，これらの判決においては，実質法上の属地主義によって選定された準拠法が実質法上の属地主義を理由に公序によって排除されるという論理上

---

(320) このような批判をする見解の中で，木棚・前掲注(295) 101 頁は，公序規定適用に当たってその具体的な結果の検討に入っていない点を批判しているが，結論としては，「本件の被告が日本の特許権に基づいて日本やヨーロッパその他の諸国に向けて製造していた特許製品とアメリカ向けに製造し，輸出して，アメリカの子会社に販売させていた特許製品とは同一ではなく，アメリカ向けの製品はアメリカとカナダにおいてのみ使用できる特殊なものであった。そうとすれば，本件被告のアメリカ向け製品の製造・輸出等の差止めを認めたとしても，わが国の私法秩序を破壊するような異常・不当な具体的結果が生じるわけではない」とし，また，同・前掲注(34) 13 頁は，「本件の場合に，被告が製造し子会社を通じて輸入販売していた米国向け製品は，被告が製造した日本やヨーロッパ向けの製品と異なる特殊なものであった点を考慮すれば，適用結果をこれ以上詳しく検討せず，公序を持ち出した判旨には賛成することができない」とし，本件差止等を容認する立場にある。

(321) 石黒・前掲注(47) 232 頁，溜池良夫『国際私法（第二版）』（有斐閣，1999）206 頁。

(322) 石黒・前掲注(50) 401 頁。

の矛盾がある(323)。条約の国内的直接適用性との関係で，国内において絶対的効力を有するパリ条約の実質法上の属地主義により選択された準拠法を，まさにその絶対的効力により公序として制約を受けるとしているからである。外国準拠法について法廷地の絶対的強行法規を理由として公序をもって排斥するのは，当該外国法の適用結果を具体的に考慮しなければならないという通説にも反する(324)。日本において法廷地の絶対的強行法規に相応するパリ条約の実質法上の属地主義については，国際私法上の公序とは切り離し，法廷地において直接効力を有し，準拠法としての保護国法の決定に直接的に影響を与えると理解することで十分であると思われる。

すなわち，外国知的財産法における域外適用「的」規定は，国際私法上の公序により排除すべきではなく，法廷地の絶対的強行法規としての知的財産権の実質法上の属地主義の原則により，法廷地においては適用されえないと判断すべきであると思われる。

(2) 外国判決の承認・執行——承認対象性と承認管轄

外国の知的財産法の域外適用「的」規定に基づいて下された懲罰的損害賠償判決や差止命令について，国内で承認・執行が可能となるかは国内法の判断に委ねられる(325)。

懲罰的損害賠償判決や差止命令の承認執行に関しては，これらの判決や命

---

(323) 石黒・前掲注(50) 400頁は，実質法上の属地主義に導かれつつ決定された保護国法の適用をわが国が採用している属地主義，すなわちパリ条約の実質法上の属地主義に反するから排除するという論理上の矛盾があるとする。

(324) 石黒・前掲注(36) 135-136頁は，法廷地の強行法たる（たとえば，労働法）法規の適用問題について，東京地裁昭和40年4月26日判決が，法例7条の採用した準拠法選定自由の原則は属地的に効力を有する公序としての労働法によって制約を受けるとしたことに対し，「法廷地の絶対的強行法規は国際私法上の公序とは切り離し，個々的の法規につき，その政策目的に照らし，そのそれぞれは，準拠法のいかんを問わず，常に我国で適用すべき規定か否かを個々的に精査してゆかねばならない」としている。本書第1章第4節Iで示した国際私法における法の適用関係を考えた場合，公序とは切り離して法廷地の絶対的強行法規の適用を考慮するのが論理的に妥当であると思われる。

令に対して国内民事訴訟法上の「承認対象性」と「承認管轄」があるのかが，まず問題となる。

　懲罰的損害賠償判決の承認執行に関して，米国の懲罰的損害賠償を認めた判決の通常の損害賠償部分と区別される部分の承認を民訴法118条3項の公序で拒否した萬世工業事件一審判決[326]がある。この判決において，懲罰的損害賠償には罰金同様の目的もあるが，所詮は私人間の請求であるゆえ，承認の対象となるとした[327]。しかし，その控訴審判決[328]においては，「民事上の判決に当たらないか，すくなくとも我国の公序に反する」という二重の安全弁を示してはいるが，懲罰的損害賠償制度の特質を鑑み，通常の損害賠償部分と区別される当該部分の「承認対象性」を否定したのである。懲罰的損害賠償制度の趣旨・性格等を勘案した場合，懲罰賠償部分は純然たる民事的規範のものではなく，その部分に限っては承認対象外といえるので[329]，上記の控訴審判決が妥当であると思われる。同じく，米国特許法284条2項に基づく3倍賠償等の懲罰的損害賠償判決においても，懲罰賠償部分については民訴法上の公序により承認執行を拒否するのではなく，民訴法上の「承認対象性」は否定すべきであろう。

　一方，外国の知的財産権に基づく域外的差止命令の承認執行の問題の場合の「承認対象性」はどう判断すべきなのか。外国差止命令が「民事」か「非民事」かは承認国の判断に委ねられる問題であるが，一般的には，差止命令

---

(325) 日本の場合は，民訴法118条と民事執行法24条の下で処理される。すなわち，日本から見てその外国に国際裁判管轄権があるのか，当該外国の手続における手続的保障が十分あったのか，裁判の内容および訴訟手続が日本の公序に反しないのか，また相互の保証の条件を満たしているのかを，当該外国裁判所での「事実認定」「準拠法選択のあり方」を一切問わず（実質的再審査の禁止），日本で承認執行されることになる。
(326) 東京地判平成3年2月18日判時1376号79頁。
(327) 石黒・前掲注（11）218-219頁は，一審判決が本件外国判決の「認定事実」を前提に，その法的判断をしている点から民事執行法24条の実質的再審査の禁止に違反していると批判している。
(328) 東京高判平成5年6月28日判タ823号126頁。
(329) 石黒・前掲注（11）10頁，220頁。

第4節　知的財産法の域外適用の可能性

は民事的救済方法として民事的規範に属する問題であるゆえ，当該外国差止命令が少なくとも確定している限りは承認対象となることに問題はないと思われる(330)。承認対象となる差止命令については，民訴法118条1号に基づいて，「承認管轄」つまり当該外国に国際裁判管轄権があるかが，当該外国に国内での行為を差止める上で，十分な密接関連性があるか等を考慮しつつ判断されることになる(331)。承認管轄があると判断した場合にも，外国の過度な差止命令が国内で執行される可能性があることと関連して，どこまでの範囲で外国差止命令の承認が認められるべきかの問題が生ずる。その場合に，活用されうるのが民訴法上の公序要件の審査である(332)。その際には，域外的差止命令の内容が産業政策等の公的秩序維持を害するのかにも重点を置いて判断し，国際的コンセンサスの範囲を超える域外的適用は妥当ではないとすべきである。差止命令の承認執行に対する以上のような一般的な取扱いが，米国特許法271条(b)等のような知的財産権に関する域外的差止命令の場合にも同じく当てはまるのか。知的財産権の場合においても，その侵害の救済方法として出された域外的差止命令は，民事的領域に属するものであって，その外国命令が確定している限り承認対象性はあると思われる(333)。しかし，知的財産権の属地主義の原則との関係から考えた場合，国内での当該権利の存在有無などの考慮なしに下された国内での行為の将来にわたる過度な差止

---

(330) 石黒一憲『国際知的財産権』（NTT出版，1998）49頁および63頁。

(331) 承認管轄を審理管轄より広げて解すべきであるとする通説に対して，石黒・前掲注(36) 223-224頁は，「とくに，我国と外国とで同一事件につき重ねて訴えが提起されたような場合，たとえ静態的（つまり，単に外国でのみ訴えが提起されていた場合）には当該外国の国際裁判管轄が肯定されうるときであっても，果たして我国とその外国とのいずれが適切な訴訟地かの選択が必要となるのであり，いわば動態的な考察（承認管轄の動態的把握）が必要となる」としている。妥当な見解であると思われる。知的財産権に関する訴訟の場合にも，属地主義の原則による帰結等を勘案して承認管轄の動態的把握が必要であると思われる。

(332) 石黒・前掲注(330) 66頁。

(333) しかし，米国裁判所における差止命令違反を理由とする裁判所侮辱の制裁については，その法制度全体の本質的な性格や機能から，懲罰的損害賠償判決のように，「承認対象性」がないとすべきであると考えられる。石黒・前掲注(330) 50頁参照。

については，その外国が訴訟地として適切なのかという「承認管轄」要件の判断をより動態的にすべきであろう(334)。また，過度な差止命令については，競争政策ないし産業政策上の考慮の下で，民訴法上の公序の問題として承認執行が判断される余地もあると思われる。

3 属地主義の原則の下での処理

既述のように，外国の域外適用「的」規定に対する一般的抵触法の枠組みにおける処理においても，法廷地の絶対的強行法規としての知的財産権の属地主義の原則の影響を受けることになる。米国特許法の域外適用規定については，米国法によって与えられる独占権を十分に保護しようとするに過ぎないから，これが原則としての属地主義と矛盾するものではないとする考え方もあるが(335)，各国の知的財産権は相互独立しており，その法の適用はその国の領域内に限定されるという意味の知的財産権の実質法上の属地主義の原則からは，かかる外国の域外適用「的」規定を否認すべきである(336)。とくに日本の場合，日本の憲法体制における全体的な処理からすると，一般の抵触法的処理に対する上位規範たる条約の存在を看過してはいけないので，たとえば，米国特許法上の間接侵害あるいは寄与侵害のような規定は，知的財産権の属地的独立性を表しているパリ条約4条の2の自動執行的取扱いからして，国境を越える他国の特許法秩序への介入として排除されることになる。したがって，内国の行為に対して，内国での知的財産法との関係（たとえば，当該行為が内国の知的財産法に基づいた正当な行為かどうか）を考慮するこ

---

(334) 石黒・前掲注 (330) 223 頁，244 頁の注 (690) は，「トレード・シークレットやノウハウと異なり，特許権・著作権等は明確に属地的制約を伴う，国ごとに基本的にバラバラな権利については，」承認管轄によるチェックを通じて，過度な差止命令の相当程度の拒絶可能性を「一層問題とし易い」としている。なお，前掲注 (331) 参照。

(335) 松本・前掲注 (314) 263 頁以下。

(336) 茶園・前掲注 (173) 16 頁は，このような「属地的効力主義のもとでは，各国の特許法の適用はその国の領域内に限定される」という原則を重視し，域外適用を肯定するような「外国法の適用範囲に関する当該外国の一方的な意思」を批判する。

となしに，外国の域外適用「的」規定をそのまま適用することはできないのである。

第5節 小　括

　以上において，知的財産権の実質法上の属地主義の原則と国際私法的処理との関係について考察した。知的財産の国境を越える利用が活発化されてきている状況の中で，属地主義は様々な面で，新たな法発展を妨げる桎梏となっているという近年の議論に対して，知的財産権における属地主義はパリ条約やベルヌ条約の規定から明確な実定法上の根拠を持っており，権利の属地的独立性と属地的効力性という実質法上の属地主義を意味しているものであることを確認した。実質法上の属地主義と抵触法上の属地主義は完全に区分すべき概念であって，実質法上の属地主義が保護国法への連結という抵触法上の属地主義に影響しているのである。その際，具体的保護国については，条約に明確な規定がないため，法廷地国際私法のルールによって決定することになるが，国際私法のルールによる具体的保護国の決定の際にも，条約との関係で，知的財産権の属地主義を考慮して判断しなければならないことになる。

　また，かかる属地主義の原則は，実体法上の原則であって，国際裁判管轄の決定には何の影響も及ぼさないと見るべきである。外国特許権の侵害が当該外国でなされた場合にその侵害から生じた個別的請求権を内国で行うこと自体は，属地主義ないし特許独立の原則となんら抵触するものではないからである。準拠法決定問題と関連した日本の判例の場合，属地主義の原則がパリ条約から明確に導かれていて，その条約規定の自動執行性を有するゆえ，国内において直接適用されるとまで述べているものは見当たらないが，憲法体系の下で条約との関係を重視すべきであろう。

　一方，かかる属地主義の原則について，属地主義の原則は，克服されるべき対象であり，その射程が侵害事件に関する国際裁判管轄，条約による属地主義の限定，並行輸入，特許を受ける権利の準拠法のような問題においてそ

の射程が限定されているので，属地主義の原則は今後も限定していくべき対象であるとの主張もなされているようだが，上記に例として挙げた問題については属地主義とは別途の枠組みの中で処理すべき事柄であることを指摘することができる。属地主義の原則の制限論から直ちに属地主義の原則の克服を訴えるよりは，知的財産権をめぐる紛争を問題ごとに分けて考え，属地主義の原則が及ぶ範囲内の問題なのかそれとも属地主義の原則とは関連のない別途の問題なのかを判断してゆくことが重要であると思われる。

　また，知的財産権の属地主義の原則との関係で，外国での行為に対して自国の知的財産法を当該外国における当該権利の存在の有無等，当該外国の知的財産法との関係を考慮せずに，直接外国の行為に対する差止などを認めるべきではなく，また，かかる考慮なしに，直ちに共同不法行為的構成を採って，自国法を外国の行為に対して適用するのも属地主義の原則に反するといえよう。とくに，実質法上の属地主義の原則の根拠となる条約規定が自動執行性を有すると解されている国においては，このような意味での属地主義の原則はもっと厳格に解釈されることになる。そして，他国の知的財産権における域外適用「的」規定に対する抵触法的処理においても，その規定の性質から抵触法的規定なのか実質法的規定なのかによって，準拠法として適用されるか否かを判断するよりは，基本的には一般的国際私法ルールにより，関連事案につき準拠法選択をし，当該準拠法上のかかる規定については，国際私法上の公序の適用によって排斥するよりは，法廷地の絶対的強行法規としての知的財産権の実質法上の属地主義の原則との関係を考慮し，内国においてはかかる規定は適用しないと判断すべきであると思われる。また，外国の，かかる域外適用「的」規定に基づいて下された，懲罰的損害賠償判決・域外的差止命令についても，その法制度および特性等を鑑み，民訴法上の「承認対象性」があるのか，とくに差止命令の場合，承認対象性はあると判断されても，属地主義の原則との関係で，「承認管轄」を認めるべきなのかを判断すべきであろう。

第4章

保護国法への連結

第1節　序　説

　保護国法主義も本源国法主義も抵触法上の（属地的）連結方法であり，権利の属地的独立性という意味で実質法上の属地主義を考えた場合，権利の付与国法または登録国法といった本源国法に連結することも解釈によっては可能であるというのは既述したとおりである[337]。実際，著作権においては，かつて1889年のモンテヴィデオ条約[338]のように本源国法主義（発行地法主義）を採った例があって，それがあまり機能しなかったので，ベルヌ条約のような内国民待遇の原則（保護国法主義への転換）がとられたと説明されている[339]。

　しかし，前章において既述したように，条約に基づく権利の属地的独立性という意味での実質法上の属地主義の帰結として，抵触法的属地主義としては，保護国法主義が導かれ，かかる保護国法への連結の理論的基礎となるのは，海外諸国の学説および判例において認められているように，実質法上の属地主義の原則であるとされている[340]。かかる保護国法への連結の実質的な根拠となるのが，著作権の場合は，「保護が要求される同盟国」という文言から「保護国法」への連結を明確に規定しているベルヌ条約5条2項である[341]。パリ条約の場合は，「保護国法」への連結の明確な規定は存しないが，ベルヌ条約の保護国法主義との整合的解釈と条約上の知的財産権の実質法上の属地主義により同じく保護国法主義が導かれているというのが，海外にお

---

[337]　前掲注（201），（272）の本文参照。

[338]　1889年1月11日にアメリカ大陸諸国間で締結された多国間条約であり，文学的，芸術的著作物の著作者およびその権利承継人は，最初の公表または製作があった国の法が与える権利を享受するとしている。石黒・前掲注（108）61-62頁，木棚・前掲注（81）149頁。

[339]　石黒・前掲注（108）61-62頁，同・前掲注（50）172頁。

[340]　前掲注（140）の本文，前掲注（200）以下の本文および前掲注（243）の本文参照。

[341]　前掲注（143）の本文参照。

いても一般に主張されている(342)。また、具体的な保護国法の適用プロセスは各国の国際私法ルールに委ねられているのである。

以上の点を踏まえた上で、本章においては、抵触法上の連結方法としての保護国法主義について、第一に、保護国法の概念をどうとらえるべきか、また、保護国法主義の適用範囲と関連して、保護国法主義は制限されるべきなのかについて、権利の有効性の場合と著作権の帰属の場合を例にその妥当性を考察する。第二に、これを勘案した場合に、実際の保護国法の決定プロセスにおいて、国際私法上の性質決定、つまり紛争事実関係の性質決定をどう行うべきなのかを考察し、知的財産権の侵害の場合を具体的な例として、保護国法の適用プロセスにおける問題点を検討する。

最後に、サイバースペースにおけるLex Protectionis vs.Lex Originisの対立構図を理解したうえで、ネットワーク上の知的財産権侵害に絞って国際私法的処理上の問題点を考察する。

第2節　保護国法主義 (Lex Protectionis)

I　保護国の概念と保護国法主義の適用範囲

1　保護国の概念

知的財産権関連条約においては保護国の意味について明確な規定は設けていないが、知的財産権の実質法上の属地主義の原則との関係で、単なる法廷地ではなく、通常、保護する国家の法 (law of protecting country)、または、著作権の場合、当該著作物が利用される国家または実用 (exploitation) が行われる国(343)とされる。すなわち、一般的に保護国法とは、その領域につ

---

(342) 前掲注 (202)、(203)、(204) の本文参照。

(343) Fawcett/Torremans, *supra* note 60, at 467は、保護国法の意味を"the law of the country in which the work is being used, in which the exploitation of the work takes place"とする。

第 2 節　保護国法主義 (Lex Protectionis)

いて保護が求められる国の法を意味し，知的財産権の利用行為または侵害行為が行われた国の法であると解されている(344)。

　保護国を保護が求められる国と解する場合，必ずしも保護国は侵害国と一致しない。なぜなら，侵害がなされた国は保護が要求される国であるが，保護が要求される国は法廷地国も含む可能性もあり，また，侵害事件ではない場合もあり得るので，必ず侵害がなされた国とはいえないからである(345)。同様に，保護国が必ずしも登録国であるともいえない(346)。保護国法を保護が要求される国の法または侵害行為あるいは利用行為のあった国の法であると解しても，具体的に保護国がどこなのかは，法廷地国際私法のルールによって決められることになるからである(347)。法廷地国際私法のルールによる保護国法の柔軟な解釈が必要であると思われる(348)。

---

(344)　E.Ulmer, *supra* note 80, at 10において，Ulmerは，「保護が要求される国の法」という文言を「その領域について保護が要求される国の法 (the law of the country for whose territory the protection is claimed)」であると解している。

(345)　韓国で同旨のものとしては，石光現・前掲注 (62) 572 頁がある。同頁は，「侵害国は，特許権の侵害の場合には保護国と一致するが，権利者が侵害以外の形態で保護を求める場合は，保護国は侵害国ではない」としつつ，「保護国は権利の発生，譲渡，侵害等の場合に共通的に使用される表現である」としている。この意味からは，侵害事件に関わる場合に限っては，石黒・前掲注 (50) 190 頁のように，保護国法を「その国の中での侵害の有無が実際に問題となっているところの国の法」であると解するのは，妥当であると思われる。

(346)　呉勝鋪「大韓民国における知的財産紛争の準拠法」L&T 16 号 (2002) 64 頁は，「特許権の登録国と保護国は別個の概念であり，登録国以外に保護国を求めることができる」としているが，妥当であると思われる。

(347)　石黒・前掲注 (50) 343 頁。また，木棚・前掲注 (295) 103 頁は，「ある行為が保護国の領域内で行われた行為であるかどうかは，法廷地国際私法又は保護国法の解釈の問題である」としているが，保護国法の解釈の問題としている点は，論理上の矛盾があると思われる。法廷地国際私法による保護国法の解釈とするのが妥当ではないかと思われる。

(348)　この点につき，center of gravity と関連して述べた，後掲注 (382) 以下の本文参照。

第4章　保護国法への連結

2　保護国法主義の適用範囲

　保護国の概念を上述のように事案に応じて柔軟に解するのなら，知的財産権における抵触法上の規範としての保護国法主義は，知的財産権の有効・無効，権利範囲，侵害ならびに賠償といったすべての知的財産権関連問題に適用されることになるが，はたしてこれに妥当性があるのか検討する必要がある。実際，保護国法主義が知的財産権の成立・範囲・消滅等の問題のみならず，知的財産権の処分または侵害まで適用されるのは，インターネット上の侵害事件の頻発する近年の状況においては，妥当ではないとする議論がなされているのである[349]。

　保護国法への連結を条約上要請しているベルヌ条約5条2項の適用範囲について，コマントスは保護の範囲は権利の範囲と同視されうるものではないとし，権利の存在を前提として，その侵害について与えられる法的救済の局面に条約の射程を絞るべきであると説明している[350]。これに対して，権利の享有と行使は本国における保護から独立しているとしているので[351]，保護の範囲というのは，権利の成立から消滅まで，著作者の権利そのものに関する問題を含ませてもよく，保護がいかなる範囲で与えられ，その範囲はどこまでかという問題は，権利の存否および内容の問題と表裏一体というべきであるとの見解もある[352]。また，知的財産権全般における保護国法の適用範囲に関して，スイスの国際私法に関する解釈によると，保護国法主義によるというのは，知的財産権の発生および消滅，実施ないし利用，内容および

---

[349]　孫京漢・前掲注（62）652-653頁は「条約の規定により，知的財産権は属地主義の原則の下にあるが，21世紀情報時代においては，属地主義の原則に対する根本的な反省が要求されている」とし，とくに，インターネット関連の知的財産権問題については普遍主義の立場から本源国法主義によらしめることを主張している。「汎世界的な知的財産権の保護の必要性」という現実的な理由から本源国法によることを主張しているが，条約と国内法との適用関係を言及していない点で問題があると思われる。

[350]　G.Koumantos, *supra* note 117, at 448.
[351]　ベルヌ条約5条2項1文参照。
[352]　駒田・前掲注（105）53頁。
[353]　石光現・前掲注（45）507頁。

第2節　保護国法主義（Lex Protectionis）

効力がすべて保護国法によることになるとする(353)。ドイツの判例学説においても，知的財産権の種類を問わず，その成立・効力・消滅および侵害について，保護国法，すなわち，権利の保護が要求される国の法によるという見解が主流である(354)。また，イギリスの場合も，知的財産権の成立，その保護範囲，消滅および移転に関しては，保護国法主義が妥当であるとしている(355)。韓国の場合は，国際私法24条が知的財産権の全ての分野に関して保護国法主義を明示する代わりに，現実的に最も問題となる知的財産権の侵害の場合を規定する方式を採っている(356)。それゆえ，知的財産権の成立，移転などの問題は学説と判例に委ねるという見解もありうるが(357)，この規定を知的財産権全般に関して保護国法主義を宣言したものと見るべきであり，保護国は権利の発生，譲渡，侵害の場合にも共通に使用されるものであるとする見解が有力である(358)。

以上のように，各国においては，保護国法主義を権利の成立から内容，消滅および侵害に至るまで適用すると判断されているのである。知的財産権の侵害事件に関して，韓国のように，不法行為的構成を採るのではなく，保護国法への連結という抵触規定を設けている場合において，不法行為的構成との関係が問題となる。すなわち，韓国においては，保護国法主義を採る場合，保護国法は結局侵害地国であるので，不法行為の結果発生地国と同じであるとされ，したがって，保護国法主義を採る場合が不法行為的構成を採る場合と異なる点は，隔地的不法行為において行動地法を準拠法として認めないことと，法廷地法の累積適用を認めないことであるとされている(359)。また，

---

(354)　E.Ulmer, *supra* note 80, at 13, 34. J.Kropholler,IPR(1994),at 476にも知的財産権の侵害は，その成立・内容・消滅とともに，抵触法上，不法行為としては扱わず，保護国法によるとしている。

(355)　Fawcett/Torremans, *supra* note 60,at 499-517.ただし，侵害事件に関しては，後掲注（374）参照。

(356)　前掲注（95）の本文参照。

(357)　侵害事件以外のことについては，学説や判例に委ねるべきであるとする韓国における見解としては，金演＝朴正基＝金仁歡共著『国際私法』（法文社，2002）257頁。

(358)　石光現・前掲（43）154-155頁。

第4章　保護国法への連結

　保護国法説によると，不法行為における事後的合意（韓国国際私法第33条），不法行為に基づく損害賠償の制限（同法第32条4項）を知的財産権にも認めるべきか否かの問題が生ずるとされるが，この点については，結論にまで至ってはおらず，一部では，知的財産権の侵害も不法行為の法的性質を有するので，積極的に解すべきであるとしているのである[360]。

　しかし，具体的な保護国が何処なのかは，各国の国際私法ルールに委ねられている点を考えれば，知的財産権侵害に対して，保護国法主義と不法行為的構成を区別して考える必要はないと思われる。思うに，知的財産権の成立から内容，消滅および侵害に至るまで保護国主義の適用範囲内にあるとしても，各紛争事実に対する具体的な保護国が何処なのかは，各国の国際私法ルールによって性質決定され，準拠法が決定されるものであるので，知的財産権の侵害問題を法廷地国際私法ルールが不法行為として性質決定した場合は，不法行為と関連した法廷地国際私法上の規定，たとえば不法行為における事後的合意，法廷地法の累積適用，損害賠償の制限などの不法行為関連の全ての規定が適用されるようになると解すべきではないかと思われる。ここで問題となるのは，具体的保護国法の決定においては，第3章で検討したように，権利の属地的独立性という条約上の実質法的属地主義の原則による制限を受けるということである。

　このように解すると，知的財産権の権利の属地性を前提として保護国法への帰結が条約上要請されていることを勘案した場合，上記の各国での動向のように，保護国法の概念を広く把握し，保護国法主義は，権利の成立から内容，消滅および侵害に至るまで，保護国法主義が適用されると判断し，その具体的な保護国法は，各国の国際私法ルールにより各事案に応じて個別的に性質決定し，最も密接な関係を有する法への連結を図るべきである。もちろんその際，条約上の実質法的属地主義の原則による制限の下で，権利の属地的独立性を考慮して保護国法を決定すべきである。

---

(359)　石光現・同前156頁。
(360)　金演＝朴正基＝金仁猷共著・前掲注（357）258頁。
(361)　前掲注（114），（115），（146）参照。
(362)　前掲注（147），（272）以下の本文参照。

第 2 節　保護国法主義（Lex Protectionis）

II　保護国法主義の制限――本源国法（Lex Originis）との関係

　パリ条約においては，商標権に関するテル・ケル条項の場合，ベルヌ条約においては，保護期間に関する規定などにおいて本源国法への部分的送致を認める規定がある(361)。このような部分的送致に過ぎない規定をもって当該条約が知的財産権の実質法上の属地主義の原則に反するものとはいえないであろう(362)。保護国法主義の適用範囲に関して，知的財産権の成立から内容，消滅および侵害に至るまでその適用範囲内とすべきであるという考え方に対して，知的財産権の有効性の問題や著作権の帰属の問題については，本源国法によるべきであるとする立場があるが，はたしてこのような分野において保護国法主義は制限されるべきなのか検討してみる。

1　知的財産権の有効性の準拠法

　知的財産権の有効性の準拠法決定問題に関しては，権利関係を明確にするために，常に，その権利の付与国または登録国のような本源国の法によるべきであるとし，この場面においては保護国法主義が制限されるという見解がある(363)。しかし，知的財産権の有効性問題は，単独で問題となる場合よりも侵害事件の先決問題として問題となる場面が多い。侵害事件に関して権利の有効性問題が提起され，当該裁判所で有効性の問題についても判断されうるとする場合，権利の有効性の準拠法はどこになるのかという問題が生ずる。フォーセットによると，権利の成立と有効性は強い関連性を有している反面，侵害と有効性にはそれほど関連性がないので，侵害の準拠法と同一の法（the same law）を準拠法として選択すべきではなく，また，単独で提起さ

---

(363)　Fawcett/Torremans, *supra* note 60, at 509.
(364)　*Ibid.* at 509は"Moreover, it makes no sense to apply a different law to the same validity point depending on whether it arise independently or in the course of infringement proceedings. In the latter case, the validity of the right should be determined as a preliminary point on the basis of the law of protecting country. The situation in which the validity point arises should have no influence on the choice of the law rule"としている。

れた有効性問題と侵害事件との関連で提起された有効性問題とで，準拠法を異にすることも妥当ではないと指摘されている(364)。

しかし，フォーセットは，権利の成立の準拠法も，侵害の準拠法も保護国法によるべきであるとしている。また，侵害事件の前提問題としての有効性の問題も保護国法によるべきであるとしている(365)。このように，侵害の問題も，侵害事件の前提問題としての有効性の問題も同じく，保護国法によるべきであるとしながらも，有効性の問題に対して，侵害の準拠法と同一の法 (the same law) を準拠法として選択するのは妥当ではないとしている。

この点につき，保護国法主義を広く認め，保護国法の意味を当該紛争事実に応じて柔軟に解釈するという私見によると，権利の有効性についても（単独で問題となるか侵害事件の先決問題として問題となるかに拘わらず），保護国法主義を適用し，その具体的な保護国の決定にあたっては，各国の国際私法ルールに基づき，事案ごとに当該紛争事実に即した判断をすればよいことになる。有効性問題に関しては，本源国法主義を取るべきであって，その限りでは，保護国法主義が制限されるとの解釈をとるのではなく，保護国法の当該事案に応じた柔軟な解釈をすべきであると思われる。

2 著作権の帰属の準拠法

著作権の原始取得については，少なくとも本源国で成立した著作権が普遍

---

(365) Fawcettは，*Ibid.* at 521-522においては"Issues of validity of a patent or a trade mark and issues relating to the transferability of those rights should also be governed by the law of the protecting country"とし，特許の有効性問題も保護国法によるべきであるとしている。

(366) Schackは，このような見解から，著作権の内容，制限，保護期間は保護国法によるべきであるが，著作権の最初の権利者のほか，権利の譲渡性は本源国にとって決定されるべきであると主張する。本源国法を主張する論者として，Schackの外にDrobnig；Ginsburg；Bertrandがいる。U.Drobnig, *Originärer Erwerb und Übertragen von Immaterial gūterrechten im Kollisionsrecht,* 40 Rabels Z.1976,S. 195ff；J.C.Ginsburg, *"The Cyberian Captivity of Copyright : Territoriality and Author's Rights in a Networked World",* Santa Clara Computer and High Technology Law Journal, vol.15 1999 no.2 at 347；A.Bertrand, *supra* note 119, at 488.

第 2 節　保護国法主義（Lex Protectionis）

的に承認されるべきだとし，本源国法主義が主張されている(366)。

　比較法的にみても，本源国法主義を採った判例や学説が多い。すなわち，アメリカの場合は，著作権が回復された（restored）著作物の帰属について，回復著作物はその著作物の本源国法（the law of the source country of the work）が定めるところにより著作者または著作権者に最初に帰属すると規定している(367)。また，著作者性（authorship）と著作権の原始取得に関しては，本源国法によって決定するのが，ベルヌ条約の趣旨や取引上の確実性という見地から妥当であるとされる(368)。著作権の原始的帰属に関し，本源国法主義を採ったアメリカの判例としては，Itar-Tass Russian News Agency v. Russian Kurier Inc., 153 F.3d.82（2d Cir. 1998）がある。本判決において，裁判所は，アメリカで発行されるロシア語の週刊新聞がロシアを本源国とする新聞や通信社の記事等を無断で転載していたことに対して，ロシアで創作され，最初に公表された著作物のアメリカでの利用許諾に関し，アメリカでの侵害とその禁止にはアメリカ法が適用されるが，その著作権の帰属と著作権の本質的性格は著作物の所有権および当事者と最も密接な関連を持つロシア法によって決定されると判示した(369)。また，イギリスの場合も，著作権の成立，その保護範囲，消滅および移転に関しては，保護国法主義が妥当であるが，著作権の帰属に関しては本源国法主義が妥当であるとする(370)。

---

(367)　1976 copyright act 104 A(b)は，"Ownership of Restored Copyright-A restored work vests initially in the author or initial rightholder of the work as determined by the law of the source country of the work." と規定している。

(368)　P.Goldstein, *supra* note 302, at 102-105.

(369)　裁判所は，本源国であるロシアの著作権法の実体的解釈の問題に関して，職務著作物から新聞を明確に排除するロシア著作権法により，個人の新聞記者のみが，当該著作権の侵害を主張することができるので，被控訴人の新聞社（Russian newspapers）は侵害を主張することができないとした。なお，この判決と対比して，Corcovado Music Corp.v.Hollis Music, Inc.981 F. 2d 679(2d Cir.1993)はブラジル作曲家と出版社間のブラジルへの準拠法合意を排斥し，著作権の帰属の問題と契約履行地がアメリカであるという理由でアメリカ法を適用している。

(370)　Fawcett/Torremans, *supra* note 60, at 512.

しかし，本源国法主義は，本源国は著作物の発行前と発行後で変更しうるし，とくにインターネットの場合，本源国が一体何処なのか不明確な場合が多いということで，批判されている。どこが本源国か明確化できない点につき，本源国を公表国とすべきであるとするとか[371]，著作物がどの地と最も密接な関係を有するかに応じて本源国を決定すべきである[372]とする見解があるが，こういった見解によっても，本源国を明確化することはできないであろう。

かかる本源国法主義に反して，著作権の成立，その保護範囲，消滅および移転に関して，保護国法によるのと同様に，著作権の帰属の問題についても保護国法主義を採るべきであるとする見解がある[373]。ドイツにおいても，最近のドイツ連邦最高裁判所は，著作権の帰属問題と譲渡可能性，著作権の効力の問題はすべて保護国法によって判断されるべきであると判示している[374]。かかる保護国法主義の根拠として，映画の著作物の著作権者の決定は保護国法によると規定しているベルヌ条約14条の2第2項(a)が挙げられており，この規定は，映画の著作物に係る著作権の原始取得につき，保護国法によるべきことを定めたものと解されている。かかる保護国法主義に対して，保護国法主義によるのは，著作権の原始取得者が保護国ごとにばらばらに決

---

[371] かかる批判に対し，駒田泰土「職務著作の準拠法」知的財産法政策学研究5号（2005）46頁は，Schackは著作物の利用者は公表国が何処なのかは正確に知っているので，公表国法を遡及的に適用しても不都合が生じないため，著作物の公表国を本源国とすべきであるとしているとする。しかしながら，インターネットが利用される場合には，同じく何処が公表国なのか明確ではないという問題が生ずるため，公表国の一国に絞るのはあまり意味がないと思われる。

[372] Ginsburg, *supra* note 366, at 350-353. しかし，これもやはり明確な本源国法を提示することはできない。保護国法への連結という条約との関係（少なくとも自動執行力を認めている日本の場合には）を考慮した場合，本源国法主義を採ってそれを柔軟に解釈する必要はなく，（職務著作の場合を除く）著作権帰属の問題については保護国法によるべきであると思われる。

[373] A.Lucas et H.-J.Lucas, *Traité de la propriété littéraire et artistique*, 2^{e}éd.(Litec, 2001)n.971 ; J.Raynard, *supra* note 105, n.536.

[374] BGH Urteil 02.10.1997.2R 88/95. いわゆるSpielbankaffaire判決。

[375] 駒田・前掲注（371）41-42頁。

第 2 節　保護国法主義 (Lex Protectionis)

定されるので，権利関係が複雑となり，予期せぬ者の許諾権によって著作物の利用が妨げられるなどの弊害があるとする[375]。しかし，保護国法に関して事案に応じた柔軟な解釈を採る場合，必ずしもそうではなく，また，一つの事案に対して保護国法説によることによって，なるべく準拠法の一本化が図られるので，異なる準拠法による不調和を回避することもできるという利点も持っていると思われる。

　問題となるのは，職務著作のように雇用関係にある者が職務遂行の過程で著作物を創作した場合などの職務著作における著作権の帰属（原始取得）の場合である。職務著作に関しては，「創作者主義」の例外を認めているか否かは国によって異なっており，それに関する各国の法制は極めて多様であるので[376]，職務著作の準拠法決定問題は，重要な問題となっている。

　職務著作の準拠法については，職務著作関連問題を雇用関係の問題と性質決定し，雇用契約の準拠法によるべきであるという見解がある[377]。オーストリア国際私法 34 条 2 項は職務発明と職務著作とを区分せずに，雇用契約に送致される法によるとしている。ドイツの通説的見解もこのような連結を支持している。また，日本の場合にも，キューピー人形事件において[378]，著作権の原始取得者は「雇用契約の準拠法国における著作権法の職務著作に関する規定によるのが相当」と判示している。このように，職務著作の準拠法については，職務発明の場合と同様に[379]，労働関係の問題として性質決

---

(376) アメリカとイギリスの場合は，使用者に著作権を帰属する旨の規定を有しているが（アメリカ著作法 201 条(b)およびイギリス著作権法 11 条 2 項），フランスとドイツの場合は，一般的な職務著作権の概念は存しない。フランスの場合は，創作者主義の例外として「集合著作物」の概念があり，辞書・新聞などの集合著作物の公表名義者に帰属することになる。ドイツの場合，映画の著作権およびプログラムの著作物につき，製作者・使用者に対する排他的利用権の設定を推定する旨の規定はあるものの，創作者主義に対する例外は一切認められていない。

(377) Fawcett/Torremans, *supra* note 60, at 513-515; Mireille van Eechoud, *supra* note 80, at 188-190.

(378) 東京高判平成 13 年 5 月 30 日判時 1797 号 131 頁。本件は，当該人形等に係る著作権の原始取得者は事実的創作者たる米国人ではなく，その雇い主である出版社であると主張したものである。

(379) 前掲注 (292) および (293) の本文参照。

定し，労働関係と最も密接な関係を有する雇用契約の準拠法によるのが妥当であると思われる。

　結論的にいえば，著作権の帰属の問題については，どこが本源国か明確化できない本源国法によることによって保護国法主義の制限が制限されたというべきではなく，権利の成立・内容・消滅などの準拠法と同じく保護国法主義によるべきである。そうした上で，その具体的な保護国法の決定にあたって，各事案ごとに，一般の著作権の帰属の問題か職務著作の著作権の帰属の問題かで分けて考え[380]，職務著作に関しては，職務発明の場合のように，その法律関係を使用者と労働者間の労働関係の問題として性質決定し，最も密接な関係を有する法として雇用契約の準拠法によるべきであると思われる。このように，著作権の帰属の問題についても，保護国法主義が制限されるとの解釈をとるのではなく，保護国法の当該事案に応じた柔軟な解釈をすべきである。

第3節　保護国法の決定プロセス

　前述したように，知的財産権紛争における具体的な保護国法の決定プロセスは基本的に法廷地国際私法に委ねられており，その際に，知的財産権に関する実質法上の属地主義が具体的な保護国法の決定に影響を与えることになる。

　以下は，center of gravity（重点）を重視した具体的な保護国法の決定を知的財産権の侵害の場合を例として検討する。

---

(380)　Ulmerも，職務著作を権利譲渡の問題と把握し，権利譲渡および利用許諾の準拠法によるとし，それ以外の帰属の問題は保護国法によるとしている。E.Ulmer, *supra* note 80, at 36-39.

第 3 節　保護国法の決定プロセス

Ⅰ　国際私法上の性質決定

1　成立・内容・消滅の準拠法と侵害の準拠法の区別の必要性

　知的財産権の成立・内容・消滅の問題と侵害の準拠法の問題が同時に問題となったときに，実際の準拠法選択において，両準拠法を区分する必要があるのか[381]。保護国法の適用範囲を知的財産権の有効・無効，権利範囲，侵害ならびに賠償といった，すべての知的財産権関連問題に適用されると判断する場合であっても，具体的な保護国は当該紛争事実の性質によって異なる場合が生じうるが，その場合は，相互抵触する準拠法の間の適応問題等の発生を避けるため，準拠法選択の段階においてなるべく準拠法の一本化を図るべきである。

2　center of gravity

　知的財産権に関する紛争事実について，国際私法上の性質決定をし，具体的な保護国法を決めることになる。知的財産の譲渡や利用契約に関する問題については，保護国法主義とは切り離して，契約の問題と性質決定し，契約の準拠法によることになる[382]。しかし，知的財産権の成立・内容・消滅に関する問題や侵害に関する問題は，両方とも知的財産権に関する実質法上の属地主義の影響の下で保護国法主義によることになるが，その具体的な保護国法は，その個々の個別事実をみてから，当該紛争事実において最も直接的に影響を受ける知的財産法秩序は何処の国なのかを決めることになる。すなわち，どこの知的財産法秩序にcenter of gravityがあるかを決めるのが重要なのである。とくに，侵害事件の場合は，具体的な保護国法の決定において，

---

[381]　権利の成立・内容（範囲）・消滅と侵害の準拠法を分けて論じているものとして，Fawcett/Torremans, *supra* note 60, at 484-593, 595-647がある。*Ibid*, at 467-468には，"Neither can the law of the protecting country be seen as an application of the law of the place where the tort was committed(*lex loci delicti commissi*)rule, as we are not concerned with infringement."とし，侵害事件に関しては，保護国法主義は適用されないとしている。

第4章　保護国法への連結

不法行為的構成を採るか否かは海外でも議論が分れているようだが，不法行為として法律構成をするのが多数ないし一般的であるし，不法行為として性質決定することが妥当であると思われる。しかし，FMカードリーダ事件最高裁判決は，差止・廃棄請求の準拠法につき，「属地主義の原則」から「特許の効力」の問題と性質決定し，知的財産権に関する規定は日本の法例上ないとして，条理により最も密接な関係のある国の法は登録国法であるとした(383)。すなわち，米国特許権の保護が要求される国は，登録国であるから，米国法が準拠法となるとしたのである(384)。これは，保護国が常に登録国と

(382) なお，知的財産権契約の準拠法に関する合意と関連して，李好廷/丁相朝・前掲注（180）126頁は，「契約の準拠法に関する合意が存在するとしても，そのような合意は債権契約の準拠法に関する合意であって，契約の目的である知的財産権の成立・消滅に関する紛争の準拠法に関する合意まで含まれるものではないし，知的財産権の譲渡及び利用許諾に関する契約上の準拠法合意は債権契約の成立及び効力の準拠法となるだけで，知的財産権の譲渡性，利用許諾の制限等の問題の準拠法にまでなるわけではない」としている。合意された契約の準拠法が侵害の場合にまで拡張して適用されうるかの問題について，この見解からすると，侵害の場合にも適用されないことになり，妥当であると思われる。

(383) 裁判所は，「米国特許権に基づく差止め及び廃棄請求については，その法律関係の性質を特許権の効力と決定すべきである」とし，「特許権の効力の準拠法に関しては，法例等に直接の定めがないから，条理に基づいて，当該特許権と最も密接な関係がある国である当該特許権が登録された国の法律によると解するのが相当である。けだし，(ア)特許権は，国ごとに出願及び登録を経て権利として認められるものであり，(イ)特許権について属地主義の原則を採用する国が多く，それによれば，各国の特許権が，その成立，移転，効力等につき当該国の法律によって定められ，特許権の効力が当該国の領域内においてのみ認められるとされており，(ウ)特許権の効力が当該国の領域内においてのみ認められる以上，当該特許権の保護が要求される国は，登録された国であることに照らせば，特許権と最も密接な関係があるのは，当該特許権が登録された国と解するのが相当であるからである」としている。この判決に対して，本件解説　ジュリスト増刊　最高裁時の判例Ⅲ［平成元年―平成14年］私法編(2)（2004）223頁（高部眞規子）において，高部調査官は「属地主義の原則の一内容として，各国の特許権がその成立，移転，効力等につき当該国の法律によって定められる。この抵触法上の原則によれば，特許権の効力の準拠法が当該登録国であることは，明らかであろう」としている。だが，特許権の効力の準拠法を直ちに登録法とする点には疑問がある。

172

なるというのは，イギリスの判例で見られるような硬直的な属地主義の原則[385]と同じようなものであり，また，本源国法主義を採るのと同じような結果となるとの解釈もできよう[386]。侵害事件の場合，保護が要求される国が登録国となるのは，特許権の侵害が登録国の領域内でなされ，その登録国で訴訟が提起された場合である[387]。保護国法を直ちに登録国法と解して準拠法選択をするのは，法律関係ごとにもっとも密接な関連を有する国を決定し，その国の法律を適用しようとする国際私法の基本的方法からかけ離れることになる。同じような現象がEC契約外債務の準拠法に関する条約（ローマⅡ条約）の委員会提案（2003年7月）8条1項の解釈にもみられる。同条項は，「知的財産権の侵害に基づく契約外債務は，保護が求められている国の法に

---

(384) 高部眞規子「時の判例 特許権の効力の準拠法ほか——最一小判14.9.26」ジュリスト1239号（2003）132頁は，「通常は，権利の属地主義の原則により特許権の効力が当該登録国において認められるから，権利の保護が要求される国と登録国は一致するが，本件のように直接侵害行為ではなく登録国外の行為を問題とする場合には登録国と行為が行われる国とが分離してしまうとき，論者により保護国法という用語が侵害行為の行われた国の法という意味や，権利の登録国の法という意味など，様々な意味でもとられていることもあり，本判決は，『保護国』という言葉がもたらす混乱をさけてあえて『登録国』という表現を使用したものと思われる」としている。しかし，茶園教授は，準拠法を「保護国法」とすることと，「登録国法」とすることとの間には大きな差異がある，という指摘をしており，また，道垣内教授は「登録という行為は特許法により要求されるものであり，登録は既に一定の特許法を前提としているのであって，それを連結点とする点で論理が破綻している」という指摘もしているが，何よりも重要なのは，登録国法が連結点とはならないというのではなく，個別事案を考慮することなしに，直ちに保護国法を登録法と判断してはいけないということであろう。

(385) イギリスの硬直的な属地主義の下では，イギリス裁判所は，イギリス国内で行われたイギリスの知的財産権に対する侵害行為については，常にイギリスの知的財産法を適用することになる。Dicey/Morris, *supra* note 60, at 1520-1522. これは，常に登録法（または，本源国法）を適用するとの同じ結果となると思われる。後掲注(400)の本文参照。

(386) 本源国法主義については，前掲注(98)以下の本文。

(387) 登録国法が保護国法となるのは，特許権の侵害がその国の領域内でなされたときのように，その国にとっての国内事件の場合であろう。石黒・前掲注(50) 357頁。

よる」と規定している。しかし，同条項に対しては，「適用範囲となる知的財産権とは，著作権，著作隣接権，データベース保護のための特別の権利，そして工業所有権である」とし，「規定上の保護国法主義については，ベルヌ条約，パリ条約の基礎となっている保護国法の適用を定めるものであって，工業所有権については，特許権であればそれが付与された国の法，商標権・意匠権であれば登録されている国の法を指し，著作権であれば，その侵害が行われた国の法による」と説明されている[388]。この点につき，同規定が抵触法ルールとして保護国法の適用を受けるとしたことは妥当であると思われるが，事案の性格を無視したまま，特許権に関しては権利の付与国法が，商標権・意匠権の場合は登録国法が保護国法となるとし，保護国を硬直的に解しており，これもやはり本源国法主義によるのとほぼ同じ結果となるといえよう。なお，上記の判決のように，国際私法上明確な規定がないとして法の欠缺を補充するために比較的安易に法源として条理により準拠法選択をするのは，国際私法の法解釈方法論の観点から問題があるといえる[389]。

　以上のように，その具体的な保護国法の決定においては直ちに侵害地または登録地を保護国とすべきではなく，事案の諸事情に照らして探求し，当該紛争事実を考慮した場合，どこの知的財産法秩序にcenter of gravityがあるかを柔軟に判断していくべきであろう。しかし，もちろんこの場合にも，条約に基づく実質法上の属地主義の原則の制限を受けることになるのである。

---

[388]　COM(2003)427/Final.at20.なお，法例研究会・前掲注（97）96頁。

[389]　多喜寛『国際私法の基本的課題』（日本比較法研究所，1999）110頁は，製造物責任に関する規定が存しなかったときも，「通説・判例は不法行為一般に関する規定たる民法709条の枠内において過失概念の内容を操作するなどの解釈的努力をして実質的には無過失責任に近づけ，妥当な結論を獲得しようとした」とし，「法例11条の場合とは異なり，妥当な結果を得るにあたり文言上の制約がかなり厳しい民法709条の場合に当たっても，欠缺を認めて条理に訴え，裁判官を既存の法規から完全に開放するという方向が選べなかったのである。それはおそらく，適用可能な条文がある限り，その枠内で妥当な結果を得るような解釈的努力をなすべきである，という考えによるものであろう。それに比べると，我国の国際私法における通説的思考方法はあまりにも簡単に既存の法規から離れることを裁判官に進めていることになるのではなかろうか」としている。妥当な指摘であると思われる。

II　知的財産権の侵害の場合

1　侵害が行われたところ——隔地的不法行為

　侵害訴訟において保護国法の適用上重要となるのは，当該保護国で侵害行為が行われたかどうかである。国境を越える知的財産権の侵害においては，当該権利の侵害と関わりのあるような侵害行為が複数国にまたがっている場合が生ずる。知的財産権の侵害を不法行為と性質決定した場合，不法行為の準拠法としての法例 11 条 1 項の原因事実発生地の解釈と関連して，行為地と結果発生地が異なる隔地的不法行為の場合に，何処が当該知的財産権の侵害とみなされる行為があった国であるか，という選択の問題が生ずるとし，何処の国の法を準拠法として選択するかをめぐって様々な学説の対立がある。つまり，行為者の予測可能性に重点を置き，行動地法により適法とされる行為が結果発生地法によって不法なものとされる不都合を回避するための行動地説，行為者の予見可能性よりは，不法行為法の重要な目的が，発生した損害を加害者に賠償させる点にあるので結果発生地によるとする結果発生地説がある[390]。また，有力説と言われているのが，過失責任の原則に支配される不法行為については行動地，無過失責任の原則に支配される不法行為については結果発生地とよるという二分説である[391]。しかし，この二分説は，準拠法を選択する前に，何が過失責任か無過失責任かについて法廷地実質法の判断に委ねていることで，法律関係の性質決定に当たって「概念の相対性」[392]を念頭においた法廷地国際私法の独自の立場から行うという通説に反するものである。次に，行動地か結果発生地かを被害者の選択に委ねるとい

---

(390)　行為地説を採るものとして，江川英文『国際私法』（有斐閣，1950）113 頁，結果発生地説を採るものとして，道垣内正人『ポイント国際私法（各論）』（有斐閣，2000）240 頁がある。

(391)　山田鐐一『国際私法』（有斐閣，2004）325 頁。

(392)　法律関係の性質決定の際，ある法律概念について，石黒・前掲注（47）164 頁は，「それがある程度法廷地実質法との関係を有するのは当然としても，まさに個々の抵触規定の，そしてまた準拠法選択という作業自体の，かかる目的ないし性格を十分反映した形での概念構成をなされなければならない」としている。

第4章　保護国法への連結

う被害者選択説というのもあるが[393]、これによると、XYともに自分が被害者として一つの訴訟で本訴・反訴が起きた場合、別々の法が準拠法となりうるのかという問題や複数の被害者がある場合それぞれ個別に準拠法選択が可能であると解すべきかといった問題が生ずる。伝統的な準拠法選択方法からして問題のある理論であると思われる。さらに、結果発生地説は、基準の明確性は確保されるが、偶発的に生じた結果の発生地が行為者の意思とは全く関係なく適用されることによる不都合性が生じ、行為地法説によると、具体的事案において結果発生地における責任を認めてよいと思われるものまで不法行為が成立しないことになってしまうので、その意味では、不法行為を類型的に分類し、事案に即した解決を目指す分類説を主張する見解もある[394]。しかし、不法行為の類型的分類は、実質法的概念の抵触法への介入や事案の分断による準拠法の分断が生ずることで問題があると思われる。事案に即した解決を望むなら、不法行為を類型化して考えることなく、端的に諸事情を総合的に勘案して事案との密接関連性をより徹底的に問うていくべきであろう。つまり、伝統的準拠法選択方法からして、不法行為地選択は、事案ごとの諸事情に応じて柔軟かつ目的論的に操作し、事案と最も密接な牽連性を有する地を虚心に探求して選択しようとする見解[395]が妥当であると思われる。FMカードリーダ事件の一審・二審判決は、行為に着目し、原因事実発生地は日本であるとしているが、ただ、特許権侵害についての準拠法は教唆・幇助を含め、過失主義の原則に支配される不法行為の問題として行為者の意思行為に重点がおかれて判断されるべきとしているところからは、二分説の立場も採っているといえよう。一方、最高裁は、権利侵害という結果は米国に

---

[393] いわゆる遍在理論である。石黒・前掲注（36）318頁および324頁参照。

[394] 法例改正試案において不法行為の類型的分類説を投入しようとしている議論がなされている。法例研究会・前掲注（53）155頁以下。

[395] 石黒・前掲注（36）321頁。同・「米国特許権の侵害を理由とする日本国内での行為の差止め及び損害賠償」私法判例リマークス21号（2000）153頁は、カードリーダ事件第一審判決が損害賠償請求につき、「法例11条1項の解釈として、Yの行為は日本で行われたこと、そしてXY双方が日本と強い牽連性を有していたことを根拠に、日本法を準拠法としたのは妥当である」としている。

おいて発生し，米国法によると解しても，本件事情の下では，米国内における直接侵害を教唆・幇助する行為が米国の直接侵害に向けられており，行為者は日本国内における自己の行為によって米国の特許権を侵害することを予見できる状況にあったので，被告の予測可能性を害しないという理由で，原因事実発生地を米国と判断した[396]。本件の判断に対しては，上記の各学説に基づいて，米国法によるべきだとするものと日本法によるべきだとするものとそれぞれの主張がなされているが[397]，隔地的不法行為においては，当事者の予測可能性のみを考慮して準拠法を選択するのではなく[398]，本件事案が何処に重点があるか，何処の特許法秩序と最も密接な関係があるのかを，属地主義の原則による制約との関係も考慮しつつ，実質法的価値判断とは切り離して判断すべきである。

2 法例11条2項・3項

日本の場合，法例11条1項により外国法が準拠法として選択された場合には，法例11条2項・3項の適用を受けることになる。つまり，法例11条

---

[396] 本判決の調査官解説によれば，本判決は，どの説をとるかを明確にしたものではないものの，事例判断としては，結果発生地説によったものと解している。

[397] 本件へのあてはめとして，国境を越えた不法行為においては結果発生地の利害が重大であり，米国法が準拠法となる説（道垣内教授），被告Yと訴外Zは完全親子会社であったこと等の事情を考慮し，Zの行為はYの行為と評価できるので，行為地説からでも，原因事実発生地は米国であるとする説（木棚教授），過失責任で重要なのは行為者の意図・予見可能性であり，本件のYは米国を基準に行動していたので米国法が準拠法となる説（木棚教授・大友助教授），工業所有権の侵害は過失責任であるから行動地法である日本法が準拠法になる説（井関教授），特許権侵害は無過失責任であり米国法が準拠法となる説（斎藤教授），Yの行為を含めてXY双方の日本社会との圧倒的に強い牽連性から日本法が準拠法になる説（石黒教授）などが示されている。

[398] 当事者の予測可能性を考慮して準拠法を選択しようとする見解として，田村・前掲注(20) 241-242頁。また，梶野・前掲注(194) 166頁も「損害の発生に関する客観的評価と当事者の適用法に関する予測可能性を考慮して準拠法が選択され，その結果，原則として日本における発明の実施行為が，特許権侵害になるか否かはもっぱら日本の特許法によって判断されるということになる」としている。

第4章　保護国法への連結

2項によって，不法行為の要件面で法廷地法により不法ではない場合には適用しないとされている。法廷地法の累積適用はイギリスにおける不法行為に対する伝統的な捉え方であった[399]。すなわち，イギリスは知的財産権に関する侵害事件についても，不法行為と性質決定し，法廷地法であるイギリス法によっても不法行為となるかを，知的財産権の属地主義の原則に関して，厳格に解釈し，外国の知的財産権はイギリスでの権利ではないので，その侵害行為は不法行為にはならないとし，国際裁判管轄も否定していた[400]。

　このような解釈は日本の満州国特許侵害事件においてもみられる。本判決では，属地主義の原則を考慮し，外国特許権を外国において侵害した行為は日本の法律によって外国特許権が認められない以上，不法行為に該当しないとした。本件については，法例11条2項の解釈として，外国特許権がそれ自体として日本法上保護されている必要はなく，同種の権利が日本法上も違法であれば足りるとし，不法行為の成立を認めるべきであったと強く批判されている[401]。法例11条2項による日本法の適用については学説が分れているが，法例33条の公序の規定が特別に設けていることを勘案して，柔軟な解釈が必要であろう。知的財産権の場合，その属地的性格との関係で，法例11条2項は，同種の権利が法廷地にあったとした場合に当該侵害行為が法廷地法の基準に照らして不法行為となるか否かを判断すればよいのである。

---

[399]　Dicey/Morris, *supra* note 60, at 1520-1522.

[400]　このような法廷地法の累積適用（double actionability）については，一般論として不法行為地の他に法廷地法の介入を認めてtwo hurdlesを設けることの当否が疑問視され，各国の国際私法改正の際，削除されつつある。Dicey/Morris, *supra* note 60, at 1522 ; Cheshire/North, *supra* note 60, at 616参照。イギリスのように，韓国の場合も，2002年国際私法改正の際，かかる規定を削除した。石光現・前掲注（43）229頁。

[401]　石黒・前掲注（36）330頁は，「有効な特許権が我国にあったと仮定した場合に本件のYの行為（それも我国内でなされたとして）が日本法の基準に照らして不法行為を構成するかどうかを見ればよいとすべきである」とし，また，同・前掲注（69）207頁においては，法例11条2項に適用について「不法行為法の具体的解釈適用においてある種の目的論的操作を加えてゆくべきである」としている。同旨のものとして，折茂豊『国際私法 各論』（新版）（有斐閣，1972）187頁，山田鐐一「法例11条2項の適用について」民商法雑誌33巻1号1頁以下などがある。

第 3 節　保護国法の決定プロセス

　ところが，FMカードリーダ事件の最高裁判決は，法例 11 条 2 項により日本の特許法および民法に照らし，特許権侵害を登録された国の領域外において積極的に誘導する行為が，不法行為の成立要件を具備するか否かを検討すべきとしつつ，属地主義の原則に基づき，日本の特許法は誘導行為について域外適用する規定は設けていないので，特許権の効力の及ばない登録国の領域外における教唆・幇助行為は違法ではないとしている(402)。しかし，米国法を準拠法としたことの当否はともかくとして，もし米国法への指定が妥当のものであるとした場合，法例 11 条 2 項が問題としているのは行為の不法性それ自体であって，法廷地が誘導行為をどのように扱うかという問題ではない。問題となる行為全体を問題とし，その種の権利の侵害行為が日本の法律上不法行為と認められるかどうかを判断すべきである。特許権侵害行為を誘導する行為は日本法上も違法であるので，不法行為といえるであろう(403)。法例 11 条 2 項の判断は，「内国における不法行為の指導理念」の限度

---

(402)　判決は「属地主義の原則を採り，米国特許法 271 条(b)項のように特許権の効力を自国の領域外における積極的誘導行為に及ぼすことを可能とする規定を持たない我が国の法律の下においては，これを認める立法又は条約のない限り，特許権の効力が及ばない，登録国の領域外において特許権侵害を積極的に誘導する行為について違法ということはできず，不法行為の成立要件を具備するものと解することはできない」としている。

(403)　同旨のものとして，本判決の藤井裁判官の反対意見は，「我が国の特許権が侵害された場合のことを前提にして，我が国の不法行為法の適用を論ずるのは，法例 11 条 2 項による累積適用の正しい手法とは思われない」とし，「我が国の法律を適用するに当たり，被侵害利益である米国特許法の存在は先決問題であり，その権利がそれ自体の準拠法によって成立したものであるかぎり，これを所与の前提として，その種の権利の侵害が我が国の法律上不法行為と認められるかどうかを判断すべきである」とする。木棚教授も「本来法例 11 条 1 項の不法行為地が特許登録国であるアメリカ合衆国にあるとみた場合に，この事実を同条 2 項の適用に移し替えるとすれば，米国特許権と同種の権利が日本で侵害されたときに不法行為となるかどうかを判断すれば足りるはずである」とし，「もし，多数意見が法例 11 条 1 項について不法行為地をアメリカ合衆国と見ているとすれば，同条 2 項で問題とされるのは，日本で日本の特許権が侵害されたとすれば不法行為になるかどうかという問題に置き換えられるはずであり，これが肯定されることは言うまでもないことになる」としている。

での法廷地法の介入[404]と考えるべきである。

一方，法例11条3項は，日本で請求できる賠償額の限度について，日本法が認める限度を超える場合は，これを請求することができないと定められている。日本を法廷地として，アメリカの懲罰的損害賠償や，反トラスト法，アメリカ特許法等の3倍賠償規定に基づいて請求がなされた場合，この規定により請求が不可能とすることができる[405]。

3　属地主義の原則との関係

知的財産権の侵害の問題を不法行為として性質決定したとしても，その具体的な準拠法としての保護国法の決定には，パリ条約などの知的財産権関連条約により実質法上の属地主義の原則による制約を受けることとなる。隔地的不法行為の場合は，当該事案が何処に重点があり，何処の特許法秩序と最も密接な関係があるのかを決めるのに権利の属地的独立性という実質法上の属地主義の原則が影響を与えることになる。つまり，国境を越えて，属地性を持つ自国の知的財産法を他国に適用することはできない。属地主義の下では，自国での行為が他国の特許法上の寄与・幇助行為に当たり，他国の特許侵害になる場合であっても，もし自国において行為者が同一の特許権を有するならば，そのような行為は自国における自己の特許権の実施行為となる。他国の特許権者にとっては，当該国への輸入以後の行為に対しては当該国の特許権を行使するかまたは水際規制により当該行為から自己の特許権を保護することができるのである。すなわち，他国の知的財産法秩序への介入（域外的適用）は不可能であるという制限を受けるのである[406]。

もっとも，国際私法上の「事案に応じた柔軟な解釈による保護国法の決

---

(404)　山田・前掲注（401）20頁。
(405)　法例33条の公序の規定を活用することもできよう。もっとも，公序規定の発動にあたっては内外法の基本的平等の観点からの外国法への尊重という伝統的国際私法の理念からして，十分な慎重さが必要である。外国法の適用によって法廷地において，「真に忍び難い事態」が生じる場合に限って，当該外国法の適用の結果が排斥されるのである。
(406)　石黒・前掲注（50）192頁。

定」または事案との関係で「当該紛争事実と最も密接な関係を有する知的財産法秩序を虚心に探求」する国際私法上の方法論との関係で，実質法上の属地主義の原則により他国の知的財産法秩序への介入が不可であるという意味を，さらに明確にする必要があると思われる。

　知的財産権の独立の原則上，当該外国にも当該権利が存する場合は，内国の知的財産権に基づいて当該外国の行為に対する差止等ができないのは当然である。問題となるのは，当該権利が当該外国において，いわゆるパテント・フリーの状態あるいはパブリックドメインに置かれている場合である。特許の場合，パテント・フリーの状態になるのは，特許の存続期間が切れたり，特許が「無効」とされたり，あるいは出願をしたが，公知技術として特許権を得られなかった場合など，「出願」を伴うものと，そもそも「出願」すらなかった場合などが想定できる。この中で，そもそも「出願」を伴わない場合については，特許独立の原則の枠外の問題と解される可能性が高いが，特許の場合において「出願」を伴ったか否かをとくに区分して論ずる必要はないと思われる。なぜなら，パリ条約は「出願」の有無を前提としていないし，また，「出願」を伴わずにパブリックドメインに置かれたという状態は，著作権においてはそもそも存在しないので，特許の場合についてのみ，かかる理由からパブリックドメインに置かれている知的財産につき独立の原則の枠外の問題と判断するのは，独立の原則（つまり，属地主義の原則）と関連して特許と著作権をわけて論じる結果となるからである。したがって，かかる様々な事情によりパブリックドメインに置かれている知的財産については，「出願」の有無にかかわらず，属地主義の原則との関係で介入問題を如何に扱うべきかを検討する必要があると思われる。パテント・フリーの状態にある知的財産については，排他的権利を行使することはできないので，独立の原則の枠外の問題と解されうるが，パリ条約2条1項や4条の2との関係で，「出願」の有無を問わず，パテント・フリーの問題も独立の原則の枠内の問題と見るべきである。また，パリ条約2条1項からはパテント・フリーの状態から生ずる「利益」を当該国以外の同盟国も同じく享受すると解することもできるようだが，このことが，かかる内国領域内の取扱いに外国の特許権者が介入できるということを意味するものではないということである[407]。このように，属地主義の原則による他国の知的財産法秩序への介入不可とい

第4章 保護国法への連結

うのは、自国の知的財産法の外国における適用自体をすべて否定するのではなく、外国での知的財産権の有無または当該外国での知的財産の取扱いを考慮せずに、自国の知的財産法を直接外国での行為に対して適用し、差止などを認めてはいけないという意味で解すべきである[408]。つまり、当該外国にも当該権利が存する場合、または当該権利が当該外国においてパテント・フリーあるいはパブリックドメインに置かれている場合は、内国の知的財産権に基づいて当該外国の行為に対して差止等をすることはできないことを意味する。このような意味での属地主義的制限を勘案しつつ、当該知的財産権訴訟において一体何処の国の知的財産法秩序が実際に最も影響を受けるのかを考慮し、準拠法としての保護国法を決定すべきであろう。

第4節 サイバースペースとの関係

I Lex Protectionis vs. Lex Originis

1 サイバースペース異質論

インターネットなどの情報技術の発達によりネット上での知的財産の利用が増え、その権利関係や侵害に関する問題が増加している。このような環境の下で、知的財産権に関する抵触法的問題について、既存の抵触法の枠組みや条約に基礎を置く属地主義を含む伝統的法的枠組みは、現実世界の場所的概念があてはまらないとされるサイバースペースにおいては適用することができず、サイバー法の新たな体系に道を譲るべきであるという主張が登場した[409]。いわゆる、サイバースペース異質論である。この理論の論者たちは、世界情報通信基盤（GII）上には物理的な属地性がないから、法的な属地性がなく、また、知的財産権保護のためにも属地主義の原則の再考が必要であ

---

(407) 石黒・前掲注（50）281-283頁。
(408) 同前・268-284頁。なお、インターネット上の知的財産権侵害の問題については、後掲注（446）の本文参照。

第4節 サイバースペースとの関係

ると主張し，既存の法的枠組みから脱皮すべきであるとする。しかし，彼らの論理には，既存の抵触法的論理を用いて説明していることから矛盾を抱えているという指摘がある[410]。また，既存の抵触法的方法論に基づいて，いくつかの連結点の組合せをもって抵触法的問題の解決を図っているギンズバーグによっても，受信し得るすべての国の法の適用が導かれることを問題視しつつも，発信国法によることには疑問を表しており[411][412]，また，米国の裁判所においても，インターネット関連事件は通常のジュリスディクションの論理で処理している[413]。以上のように，新たな体系としてのサイバー法

---

[409] D.R.Johnson/D.Post, "*Law and Borders-The rise of Law in Cyberspace*", 48 Stanford Law Review 1996 at 1383; M.R.Burnstein, "*Notes : Conflicts on the Net : Choice of Law in Transinternational Cyberspace*", 29 Vanderbilt Journal of Transnational Law 1996, at 75,81; P.E Geller, "*Conflict of Laws in Cyberspace Rethinking International Copyright in a Digitally Networked World*", 20 Columbia-VLA Journal of Law & The Arts 1996等。

[410] 石黒・前掲注(330) 29-31頁によると，Bernsteinの場合は，ネットワークされた世界は異質であるから，米国の従来のジュリスディクションの法理もサイバースペース関連では妥当しないとしながらも，伝統的な海商法上の抵触法のアプローチ等に頼ろうとする点で矛盾があるとし，また，Gellerはいわば，アメリカの革命的抵触法方法論であるfunctional analysisやケイヴァースのPrinciples of preference（優先性の原理）の方法論を用いてインターネット上の知的財産権に関する抵触法的問題を説明しようとしているが，アメリカの革命的抵触法方法論自体に対する理解が不足しているという指摘がなされている。

[411] J.C.Ginsburg, "*Global Use,Territorial Rights, Private international Law Questions of the Global Information Infrastructure, organized by WIPO*", held in Mexico City, May 22-24(1995)には，「たった一国の外国法を適用することすらも，デジタル世界においては気力をくじかせる」としている。

[412] Ginsburgの見解によると，基本的には発信国法で処理すべきであるとされるが，コピイライトヘイブンの問題も処理しなければならないので，原則として侵害著作物をホストするサーバーの所在地国法によるが，サーバーの所在地国法における送信権の保護が国際条約の基準を満たさない場合は，ウェブサイト管理者の本拠の法により，さらに，この国の法も不適合な場合は，法廷地法によるとされている。これは，準拠法選択において実質法的価値判断をするアメリカ的抵触法方法論に基づいたものであり，各国法の基本的平等から出発し，準拠法決定あたって当該外国準拠法に対する実質法的価値判断を排除する伝統的方法論には反するものである。

に関する確立した理論は構築されていないのが現実である(414)。

サイバースペース上の権利侵害による損害はサイバースペースにおいてではなく，現実世界において生じており(415)，既存の抵触法ルールによる解決になんら問題はないはずである。

2　Lex Protectionis vs. Lex Originis

インターネット上の知的財産権問題においては，前述したように，属地主義に基づいて保護国法による場合は権利関係が複雑になる等の理由で，本源国法への連結を考慮する主張がなされている(416)。

実際に，衛星放送による国際的著作権侵害の場合，たとえばある国から衛星に向かって送信された番組につき，衛星からの電波を他国の地上のアンテナで受けた放送権のない放送事業者が自己の番組としてそれを送信した場合，どの国の法によって規制するかが問題となり，このような場合に，発信国法，すなわちthe country of origin（本源国）の法によるべきであるという見解と，受信国法，すなわち保護国法によるべきであるという見解の対立があった(417)。

こうした中，1993年「ＥＣ衛星放送ディレクティブ」(418)や1995年EC委員会のグリン・ペーパは送信国，つまり放送電波を打ち上げる国の法律による

---

(413)　Fawcett/Torremans, *supra* note 60, at 159.

(414)　横溝大「電子商取引と各国法の抵触」中里実＝石黒一憲編著『電子社会と法システム』（新世社，2001）323-324頁のように，サイバー法に対する同情的な見解を示すものもあるが，だからといって，既存の抵触法体系に代わるような新たなルールが提示されているわけでもない。

(415)　Fawcett/Torremans, *supra* note 60, at 236においても，"In internet cases,there are territorial connections with various State."と指摘されている。

(416)　前掲注（349）参照。なお，本源国法への連結を原則的に主張するものではないが，受信国の法律を適用しようとすると法律関係が錯綜し，収拾がつかなくなるおそれがあるとする見解として，田村・前掲注（121）568頁がある。田村教授の見解については後掲注（427）参照。

(417)　道垣内・前掲注（118）16頁。茶園成樹「インターネットによる国際的な著作権侵害の準拠法」国際税制研究3号（1999）80頁以下。

第 4 節 サイバースペースとの関係

べきとしてLex originis（発信国法主義）を主張した[(419)]。また，発信国法主義の立場を取るものとしては，多数国における知的財産権侵害の場合の準拠法決定について，不法行為として性質決定した上で，不法行為地決定の判断基準である最も重要な要素（the most significant element）は情報をアップロード（uploading）したところにあると解している見解もある[(420)]。発信国法主義を採った事例としては，アメリカのNFL v. Prime Time24 Joint Venture, 211 F.3d 10,11-12（2nd Cir.1999）がある。本判決は，被告の衛星放送

---

(418) 同指令の基本は「EUのメンバー国の間での保護の共通レヴェルの確立」にあり，EC域外との関係では何らかの「セーフカードの設定」が考えられていた。（石黒・前掲注 (330) 37 頁）また，同指令では，第 3 条 1 項において，衛星放送について「強制許諾制は採用しない」こととされ，著作物の衛星による公衆への伝達についての許諾は当事者間の契約によってのみ得られることとされている。これは，知的財産権と独占との関係では問題となる規定であると思われる。石黒・前掲注 (108) 67-70 頁。

(419) このような受信国法主義は，e-commerce関連の世界的な大企業の集まりであるGBDeにより再び主張された。1999 年 9 月 13 日パリ総会にて「契約の当事者間に合意がない場合には，発信地国の法を適用する」という発信地国主義を主張し，電子的サービスを提供するところの国（supply side）の法によることを主張した。その理由として，管轄が発生するあらゆる提供地の規制・制度に対応すると，義務が複雑化して貿易摩擦の材料になりかねないということを挙げている。彼らは，この考え方はEC契約準拠法条約（ローマ条約）4 条 2 項の特徴的給付（characteristic performance）の延長線にあるとし，また，受信地国主義による場合の消費者によるforum shoppingを問題としている。しかし，originでのforum操作がもっと容易であると思われるし，消費者保護の観点から，連結地として，サービスの受け手たる消費者等のいる国，つまりcountry of destinationを重視すべきであると思われる。このような批判を受けて，多くのアメリカ系の大手企業が脱会した現在のGBDeは，直接的なcountry of origin ruleは言及しないで，country of destinationをも重視する「電子商取引における消費者保護や苦情解決に関するガイドライン」（2000 年）等を提言するなど，方向転換を模索している。

(420) Cheshire/North, *supra* note 60, at 636は"The most significant element is the uploading(input)of the information that infringes an intellectual property right rather than its eventual downloading. In effect, this is adopting a country of origin rule. This has the advantage that only one law is applicable,...."としている。

第4章 保護国法への連結

局がNFLの許可を得ることなくフットボールの放送をカナダの衛星放送加入者に向けて送信した行為について，米国の著作権のある著作物を米国内で送信（up-linking）することは，米国著作権侵害行為であるパブリックパフォーマンスに該当すると判断し，カナダの聴衆によって受信されるまで米国著作権侵害行為であるパブリックパフォーマンスに該当しないとする被告の主張を退けて，パブリックパフォーマンスには，聴衆に辿り着くまでの一つ一つのステップを含むものであると広く解釈することによって，米国内での海外に向けた送信行為（up-linking）が米国著作権法106条の侵害行為になるとしたのである。

このように，衛星放送またはインターネットによる国際的著作権侵害に関して発信国法あるいは本源国法を主張する理由としては，通常著作物が最初に発行されたところ，または著作者の所在地が，著作物と最も密接な関係を有しているし，また，適用される著作権法の明確化および円滑な権利処理が可能になるという理由を挙げている(421)。かかる発信国法主義に対しては，①送信地法主義は放送事業者による「法律回避」が生じるおそれがあること（コピライト・ヘイブンの発生），②GII（世界情報通信基盤）の基本要素である双方向性から送信国を特定しにくいこと，③発信地法主義が取られたとしても，外国裁判の承認・執行問題は残るなどの批判がある(422)。また，本源国法による場合は，インターネット上で最初に発行されたところが明確ではないし，本源国法の適用範囲も著作権者の決定に限るか，あるいは権利の存在と帰属にまで適用するかどうかも明確ではない。また，著作物利用者保護，著作権侵害が著作物の本源国により異なりうる。そこで，著作権の保護が求められる国，つまり侵害が実際になされた国の法（Lex protectionis）によるべきであるという主張がなされている。

---

(421) J. C.Ginsburg,"*Private International Law Aspects of the Protection of Works and Objects of Related Right Transmitted through Digital Networks*" Paper submitted to : WIPO Forum on Private International Law and Intellectual Property Geneva, Jan. 30-31 2001.

(422) 石黒・前掲注（330）35-36頁では，それ以外にも，伝統的な属地主義からの離脱，ベルヌ条約前の時期への回帰，ベルヌ条約の百年の伝統に反する等の様々な疑問が，正当に呈せられていた。

第4節　サイバースペースとの関係

　一方，かかる受信国法主義に対しては，前述のように受信する全ての国が侵害地となりうるので，権利関係が複雑になると批判されており，また，知的財産権プロパーからの指摘として，受信国法主義は著作権者保護欠如，法律関係の不安定，または，放送事業の円滑な運営に支障が発生し，技術的側面からも，現実的に当初想定していたフットプリント（foot print：電波の届く範囲）以外の国においてスピルオーバーして受信されることはありうるので衛星放送のフットプリント内の隣国の権利者は放送の許諾をしない場合には，隣国の住民には電波を受信することを不可能にする技術的措置が講じられない限り，結局一切の放送ができなくなるという問題が生ずると指摘する見解もある(423)。そこで，原則的には発信地国法によるとし，発信地国法による法の空白領域を補完する法理を探求すべきであるという見解が登場した(424)。すなわち，著作物の円滑な利用のために，基本的に発信地国法により権利処理をし，コピライト・ヘイブンのように，発信行為について何らの規

---

(423)　作花文雄『詳解 著作権法』ぎょうせい（1999）551頁。このような技術的側面から，1985-1986年にかけて放送の「発信」行為よりも，公衆への「伝達」がどの地で行われたのかを重視し，受信国の法を適用すべきであるとするBogsch Doctrineは，受信される地理的範囲を把握するのが技術的に困難であるという理由で反対されたとする。同539頁。Fawcett/Torremans, *supra* note 60, at 505.

(424)　このような発信国法と受信国法の段階的連結を主張している学者としては，作花・同前552頁以下，Ginsburg, *supra* note 411（前掲注（412）参照）などがいる。これに対して，A. Lucas, "*Private International Law Aspects of the Protection of Works and the Subject Matter of Related Right Transmitted over Digital Networks*" Paper submitted to : WIPO forum on Private International Law and Intellectual Property Geneva, Jan 30-31 2001は,"The solution consists in applying the law of the country of emission, in order to remedy the whole damages, and the distributive application of laws of the various countries of reception, in order to remedy the damages suffered in each of those countries."としている。この見解は，フランスで発行されヨーロッパ各国で配布された出版物の記事による名誉毀損事件で，裁判所が，出版社の営業所所在地のある国の裁判所は，名誉毀損から生じた損害全体について管轄を有し，出版物が頒布され被害者がその名誉毀損を被った国の裁判所でも訴えを提起することができるが，その裁判所は，その国で生じた損害についてのみ管轄を有すると判示したShevil v.Presse Alliance(Case C-68/93)［1995］E.C.R.I-415の影響を受けたようである。

制もできない場合においては、情報の送信行為ではなく、公衆への伝達行為に着目して受信国法により、権利行使を認めるべきであるとする。これらの見解の中には、発信国法による根拠としてベルヌ条約5条の属地主義により、著作権の利用行為が行われている地を統治する国の著作権法が適用されるべきであるとし、その著作権の利用行為地は情報伝達信号のある「発信」という行為が行われた地であると解するものもある(425)。つまり、「発信」という行為にcenter of gravity（重点）をおいたのである。しかし、著作権の侵害の問題について、ベルヌ条約5条2項は、その具体的なプロセスは各国の抵触法に委ねるとしても、保護国法によることを明示しており、保護国法を実質法上の属地主義との関係で、その領域内で保護が要求される国であると解し、また、その具体的な保護国法の決定プロセスにおいては、伝統的国際私法ルールに基づき、著作権侵害は不法行為と性質決定し、当該著作権の侵害行為に「最も密接な関係を有する国の法」がどこかを判断する場合、実際侵害が行われたところ、侵害の有無が実際に問題となっているところの国の法であることになる。すなわち、ベルヌ条約5条2項との関係では、「受信」という行為にcenter of gravityがあると判断し、最も密接な関係を有する国の法は受信国法であると思われる(426)。これが、知的財産権の属地主義の原則からみても妥当であると思われる。

受信国法による場合、インターネットを通じた著作権侵害において、保護国は侵害発生地であるので、アクセスしてくる各国においてそれぞれの著作権侵害が発生しており、それぞれの国における損害についてそれぞれの著作権法を適用することになる。多数国での著作権侵害の場合は、実際に著作権侵害のあった全ての国の著作権法を、その国での被害についてそれぞれ適用しなければならない。たとえ、権利者が法廷地で全ての国での侵害について一国でまとめて訴えることができるとしても、法廷地裁判官は、基本的にそ

---

(425) 作花・前掲注(423) 550頁。

(426) ベルヌ条約5条2項との関係で、受信国法によるべきであるとした見解として、道垣内・前掲注(31) 57頁の注(23)は、送信国法によることを定めたEC指令について、「この指令がベルヌ条約5条2項に整合的か否か疑問があるところであり、むしろ、受信国法によるべきであるように思われる」としている。

第4節　サイバースペースとの関係

れぞれの国の侵害についてそれぞれの国の著作権法を適用しなければならない(427)。この場合，法廷地の裁判官は全ての損害発生地の法を調べなければならないという負担がかけられることになるが，裁判官に負担になるからといって，この考え方が妥当ではないとはいえないし，外国法を調査し適用するのが国際私法の存在理由でもあると思われる。多数の損害発生地の法を調べなければならないという問題は，インターネット上の問題のみでなく，電子商取引上の不法行為問題，国境を越える名誉毀損の問題，国際的な製造物責任や国家間の環境汚染等の行動地と結果発生地とが異なる隔地的不法行為にも生ずる問題である。これは伝統的国際私法の内在的問題ともいえるが，これらについては，伝統的国際私法方法論の内部的革新によりなるべく準拠法の一本化を図ることができる(428)。つまり，一つの原因により被害者が複数国に存在する場合は，当該紛争事実と密接な関係にある地の法の適用のために，国際私法的利益衡量（伝統的国際私法上のそれ）を行うことができると思う。

　もっとも，知的財産権には権利の属地的独立性という特性があるので，国際私法的利益衡量の際，それを踏まえた上で考えなければならない。たとえ

---

(427)　同旨のものとして，石黒・前掲注(108) 62頁，道垣内・前掲注(118) 14頁。これに対して，田村・前掲注(121) 568-569頁は，同時に多数の国で受信できる送信に対して，土地に着目する従来型の属地主義の発想で対処することには限界があるとし，解釈論として，「送信行為が主として念頭に置いている受信者層が特定国に集中していることが明らかな場合には，当該国の法を適用すべきであろう」とし，すべての受信国法への連結をなるべく制限しようとしている。

(428)　石黒一憲『国境を越える環境汚染』（木鐸社，1991) 130頁，同・前掲注(32) 326頁は，「社会的に見て一つのまとまりのある事象といえるような被害につき，その渉外性を理由に，被害者保護の法的質や程度を異なってくるというのは疑問」とし，国家間の環境汚染の場合について，「社会的に一つのものと評価できる行為による被害について」，被害者の間の法的保護に差をおかないため，「原告として登場する被害住民の生活上ないし事業活動上の重点をなす社会（法＝法秩序）ごとにグルーピングして同一の準拠法を適用すべきである」とする。ここで言う社会（法＝法秩序）ごとにグルーピングするということが，被害者の国籍とは関係なく，不法行為地ごとに同一の準拠法を適用するという意味であるならば，国際私法的利益衡量の観点から妥当な見解であると思われる。

ば複数国での著作権侵害の場合、ベルヌ条約上の属地主義により、実際に著作権侵害のあった全ての国の著作権法を、当該国での被害についてそれぞれ適用することになる。たとえ権利者が法廷地で全ての国での侵害について一国でまとめて訴えるとしても、法廷地裁判官は、基本的にそれぞれの侵害についてそれぞれの国の著作権法を適用しなければならないのである。

　これが知的財産権の属地主義の原則の帰結である。

II　ネットワーク上の知的財産権侵害

1　サーバーがおいてある国の法

　ネットワーク上の知的財産権の侵害として主に問題視されているのが著作権の侵害である。たとえば、ウェブサーバーを運営しているA国会社がB国の著作権を侵害している作品をネット上にのせてB国からアクセスが可能になっている場合などを考えることができる。しかし、ネット上においては、著作権侵害のみならず、特許の対象とされているコンピュータ・ソフトウェアが他国に対してオンラインで販売された場合またはインターネットを利用してビジネスを行う場合に、予期もしなかった第三国のビジネスモデル特許に抵触してしまう場合、あるいは、インターネット上にウェブサイトを開設し、第三国の商標を使用することによって商標権を侵害する場合などの特許権または商標権侵害も十分想定することができる。このようなネットワーク上の知的財産権の侵害について、情報が送信される物理的場所に着目してサーバーがおいてある国、つまりサーバーの設置国の法によるべきであるという考えがある[429]。しかし、これには大きな問題がある。

　商標権の場合、サーバーの設置国において商標を使用しているという考えは、たとえば日本向けに商品を販売する場合、サーバーを他人の商標登録のない外国に設置してしまえば、日本における他人の商標を自由に使用できることになり、簡単に商標権を潜脱することができる。コピライトヘイブンのような現象が起きるのである。特許権においても、同様である。システム特

---

[429]　安藤和宏『よくわかるマルチメディア著作権ビジネス』（増補改訂版）（リットーミュージック、1999）。なお、茶園・前掲注（417）82頁参照。

許やビジネスモデル特許において，サーバー内の処理に関する特許権を持っている国でサーバー操作をし，また，その国内で効力を生じさせていながらも，サーバー自体は特許制度が未発達な国で設置して，そのサーバーを利用して発明を実施している場合がそうである。

　ネットワーク上の知的財産権の侵害の場合にも，保護国は，単にサーバーがおいてあるところではなく，アクセスして利用し，侵害が実際起こっている国，つまり当該知的財産法秩序に最も影響を受けた国の法[430]によるべきであろう。特許発明の構成要件の一部が国外に設置したサーバーにおいて実施されている場合にも，どこが密接関連性を有するかというcenter of gravityに着目するのが妥当であると思われる。アメリカでは，実施行為の一部が国外において行われている場合でも，特許の侵害になることを認めている判例がある[431]。すなわち，これらの判例は，実施行為の一部が国外において行われている場合でも，国外の行為へアメリカの特許法を適用するのではなく，システムを管理している場所に着目してシステムを管理している場所がアメリカ国内であれば，アメリカの特許法を適用し，そうではない場合は，アメリカの特許法は適用されないとした。また，一部分の外国における実施があっても，国内において，国内で付与された方法特許により作出されたものが輸出，販売，使用されたかどうかの点だけが問題となるとした判例もある[432]。注目すべきなのは，これらの判決は，国外に行われた行為に対する差止請求を認めたものではなく，アメリカ国内における行為を原因として生じた外国での行為から生ずる損害に対してアメリカ法を適用するものである点である。イギリスにおいても，サーバーの所在地は問題ではなく，クレームされたシステムの実際の使用者であるイギリスの顧客が，イギリスにおいて自らの端末を通じてホスト・コンピュータ（サーバー）を使用しているというシステム全体を一体ととらえて，イギリス特許法上間接侵害を構成する

---

(430)　石黒・前掲注（50）274頁。
(431)　Decca Ltd.v.U.S.,188 U.S.P.Q.167(Ct.Cl.Trial Div.1975).また，管理の場所が国外にある場合には侵害が否定されるとした判例として，Hughes Aircraft Co.v.U.S., 29 F.Cl.197(Ct. Cl., 1993)がある。
(432)　Avery Dennison Corp.v.UCB Films Plc.1997 U.S. Dist. LExls 2931.

かどうか判断された判例がある[433]。また，日本においても，カナダに存するサーバーを用いて，ピア・ツーピア方式による音楽ファイルなどの電子ファイルの交換移管するサービスを内国の利用者に向けて提供している債務者に対して，日本法上の公衆送信権および著作隣接権を侵害したものとして，利用者へのファイル情報の送信を差止める仮処分が認められた判例がある[434]。このように，国外のサーバーを用いている場合であっても，当該紛争を全体として把握し，アクセスして利用し，その実施が内国における特許発明の実施を代替し得るような場合など，侵害が実際起きて，当該知的財産法秩序に最も影響を受けた国が保護国として指定されるべきである[435]。

2 属地主義の原則との関係

オンラインで流通するようなコンピュータ・ソフトウェアについては，侵害物品が税関を通って流通する場合には，水際規制で権利行使をして，その保護を図ることはできる一般の知的財産とは異なり，水際における権利行使は期待できないし，また，国境を越えた特許の実施が行われた場合には，水際そのものが存在しないということもいえるであろう。

かかる見方に立って，このような状況で属地主義を強調すると知的財産権の保護が十分になされないという見解が多い[436]。しかし，条約上明確な根拠を有する実質法上の属地主義の原則を放棄することはできないし，保護国

---

[433] Menashe Business Mercantile Ltd.v.William Hill Organization Ltd.,(CA(Civ Div)), [2002] EWCA Civ 1702, [2003] 1 ALL ER 279, [2003] 1 WLR 1462, [2003] LLR275.

[434] ファイルローグ事件仮処分決定（東京地決平成14年4月9日判時1780号71頁，平成14年4月11日判時1780号25頁），中間判決（東京地判平成15年1月29日判時1810号29頁），終局判決（東京地判平成15年12月17日判時1845号96頁），控訴審（東京高判平成17年3月31日判例集未登載）。上野達弘「判例評釈ファイルローグ事件――東京地方裁判所平成15.1.29中間判決」CIPICジャーナル134号（2003）1-20頁。

[435] 梶野・前掲注(194)170頁は，国外のサーバー上の実施について，どのような基準で内国における特許発明の実施を代替し得るものかの判断基準について，国内からの利用可能性，国内の当該システムの業としての実施と競合しうる状況にあることを挙げている。

法の指定において，権利者の保護もかかる属地主義の原則に反しない限度内で図るべきであると思われる[437]。

アメリカの場合，特許法第271条(b)のような域外適用「的」規定により，国外の行為へのアメリカ特許法の適用が可能である。もっとも，当規定が侵害を誘導する場所については触れていない点で外国にまで適用されうるかについてはそもそも疑問がありうるが，判例では，外国における行為でも，アメリカへ向けた商品の販売を行った場合には，積極的誘導侵害に当たるとして，外国における製造行為の差止を認めている[438]。

しかし，属地主義の原則の下では，国境を越えて他国の知的財産法秩序には自国の域外適用「的」規定を適用することができない[439]。この点と関連して，まず属地主義の原則との関係で，特許の対象となるコンピュータ・ソフトウェアが外国で生産され，日本に向けて記録媒体に格納されて輸出された場合は，特許の侵害となるのかが問題となる。日本の特許権者は日本への

---

[436] 相澤・前掲注（233）289-290頁（本多正樹＝亘理光＝相澤英孝）は，属地主義を強調すると，「①特許の対象とされているコンピュータ・ソフトウェアが外国において生産され，日本の個人客に向けて記録媒体に格納されて輸出された場合，②特許の対象とされているコンピュータ・ソフトウェアが日本の個人客に対してオンラインで販売された場合，③システムの一部が外国において実現されている場合といった三つの状況において，いずれも特許の侵害とならない」とする。また，大野・前掲注（300）183頁も，インターネットを用いたビジネス方法特許と関連して，「硬直な属地主義の下では，国境を越える侵害について対処する術がなく，ビジネス方法特許の価値は，著しく減殺される」としている。

[437] 前掲注（408）の本文参照。

[438] 関連判例として，Honeywell Inc.v.Metz Apparatewerke 509 F.2d 1137(7th Cir. 1975)は，アメリカ国内で直接侵害をもたらす場合には，国外での事象にも積極的誘導侵害が見出されうるとし，Spindelfabrik Suessen-Schurr v.Schubert & Salzer Maschinenfabrik Akitiengeschaft 903 F.2d 1568(Fed.Cir.1990)は，アメリカでの使用を目的とした生産行為が外国で行われていた場合にも，その差止を認めている。また，Stac Electronics v. Microsoft Corporation(No.Cv. 93-0413 ER(Bx)：permanent Injunction,Filed on June 8(1994))1994では世界中における行為に対して差止命令がなされている。これらの判決の不実施はアメリカの場合裁判所侮辱として制裁を受けることになるのである。

[439] 前掲注（303）以下の本文参照。

第4章　保護国法への連結

輸入以後の侵害行為について，日本特許法に基づいて輸入業者などを相手取り損害賠償および差止命令を請求することができよう。もっとも水際規制による輸入禁止もありうる。しかし，該当外国において同一特許が存するならば，当該生産行為は当該特許の実施行為であるので，日本法に基づいて当該生産行為に対して権利行使することはパリ条約4条の2違反となる。

　次に，外国からのインターネットを通じた特許の対象となるコンピュータ・ソフトウェアの送信の場合はどうなのか。アメリカの場合，直接侵害（271条(a)），寄与侵害（271条(c)）には，侵害形態の限定があり[440]，アメリカ国内という限定があるので，問題となるのはインターネット上の送信行為が積極的誘導侵害（271条(b)）にあたるかどうかである。判例では，Spindelfabrik事件判決[441]，Playmen事件判決[442]のように，外国からインターネットを通じてアメリカに向けられた送信行為は積極的誘導侵害にあたるとしている。また，外国のサーバーの記録媒体へのコンピュータ・ソフトウェアの記録がアメリカでの使用を目的とした場合にも，積極的誘導侵害となれる可能性が高いし，外国のサーバーから国内へのコンピュータ・ソフトウェアの送信についてはアメリカにおけるコンピュータの記録媒体への記録を前提としている場合は，送信行為そのものが積極的誘導侵害となる可能性もあるとする[443]。しかし，このような域外適用「的」規定は上記のように属地主義の原則と相容れないので，特許の属地的独立性を考慮した場合，日本においてダウンロードして特許を実施した行為に対しては，日本の特許権者が自分の特許権を行使することができ，また，外国のアップローディング行為に対

---

[440]　直接侵害については，特許法第271条(a)直接侵害をアメリカ国内での生産・使用・販売（申出）とアメリカへの輸入と規定しているし，寄与侵害については，特許法第271条(c)において，アメリカ国内における販売の申出あるいはアメリカ国内への輸入をする者に係るものとして規定している。

[441]　前掲注（438）参照。

[442]　Playboy Enterprises, Inc., v. Chukleberry Publishing, Inc., 939 F.Supp. 1032(1996). 裁判所は，イタリアの会社によるインターネット上のサイトにおけるアメリカ登録商標の利用（イタリアの商標法上は合法的利用）に関し，アメリカからこのサイトへのアクセスが可能となっている等を理由に米国の商標権を侵害したとした。

第 4 節　サイバースペースとの関係

しては当該外国の特許権者の権利行使の問題である。もし当該外国ではその特許がすでにパブリックドメインにおいてある状況であるならば，当該アップローディング行為に対して制裁ができないであろう。

　また，インターネット上の著作権侵害等に関して，専ら受信国法によるというのは，国外における発信行為に内国法を適用しようとすることで，外国における行為に内国法は適用しないという意味での属地主義の原則に反するものであり，発信国法主義や受信国法主義という議論自体は抵触法判断の省略を意味するのに過ぎない属地主義の原則に反するものになるので，属地主義なるものが抵触法的判断の足枷になっているとの見解があり(444)，また，この点に関して，受信国法による場合，インターネットにおいては世界中でアクセスされるため，ウェブサイト開設者は，まったく予期しないところで外国の著作権または商標権を侵害することとなってしまうおそれがあるとする見解もあり，とくに商標権の場合，その問題性はより大きいとされている(445)(446)。

　しかし，アメリカのPlaymen事件判決のように，内国からはアクセスし

---

(443)　相澤・前掲注 (233) 290 頁は，こういったアメリカ的処理を踏まえて，日本の場合も，従来の考え方を変えて，属地主義の原則と切り離して「外国における行為でもシステムの一部が日本にある場合には，外国における行為にも特許の効力が及ぶと考えることができれば，システムの一部が外国に存在する場合でも，特許の侵害が認められることになる。あるいは，日本に向けられた限りでコンピュータ・ソフトウェアの生産が特許の侵害になると考えれば，特許の存在する日本を被仕向地とするソフトウェアの生産が特許の侵害となるため，そのソフトウェアが媒体に格納されても，ソフトウェアがオンラインで移転されても，特許権を行使することはできるであろう」との解釈を示している。

(444)　小泉・前掲注 (25) 23 頁は，「もっぱら受信国法によると考えるならば，理論的には，国外における受信行為に国内法を適用しようとすることと，いわゆる属地主義との関係を整理する必要があろう。というよりも，従来説かれてきた属地主義を前提に，この処理を説明することは不可能ではなかろうか。属地主義なるものが，抵触法的判断の足枷となっているかのよう内国民待遇解釈は疑問である」としている。

(445)　商標権の場合の例として，内田晴康＝横田経通『インターネットと法』（第 4 版）（商事法務，2003）61 頁。

第4章　保護国法への連結

たのみだが，外国でアップロードした行為が直接内国の侵害行為をもたらすような場合は，当該知的財産法秩序に最も影響を受けた国の法は，アップロードした外国の法ではなく，アクセスして利用し，侵害が実際起こっている国であるので，その国が保護国法となるのである。これが，伝統的国際私法ルールにしたがってcenter of gravityを探求する抵触法的処理であるのである。

また，属地主義の原則に関して，注意すべきなのは，上記の指摘のように，専ら受信国法によるのは，国外における発信行為に内国法（受信国法）を適用しようとすることで，外国における行為に内国法は適用しないという意味での属地主義の原則に反すると解するのではなく，属地主義の原則の下では，国外における発信行為に対し，当該外国法（発信国法）との関係，つまり当該知的財産権の当該外国での取扱いを考慮せずに，国内法（受信国法）を一方的に適用することは出来ないというのがその前提になっていることである。つまり受信国法を保護国法として指定するというのは，受信国の法を発信という外国の行為に対して適用しているのではなく，その行為が直接，受信国の領域内での受信国の知的財産権侵害をもたらしているので，受信国の知的財産法に基づいてその侵害に対する救済を受信国の領域内で行うことを意味するということである(447)。もちろん，この場合，受信国の域外適用「的」規定をもって，発信国の知的財産権を考慮せずに，発信国の行為に対して差止を求めることは，属地主義の原則に反するといえる。上記のPlaymen事

---

(446) ちなみに，商標権の場合，日本向けウェブサイトが外国の商標権を侵害しないための対策として，物理的にサイト画面上に，外国の商標権者とは関係のないことを明らかにし，外国からの注文には応じない旨を表示し，実際にも外国からの注文を断ることで，ある程度侵害を防ぐことはできるが，デジタルコンテンツダウンロード販売の場合は，外国からのアクセスを拒否するのは，現在技術的にも困難であるとされる。そこで，WIPO「インターネット上の標章及びその他の標識に係る工業所有権の保護に関する共同勧告」が採択されているが，実際紛争が発生した場合には，既存の抵触法的ルールにしたがって処理されることになる。ちなみに，当共同勧告においては，インターネットにおいて商標が使用されているというためにはその国でビジネスを行っているまたはビジネスを行うための重要な計画に着手した旨を示す状況，その国の顧客に提供しているか否かなどという「商業的効果」が生じていることが必要であるとされている。

第 4 節　サイバースペースとの関係

件判決は専らアメリカ法に基づいて過渡の差止命令をしたことで知的財産権の属地主義の原則との関係でその妥当性には問題がある(448)。

さらに，属地主義の原則に関しては，もし多数国で侵害があった場合にも，権利者側にとって最も有効な保護を行える法などの一国の法のみを適用するのではなく(449)，当該紛争事実と最も密接な関係を有する法として，各侵害地国の知的財産法を適用することになる。

インターネット上の知的財産権侵害において，外国の行為が内国で直接的な侵害をもたらしている場合にも，内国の直接的な侵害に内国の知的財産法をもって内国での知的財産権が侵害されているかが判断され，内国での救済が図られるものであって，その行為に対して，当該外国に存する知的財産権を考慮せず，直接内国法を域外「的」適用し，差止などを求めるのは，知的財産権の属地主義の原則に反するものとみるべきである(450)。たとえば，外国でのアップローディング行為が直接内国での侵害行為をもたらした場合は，当該外国に当該知的財産がパブリックドメインに置かれている場合，あるいは当該権利が当該外国にも存する場合には，当該外国でのアップローディング行為に対して，知的財産法秩序に最も影響を受けた国としてのアクセスできる国の法（内国法）を適用し，当該行為に対する差止などを認めることは属地主義の原則に反するものである(451)(452)。

このように，サイバースペース上の知的財産権侵害の場合の国際私法的処理においても，条約との関係で，内国法の外国における適用自体を否定する

---

(447)　石黒・前掲注（50）201 頁。また，前掲注（427）の本文とも関係する。

(448)　本判決は，米国法固有の裁判所侮辱によってすべてを処理し，「二週間以内に当該インターネット・サイトを完全にシャット・ダウンする」ことを命じている。この判決に対して，石黒・前掲注（330）44 頁は，「準拠法及びジュリスディクションの問題は完全にバイパスされ，抵触法上の諸問題が，アメリカ司法制度の深みにメルトダウンしてしまっている」と批判している。

(449)　前掲注（438）のStac v. Microsoft事件（1994 年 6 月 8 日米国カリフォルニア連邦地裁の判決）においては，米国特許の域外的効果として多数国での侵害に対して一国の法のみが適用されている。この点につき，石黒・前掲注（330）40 頁は，「この部分の判旨は伝統的属地主義に反している」としている。

(450)　石黒・前掲注（50）270 頁。

(451)　前掲注（408）の本文参照。

ものではなく，内国知的財産法を外国での当該知的財産権の有無など当該外国の知的財産法での取扱いを考慮せずに，直接外国の行為に対する差止などを認めてはいけないという意味での属地主義の原則の制限を受けると解すべきであろう(453)。

第5節 小　括

　以上において，抵触法上の属地主義としての保護国法主義について，その概念と適用範囲，また，実際の保護国法の決定プロセスにおいて，知的財産権の属地主義という制限の下での国際私法上の性質決定について考察してみた。国境を問題としないインターネットにおいては，特許の効力を原則的にその国内に限るという属地主義の原則やその原則からもたらされた保護国法主義は再検討に迫られているという考えが氾濫している中，保護国法の意味を当該紛争事実に応じて柔軟に解釈することにより，知的財産権関連事件において，伝統的国際私法方法論と知的財産権の属地主義の原則との調和を図ることができるのではないかと思われる。
　各国における取扱いからもわかるように，知的財産権の成立から内容・消

---

(452) ただし，日本人が外国において日本の著作権を侵害する行為，たとえば日本人が日本で保護される著作物のアップローディング行為を外国で行った場合は，日本著作権法119条の刑事罰が，刑法上の国外犯規定（刑法施行法17条1号，刑法3条）により適用されるようになる。道垣内・前掲注（121）172-173頁参照。
(453) 知的財産権については属地主義の原則の制限を受けるとする見解は，本書で紹介した内外の学説において基本的に存在している。しかし，日本においては知的財産権の介入問題との関連で同原則に対し批判的な見解を示している学説が多く見られるが，日本の場合は，知的財産権の国際私法的処理においては，条約との関係を考慮し，属地主義の原則の下で，当該外国に当該知的財産権に関する権利が存在するかなどを考慮した上で内国知的財産法の外国での適用ができるかどうかを判断すべきであると考えられる。

第5節 小 括

　減および侵害に至るまで，知的財産権に関する条約の規定から明確な法的根拠を有する保護国法主義の適用範囲内にあるとすべきであろう。また，権利の有効性や著作権の帰属問題等についても，本源国法主義を主張し，その限りでは，保護国法主義は制限されるとする見解もあるが，前者の問題は，権利の有効性について保護国法主義を適用し，その具体的保護国は事案に応じて決定すればよいのであって，保護国法主義の制限の問題ではないと解すべきであり，また，後者の問題についても，同じく保護国法主義を適用し，具体的な保護国法の決定の際には，一般の著作権の帰属の問題か職務著作の著作権の帰属の問題かで分けて考え，職務著作の場合は労働関係の問題として性質決定し，最も密接な関係を有する法として雇用契約の準拠法によればよいのである。このように保護国法主義の適用範囲を広くみても，各紛争事実に対する具体的な保護国法の決定は，各国の国際私法ルールに委ねられており，当該紛争事実に対する性質決定をし，保護国は必ずしも登録国あるいは侵害国ではなく，事案に応じた具体的な保護国が決められることになるので，インターネットの発達等の関係で，保護国法主義を制限する必要はないのではないかと思われる。

　ここで問題となるのは，国際私法的処理において，条約に基づく実質法上の属地主義の原則による制限を受けることである。属地主義の下では，自国での行為が他国の特許法上の寄与・幇助行為に当たり，他国の特許侵害になる場合，もし自国において行為者が同一の特許権を有するならば，そのような行為は自国における自己の特許権の実施行為であるので，他国の特許権者がこのような行為を差止めることはできないのである。実質法上の属地主義の原則の効果を他国の知的財産法秩序への介入不可と理解する場合，これは内国の知的財産法の外国における適用自体をすべて否定するのではなく，外国での知的財産権の有無または当該外国での知的財産の取扱いを考慮せずに，自国の知的財産法を直接外国の行為に対して適用し，差止などを認めてはいけないという意味であると解すべきである。

　サイバースペースとの関係においても，サーバー所在地国によるという硬直な準拠法決定ではなく，国外のサーバーを用いている場合であっても，当該紛争を全体として把握し，アクセスして利用し，侵害が実際起きて当該知的財産法秩序に最も影響を受けた国を保護国として指定すべきであり，たと

えばインターネットを通じた著作権侵害において，アクセスしてくる国において侵害が行われた場合，国際私法上のcenter of gravityは，かかるアクセスした行為，「受信」した行為にあり，保護国法として当該受信国法によることになる。しかし，知的財産権の属地主義の原則の下で，多数国からの侵害が発生した場合にも，実際に著作権侵害のあった全ての国の著作権法を，その国での被害についてそれぞれ適用するのであって，権利者側にとって最も有効な保護を行える法などの一国の法のみを適用するのではない。また，外国のアップローディング行為が国内で直接的な侵害行為をもたらしている場合にも，国内の直接的な侵害に内国の知的財産法をもって内国での知的財産権が侵害されているかが判断され，内国での救済が図られるものであって，その行為に対して，当該外国に存する知的財産権等を考慮せず，直接内国法を域外適用し，差止などを求めるのは，知的財産権の属地主義の原則に反するものとみるべきである。

終章

終 章

　知的財産権の国際的紛争に関する抵触法的問題を解決するためには，以上において論じてきたように，知的財産権の特殊性からもたらされる国際私法的諸問題を，まず考慮しなければならない。すなわち，それは知的財産権の実質法的性格を国際私法的処理においてどうとらえるべきかの問題，知的財産権に関する多数の国際条約と法廷地国際私法との適用関係の問題，また，知的財産権の属地主義の原則を抵触法上如何にとらえるべきかの問題である。

　まず，知的財産権の実質法的性格に関して，一部の日本国内での議論においては，いわゆるサヴィニー的公法・私法の峻別論に基づき，知的財産権の実質法上の性質決定により，準拠法選択の有無が決定されるとされている。つまり，公法または公法的性質を有する規範については，法の抵触は発生する余地はなく国際私法の考慮対象ではないとされる。また，同じく，知的財産権の実質法上の性質決定により，外国特許法に基づく差止および廃棄請求の準拠法と損害賠償請求の準拠法とが区分されて論じられている。しかし，サヴィニー的伝統的国際私法の立場から法の適用関係の基本構造を考えた場合，サヴィニー自身も私法的法律関係に作用する絶対的強行法規については法規からのアプローチを容認する形で，抵触法の枠組みの中で，当該準拠法とは別途の適用を認めており，外国の公法的規範についても，直ちに準拠法選択の対象外とするのではなく，個々の規定別に判断し，私人の私法上の権利義務ないし法的地位に影響を与える公法的法規定も準拠法の一部として適用されうる。したがって，上述のような日本での議論がサヴィニー的公法・私法の峻別論と整合性があるのかについては疑問が残る。

　また，法律関係の性質決定段階においては，実質法上の概念区分を抵触法上のそれとして直ちに導入するのではなく，法廷地国際私法の立場から，各国実質法上の多様な制度・法概念を取り込む形で，包括的かつ中立的な概念構成をし，密接関連法の適用や国際的法律関係の安定をはかるべきである。したがって，国際知的財産権紛争に関する抵触法的処理においては，知的財産権が公法的か私法的かという実質法的性質を考慮して準拠法選択の有無を判断すべきではなく，また，法廷地の実質法的判断に基づいて差止および廃棄請求の準拠法と損害賠償請求の準拠法を分けて論ずる理由はないと思われる。

　次に，知的財産権と関係した条約と国際私法の適用関係をどう見るべきか

終 章

の問題については，まず，知的財産権関連条約における抵触規定の解釈の問題がある。ベルヌ条約5条2項の「保護が要求される同盟国の法令の定めるところによる」と規定しているものの，かかる規定については多様な解釈の差が存在し，かかる保護国法への具体的連結プロセスは，条約上明確に提示していない。したがって，この規定をもって自己完結的な抵触規定として，その限りで一般国際私法ルールが排除されるとは解すべきではなく，保護国法への具体的連結プロセスは，条約上における欠缺規定の補充のため，法廷地国際私法の介入が必要とされると見るべきであろう。

また，条約規定に関して解釈のズレがある場合，条約と国際私法との適用関係がどうなるかも問題である。実質法統一条約の規定については，条約の適用範囲内の事項において，法廷地と準拠法として指定された保護国法との間で異なる解釈がある場合には，法廷地としては，条約の適用範囲外の事項との接合面での不整合が生じないように，準拠法所属国である保護国法の法秩序における判断（解釈）に従うことになるが，その反面，抵触法統一条約または条約上の抵触法ルールに対して，条約加盟国の間で解釈が異なる場合は，当該法廷地の条約解釈により準拠法所属国の実質法を当該準拠法として適用すればよいのである。

また，条約の国内的拘束力や条約規定の自動執行性は，国ごとに異なっている点に関して，憲法98条2項により条約の遵守義務が規定されており，知的財産権の属地性を表している内国民待遇の規定や独立の原則の規定は自動執行性を有する規定と解されている日本の場合は，日本が法廷地となった場合に，自動執行性を有する条約規定が法廷地の絶対的強行法規として作用することになる。この場合，自動執行性を有しないと判断する国が準拠法として指定された場合が問題となるが，この場合も，当該準拠法とは関係なく，法廷地において自動執行性を有すると判断される当該条約規定は，法廷地の絶対的強行規定として適用されるであろう。

最後に，知的財産権の属地主義の原則についてである。同原則は，最近の議論においては放棄または制限されるべきであるとされてはいるものの，海外の文献からもわかるように，権利の属地的独立性と属地的効力性を意味するものとして条約上明確な実定法的根拠を持っていることに注目すべきである。すなわち，パリ条約においては，内国民待遇の原則や工業所有権独立の

原則から，同じくベルヌ条約においても，内国民待遇の原則や5条2項1文の本源国との独立規定からもたらされる。また，実質法上の属地主義と抵触法上の属地主義は完全に区分すべき概念である。かかる実質法上の属地主義は，保護国法への連結という抵触法上の属地主義に影響しているのである。
　かかる実質法上の属地主義の原則については，その射程が侵害事件に関する国際裁判管轄，条約による属地主義の限定，並行輸入，特許を受ける権利の準拠法のような問題においては限定されているので，属地主義の原則は今後も限定していくべき対象であるとの考え方もあるが，これらの問題については属地主義とは別途の枠組みの中で処理すべき事柄であることを指摘することができる。知的財産権をめぐる紛争を問題ごとに分けて考えた場合，属地主義の原則が及ぶ範囲内の問題なのかそれとも属地主義の原則とは関連のない別途の問題なのかを判断してゆくことが重要であると思われる。
　属地主義の原則の下では，自国での行為が他国の特許法上の寄与・幇助行為に当たり，他国の特許侵害となるとしても，もし自国において行為者が同一の特許権を有するならば，そのような行為は自国における自己の特許権の実施行為であるため，他国の特許権者がこのような行為を差止めることはできない。すなわち，他国の知的財産法秩序への介入は不可となるのである。ただ，ここで介入不可という意味は，内国の知的財産法が外国における適用自体をすべて否定するのではなく，外国での知的財産権の有無など，当該外国での知的財産法上の取扱いを考慮せずに，自国の知的財産法を直接外国の行為に対して適用し，差止などを認めてはいけないという意味であると解すべきであろう。したがって，かかる意味での属地主義を考慮せずに，直ちに共同不法行為的構成を採って，自国法を外国の行為に対して適用することはできないし，また，他国の知的財産法における域外適用「的」規定に対しても，国際私法上の公序の適用により排斥するよりは，条約との関係で，法廷地の絶対的強行法規として作用する，かかる意味での実質法上の属地主義の原則との関係を考慮し，内国においては適用しないと判断すべきであると思われる。
　一方，抵触法上の属地主義としての保護国法主義においては，具体的な保護国の決定プロセスは各国の国際私法ルールに委ねられており，各国はそれぞれの国際私法ルールにより，当該紛争事実に対する性質決定をし，center

終 章

of gravityを考慮し，事案に応じた具体的な保護国が決められることになる。保護国の意味は，必ずしも登録国あるいは侵害国ではなく，当該紛争事実に応じて柔軟に解釈されるのである。したがって，その適用範囲は，各国での動向のように保護国法の適用範囲は知的財産権の成立から内容・消滅および侵害に至るまで広く認め，具体的な保護国は，権利の有効性や著作権の帰属問題をも含めて，当該紛争事実に応じた柔軟な解釈をすればよいのである。もちろん，かかる具体的保護国法の決定においては，上記の意味での実質法上の属地主義の原則による制限を受けることになる。このような保護国法の決定方法は，サイバースペースにおける知的財産権侵害についても同様である。具体的な保護国法の決定につき，サーバー所在地国によるという硬直な準拠法決定ではなく，国外のサーバーを用いている場合であっても，当該紛争を全体として把握して，アクセスして利用し，侵害が実際起きて当該知的財産法秩序に最も影響を受けた国を保護国として指定すべきである。また，この場合にも，知的財産権の属地主義の原則の影響を受けることになる。すなわち，外国のアップローディング行為が国内で直接的な侵害行為をもたらしている場合にも，その行為に対して，当該外国に存する知的財産権等を考慮せず，直接内国法を域外適用し，差止などを求めるのは，知的財産権の属地主義の原則に反するものとみるべきである。この場合，当該知的財産法秩序に最も影響を受けた国は，アクセスして利用し，侵害が実際起こっている国である。つまり，保護国は各受信国となり，各受信国の知的財産法に基づいてその侵害に対する救済が受信国の領域内で行われることになるのである。

　本書は，以上のように，知的財産権の有する3つの特殊性を踏まえたうえで，知的財産権に関する抵触法的考察を行ってみた。抵触法問題の解決のためには，知的財産権に対する実質法的配慮に左右されることなく，既存のサヴィニー的抵触法ルールに従って，知的財産権における抵触法ルールを確かめることが何よりも重要である。筆者の見解によると，既存の国際私法ルールは，知的財産権の実質法的性格や条約の存在により排除されるわけではなく，また，条約上明記されてはいるが，その具体的意味について条約上不明確である連結点としての保護国法は当該紛争事実に応じて柔軟に解釈されることになる。これが，「最も密接な関係を有する法を適用する」とされるサヴィニー的抵触法ルールからみても妥当であると思われる。

終 章

　さらに，インターネットを通じた知的財産権の侵害の可能性が高まった最近の状況の下では，属地主義の原則法制度的意義を失ったという議論が氾濫してはいるものの，知的財産権の属地主義の原則は，条約上，明確な実定法的根拠を持っており，とくに現行日本法体制の下では，国際私法ルールによる具体的な保護国法の決定の際に，法廷地の絶対的強行原則として影響することになる。国際的紛争における権利者の保護も同原則に反しない限りで図られることになる。それが，知的財産法の制度的意義を考えた場合にも整合性があるのではないかと思われる。したがって，国際的知的財産権紛争の抵触法的解決の際の権利者保護と利用者保護とのバランスの具体的問題は，本書において論じてきた意味での属地主義の原則の下で再考する必要があるであろう。また，これからも一層活性化するであろう知的財産権の国際的保護を図るための議論が，国際私法上の法適用構造論の中では何処まで容認できるものかを明確にし，それを具体的事案の中で如何に取り扱うべきかの問題も検討する必要があるであろう。これらを今後の研究課題として残したい。

参考文献

単行本

相澤英孝『電子マネーと特許法』(弘文堂，2000年)
安藤和宏『よくわかるマルチメディア著作権ビジネス』(増補改訂版)(リットーミュージック，1999年)
石黒一憲『現代国際私法(上)』(東京大学出版会，1986年)
石黒一憲『国際的相剋の中の国家と企業』(木鐸社，1988年)
石黒一憲『情報通信・知的財産権への国際的視点』(国際書院，1990年)
石黒一憲『国際私法』(新版)(有斐閣，1990年)
石黒一憲『国境を越える環境汚染』(木鐸社，1991年)
石黒一憲『国際民事訴訟法』(新世社，1994年)
石黒一憲『国際私法』(新世社 1994年)
石黒一憲『国際知的財産権』(NTT出版，1998年)
石黒一憲『グローバル経済と法』(信山社，2000年)
石黒一憲『国際摩擦と法 羅針盤なき日本』(信山社，2002年)
石黒一憲『電子社会の法と経済』(岩波書店，2003年)
石黒一憲『国境を超える知的財産』(信山社，2005年)
岩沢雄司『条約の国内適用可能性』(有斐閣，1985年)
折茂 豊『当事者自治の原則――現代国際私法の発展』(創文社，1970年)
折茂 豊『国際私法 各論』(新版)(有斐閣，1972年)
内田晴康＝横田経通『インターネットと法』(第4版)(商事法務，2003年)
川井 隆『パリ条約コンメンタール』(法学書院，1995年)
木棚照一『国際工業所有権法の研究』(日本評論社，1989年)
木棚照一編『練習ノート国際私法』(改訂第2版)(法学書院，2001年)
桑田三郎『工業所有権における国際的消耗論』(中央大学出版部，1999年)
国際法学会編『国際私法講座 第3巻』(有斐閣，1964年)
後藤晴男『パリ条約講話』(発明協会，1994年)
作花文雄『詳解 著作権法』(ぎょうせい，1999年)
作花文雄『詳解 著作権法』(第3版)(ぎょうせい，2004年)
佐藤やよひ『ゼミナール国際私法』(法学書院，1998年)
澤木敬郎＝道垣内正人『国際私法入門』(第4版再訂版)(有斐閣，2002年)
高桑 昭＝道垣内正人編『国際民事訴訟法』(青林書院，2002年)
高橋和之＝松井茂記編『インターネットと法』(第3版)(有斐閣，2004年)
田村善之『機能的知的財産法の理論』(信山社，1996年)

参考文献

田村善之『著作権法概説』(第 2 版)(有斐閣, 2001 年)
田村善之『市場・自由・知的財産』(有斐閣, 2003 年)
田村善之『知的財産法』(第 3 版)(有斐閣, 2003 年)
田村善之・山本敬三『職務発明』(有斐閣, 2005 年)
知的財産研究所編『米国におけるビジネス方法特許の研究』(雄松堂, 2001 年)
知的財産権研究班著『知的財産の法的保護Ⅰ』(関西大学法学研究所, 1997 年)
知的財産権研究班著『知的財産の法的保護Ⅱ』(関西大学法学研究所, 2000 年)
出口耕自『基本論点 国際私法』(法学書院, 1996 年)
道垣内正人『ポイント国際私法 (総論)』(有斐閣, 1999 年)
道垣内正人『ポイント国際私法 (各論)』(有斐閣, 2000 年)
中山信弘『工業所有権法 上 特許法』(第二版増補版)(弘文堂, 2002 年)
広部和也/田中忠編集代表『国際法と国内法』山本草二先生還暦記念 (勁草書房, 1991 年)
法例研究会『法例の見直しに関する諸問題(1)』(別冊NBL 80 号, 2003 年)
法例研究会『法例の見直しに関する諸問題(2)』(別冊NBL 85 号, 2003 年)
増井和夫=田村善之『特許判例ガイド』(第 2 版)(有斐閣, 2000 年)
松井芳郎=木棚照一=加藤雅信編『国際取引と法』(名古屋大学出版会, 1988 年)
山本草二『国際法』(新版)(有斐閣, 1995 年)
金演=朴正基=金仁猷共著『国際私法』(法文社, 2002 年)
石光現『国際私法 解説』(芝山, 2001 年)
石光現『国際私法と国際訴訟』(第 1 巻), (第 2 巻)(博英社, 2001 年)
孫京漢編『サイバー知的財産権法』(法英社, 2004 年)
アラン・ラットマン/ロバード・ゴーマン/ジェーン・ギンズバーグ共編『1990 年代米国著作権法詳解 (下)』中山信弘監修, 内藤篤訳(信山社, 1992 年)
ゴーマン=ギンズバーグ編 (内藤篤訳)『米国著作権法詳解 (上), (下)』(信山社, 2002 年)

A.Bertrand, *Le Driot d'auteur et les driots visions,* 2^{e}éd. (Dalloz, 1999)
A. Lucas et H.-J.Lucas, *Traité de la propriété littéraire et artistique,* 2ème éditon. (Litec, 2001)
Cheshire/North, *Private International Law,* 13th ed. (Butterworths, 2004)
Christopher Wadlow, *Enforcement of Intellectual Property in European and International law: the new private international law of intellectual property in the United Kingdom and the European Community* (Sweet & Maxwell, 1998)
Diey/Morris, *The conflict of Lows,* 12th ed. (Sweet & Maxwell, 1993)

Dicey/Morris, *The Conflict of Laws,* 13th ed. (Sweet & Maxwell, 2000)
Eugen Ulmer, *Intellectual Property Rights and The Conflict of Law* (Kluwer, 1978)
F.C.von Savigny, *System des heutigen römischen Rechts* Bd.8 (1849)
J.Raynard, *Droit d'auteur et conflit de lois* (Litec, 1990)
J.H.C. Morris /J.D.McClean, *The Conflict of Law,* 4th ed. (Sweet & Maxwell, 1993)
James J. Fawcett/Paul Torremans, *Intellectual Property in Private International Law* (Oxford, 1998)
H.Schack, *Zur Anknüpfung des Urheberrechts im internationalen Privatrecht* (Berlin : Duncker & Humbolt, 1979)
H.Schack, *Internationales Zivilverfahrensrecht,* 2.Aufl. (1996)
Klauer/Möhring, *Patentrechtkommentar* 3. Aufl. (1971)
Kropholler, *Internationales Privatrecht* (J.C.B mohr, 1997)
Karrer&Arnold, *Switzerland's Private International Law Statute, 1987* (Kluwer, 1989)
Mireille van Eechoud, *Choice of Law in Copyright and Related Rights* (Kluwer, 2003)
Paul Goldstein, *International Copyright* (Oxford University Press, 2001)
Paul Heinrich Neuhaus, *Die Grundbegriffe des Internationalen Privatrechts,*『国際私法の基礎理論』櫻田嘉章訳（成文堂，2000）
S.M.Stwart, *International Copyright and Neibouring Rights* (Butterworths, 1989)
W.Cornish, *Intellectual Property : Petant, Copyright, Trade Marks and Allied Right* 5th ed. (Sweet & Maxwell, 2003)

論文

相澤英孝＝岩倉正和＝山川茂樹「緊急座談会　職務発明をめぐって――特許法35条改正案と相当の対価」NBL 780 号（2004 年）8-28 頁
安達英司「アメリカ著作権侵害の国際裁判管轄」ジュリスト 1246 号（2003 年）284-286 頁
浅野有紀＝横溝大「抵触法におけるリアリズム法学の意義と限界」金沢法学 45 巻 2 号（2003 年）247-310 頁
石黒一憲「知的財産権の国際問題」ジュリスト 918 号（1988 年）43-53 頁
石黒一憲「フランスで出版された画集の日本への輸入，販売」別冊ジュリスト　著作権判例百選（第 2 版）（1994 年）232-232 頁

参考文献

石黒一憲「情報通信ネットワーク上の知的財産侵害と国際裁判管轄」特許研究29号（2000年）4-10頁

石黒一憲「米国特許権の侵害を理由とする日本国内での行為の差止め及び損害賠償」私法判例リマークス21号（2000年）150-153頁

石黒一憲「特許権侵害訴訟と準拠法」別冊ジュリスト170号（2004年）214-215頁

井関涼子「日本国内の行為に対する米国特許権に基づく差止及び損害賠償請求」知財管理50巻10号（2000年）1559-1573頁

上野達弘「判例評釈ファイルローグ事件——東京地方裁判所平成15.1.29中間判決」CIPICジャーナル134号（2003年）1-20頁

遠藤健太郎「WIPO『電子商取引と知的所有権に関する国際会議』の概要について」コピライト39号（1999年）17-20頁

大野聖二「ビジネス方法特許の侵害に関する諸問題」知的財産研究所『アメリカのおけるビジネス方法特許の研究』雄松堂（2001年）145-198頁

大野聖二「カードリーダ事件最高裁判決の理論的検討と実務上の課題」AIPPI 48巻3号（2003年）2-20頁

大渕哲也「特許権審判と特許訴訟の諸問題」ジュリスト1227号（2002年）33-39頁

大友信秀「米国特許侵害事件の請求を属地主義の原則に基づき棄却した事例」ジュリスト1171号（2000年）107-109頁

奥山尚一「日本の裁判所による外国特許権の侵害判断について：サンゴ化石粉体事件（平成15.10.16東京地裁判決）AIPPI 49巻5号（2004年）362-374頁

梶野篤志「特許法における属地主義の原則の限界」知的財産法政策学研究創刊号（2004年）159-186頁

鎌田健司「米国特許法の域外適用——特許権の新たな効力『販売の申し出』が与える影響の考察（特集 第9回知的所有権誌上研究発表会 研究発表の部）」パテント55巻5号（2002年）4-11頁

神前 禎「電子商取引の準拠法」ジュリスト1183号（2000年）123-129頁

国生一彦「インターネット上のライセンス契約に関する法律の概要（1），（2），（3・完）」NBL 691号（2000年）60-63頁，同693号（2000年）49-54頁，同694号（2000年）62-68頁

木棚照一「工業所有権に関する国際私法上の原則とパリ条約」立命館法学5・6号（1988年）998-1020頁

木棚照一「パリ条約と属地主義」ジュリスト939号（1989年）170-171頁

木棚照一「判例紹介：被告の日本国内におけるアメリカ特許に基づいて差止・廃

棄請求及び損害賠償請求をした事例」AIPPI 45巻5号（2000年）27-34頁
木棚照一「米国特許権に基づく，被告の日本国内における米国特許の積極教唆・寄与侵害行為に対する差止・廃棄請求および損害賠償請求の可否」判例評論498号（2000年）25-31頁
木棚照一「知的財産法の統一と国際私法」国際私法年報第3号（2001年）173-201頁
木棚照一「米国特許権の侵害を積極的に誘導する行為をわが国内で行った被告に対する差止・損害賠償請求等を認めなかった原判決を結論的に支持した事例」発明100巻6号（2003年）93-105頁
木棚照一「国際知的財産紛争の国際裁判管轄権と準拠法——最近の判例における属地主義の原則との関連における展開を中心に」特許研究38号（2004年）4-21頁
木棚照一「国際的な知的財産紛争の準拠法」L&T 16号（2002年）53-61頁
熊谷健一「職務発明制度の改正の意義と課題」法政研究71巻3号（2004年）8-29頁
小泉直樹「いわゆる属地主義について——知的財産法と国際私法の間」上智法学論集45巻1号（2001年）1-40頁
小泉直樹「著作権による国際市場の分割」神戸法学雑誌40巻1号（1990年）75-139頁
小泉直樹「特許法35条の外国特許権に対する適用」L&T 19号（2003年）28-34頁
小泉直樹「特許法35条の適用範囲」民商法雑誌128巻4・5号（2003年）561-567頁
小寺　彰「国家管轄権の域外適用の概念分類」『国家管轄権——国際法と国内法』山本草二先生古希記念　村瀬信也＝奥脇直也編集（勁草書房，1998年）343-369頁
駒田泰土「著作権と国際私法」著作権研究22号（1995年）109-122頁
駒田泰土「ベルヌ条約と著作者の権利に関する国際私法上の原則」国際法外交雑誌98巻4号（1999年）41-67頁
駒田泰土「インターネット送信と著作権侵害の準拠法問題に関する一考察——属地（的効力）主義の桎梏を超えて」東京大学社会情報研究所紀要63号（2002年）91-111頁
駒田泰土「『属地主義の原則』の再考——知的財産権の明確な抵触法的規律を求めて」日本工業所有権法学会年報27号（2003年）1-17頁
駒田泰土「カードリーダ事件最高裁判決の理論的考察」知的財産法政策学研究2

参考文献

号（2004年）43-62頁
駒田泰土「職務著作の準拠法」知的財産法政策学研究5号（2005年）29-49頁
櫻田嘉章「サヴィニーの国際私法理論——殊にその国際法的共同体の観念について（1），（2），（3），（4・完）」北大法学論集33巻3号（1982年）589-670頁，同巻4号（1983年）1039-1107頁，同巻6号（1983年）1463-1494頁，35巻3・4号（1984年）319-366頁
櫻田嘉章「『国際私法の危機』とサヴィニー（一）」国際法外交雑誌79巻2号（1980年）1-24頁
齋藤　彰「米国特許権に基づく製造禁止請求等の可否」ジュリスト1179号（2000年）299-301頁
作花文雄「インターネット・衛星放送と準拠法——グローバル・ネットワーク時代における秩序の形成に向けて」コピライト38巻455号（1999年）46-55頁
高畑洋文「職務発明の準拠法が問題となった事例」ジュリスト1261号（2004年）197-200頁
高部眞規子「最高裁判所判例解説」法曹時報55巻2号（2003年）549-505頁
高部眞規子「侵害訴訟の判例の動向」日本工業所有権法学会年報27号（2003年）49-90頁
高部眞規子「重要判例解説」L&T 19号（2003年）81-94頁
高部眞規子「時の判例 特許権の効力の準拠法ほか——最一小判14.9.26」ジュリスト1239号（2003年）130-133頁
玉井克哉「職務発明改正法案の検証」知財管理54巻6号 臨増（2004年）911-921頁
田村善之「職務発明に関する抵触法上の課題」知的財産法政策学研究5号（2005年）1-27頁
茶園成樹「外国特許侵害事件の国際裁判管轄」日本工業所有権法学会年報21号（1998年）59-83頁
茶園成樹「特許権侵害に関連する外国における行為」ジュリスト679号（1999年）13-19頁
茶園成樹「知的財産権侵害事件の国際裁判管轄」知財研フォーラム44号（2001年）39-45頁
茶園成樹「インターネットによる国際的な著作権侵害の準拠法」国際税制研究3号（1999年）78-87頁
茶園成樹「EUにおけるインターネットを通じた著作権侵害の準拠法」著作権研究27号（2000年）123-130頁
陳　一「特許法の国際的適用問題に関する一考察——BBS事件最高裁判決を出発点

としつつ」金沢法学46巻2号（2004年）71-96頁
出口耕自「ドイツ競争制限禁止法の『域外適用』問題（一）」上智法学論集40巻2号（1996年）33-57頁
出口耕自「第5章　競争法・知的財産法」国際法学学会編『日本と国際法の100年第7巻国際取引』三省堂（2001年）118-142頁
出口耕自「判例紹介，米国特許権に基づく損害賠償等請求事件――カードリーダ事件」コピライト42巻501号（2003年）26-30頁
道垣内正人「サイバースペースと国際私法――準拠法及び国際裁判管轄問題」ジュリスト1117号（1997年）60-66頁
道垣内正人「インターネット時代の著作権保護についての国際私法上の問題――WIPOにおける専門家会合に出席して」コピライト38巻454号（1999年）20-27頁
道垣内正人「インターネットを通じた不法行為・著作権侵害の準拠法［論説　サイバースペースと国際取引法］」日本国際経済法学会年報第8号（1999年）159-177頁
道垣内正人「著作権をめぐる準拠法及び国際裁判管轄」コピライト40巻472号（2000年）8-22頁
道垣内正人「特許権侵害訴訟の国際裁判管轄」別冊ジュリスト170号（2004年）216-217頁
道垣内正人「国境を越えた知的財産権の保護をめぐる諸問題」ジュリスト1227号（2002年）52-58頁
道垣内正人「米国特許権の侵害」ジュリスト1246号（2003年）278-280頁
道垣内正人「ハーグ国際私法会議の『裁判所の選択合意に関する条約作業部会草案』（上），（下）」NBL 772号（2003年）8-17頁，NBL 773号（2003年）57-64頁
道垣内正人「ハーグ国際私法会議の『専属的管轄合意に関する条約案』――2005年外交会議に向けて」国際商事法務32巻9号（2004年）1164-1175頁
中山真理「インターネットにおける知的財産に関する適用規範をめぐる諸問題」知財研フォーラム61号（2005年）37-50頁
中西康「著作権存在確認等請求事件の国際裁判管轄」ジュリスト1224号（2002年）325-327頁
日本知的財産協会　特許第2委員会第3小委員会「インターネットを通じた特許権侵害における特許権の域外適用に関する考察」知財管理54巻10号（2004年）1441-1451頁
花村征志「職務発明に関する国際私法上の問題についての一考察――特許を受け

参考文献

　　る権利の譲渡について」日本工業所有権法学会年報 27 号（2003 年）19-33 頁

早川吉尚「国際知的財産法の解釈論的基盤」立教法学 58 号（2001 年）188-212 頁

早川吉尚「知的財産法の国際的適用」知財管理 52 巻 2 号（2002 年）151-158 頁

藤田耕司「国際電子商取引に関する法律問題」自由と正義 49 巻 3 号（1998 年）120-131 頁

藤田友敬「会社の従属法の適用範囲」ジュリスト 1175 号（2000 年）9-20 頁

福本　渉「知的財産権に関する国際裁判管轄――アメリカ法律協会作成の『国際知的財産紛争の裁判管轄及び法選択，判決に係る原則』を中心に」知財研フォーラム 61 号（2005 年）45-50 頁

松岡　博「著作権存在確認等請求事件の国際裁判管轄」ジュリスト 1224 号（2002 年）325-327 頁

松本直樹「日本国内で著作された著作物であっても，外国における利用権についてはその所在地が我が国にあるということはできないとして，著作権確認等請求事件につき我が国の国際裁判管轄が否定された事例」判例評論 494 号（2000 年）37-41 頁

松本直樹「クロス・ボーダー・インジャンクションについて」清永利亮＝設楽隆一編『現代裁判法体系 26 知的財産権』（1999 年）26 頁以下

松本直樹「特許権の効力についての国際的問題（1），（2・完）」特許管理 43 巻 3 号（1993 年）263-276 頁，同巻 4 号（1993 年）453-463 頁

三井哲夫「フランスで出版された画集の輸入・国内販売が差し止められた事例」ジュリスト 934 号（1989 年）146-148 頁

元永和彦「著作権の国際的な保護と国際私法」ジュリスト 938 号（1989 年）58-59 頁

元永和彦「特許権の国際的な保護についての一考察」筑波大学大学院企業法学専攻十周年記念論文集『現代企業法学の研究』（2001 年）569-591 頁

紋谷暢男「工業所有権と属地性」ジュリスト増刊 国際私法の争点（1996 年）24-25 頁

紋谷暢男「知的財産権の国際的保護」ジュリスト増刊 国際私法の争点（新版）（1996 年）25-27 頁

山本　豊「電子契約の法的諸問題」ジュリスト 1215 号（2002 年）75-81 頁

横溝　大「特許製品の並行輸入に対する製品の輸入・販売の差止等を認めなかった事例」ジュリスト 1184 号（2000 年）140-142 頁

横溝　大「電子商取引と各国法の抵触」中里実＝石黒一憲編著『電子社会と法システム』新世社（2001 年）323-358 頁

横溝　大「知的財産法における属地主義の原則――抵触法的位置づけを中心に」

知的財産法政策学研究 2 号（2004 年）17-42 頁

横山　潤「国際私法における公法」ジュリスト増版 国際私法の争点（新版）（1996 年）22-24 頁

横山　潤「外国の輸出管理と国際私法」国際法外交雑誌 91 巻 5 号（1992 年）551-581 頁

李　好廷/丁　相朝「渉外知的財産権試論——知的財産権の準拠法」法学 39 巻 1 号 ソウル大学（1998 年）114-133 頁

呉　勝鋪「大韓民国における知的財産紛争の準拠法」L&T 16 号（2002 年）62-65 頁

丁　相朝「知的財産権に関する国際的法秩序と国内法」法学 46 巻 3 号 ソウル大学（2005 年）108-139 頁

A.Lucas, *"Private International Law Aspects of the Protection of Works and the Subject Matter of Related Right Transmitted over Digital Networks"*, Paper submitted to: WIPO forum on Private International Law and Intellectual Property Geneva, Jan. (2001) pp. 30-31

D.R.Johnson/D.Post, *"Law and Borders-The Rise of Law in Cyberspace"*, 48 Stanford Law review (1996)

E.Bartin, *"La localization territoriale des monopoles intellectuelles"*, JDI Clunet Vol.61 (1943)

G.Koumantos, *" Le droit international prive et la Convention de Berne"*, Le droit dàuteur (1988)

J.C.Ginsburg, *"Global Use, Territorial Rights, Private international Law Questions of the Global Information Infrastructure"*, organized by WIPO, held in Mexico City, May (1995) pp. 22-24

J.C.Ginsburg, *"The Cyberian Captivity of Copyright: Territoriality and Author's Rights in a Networked World"*, Santa Clara Computer and High Technology Law Journal vol.15 (1999)

J.C.Ginsburg, *"Private International Law Aspects of the Protection of Works and Objects of Related Right Transmitted through Digital Networks"*, Paper submitted to: WIPO forum on Private International Law and Intellectual Property Geneva, Jan. (2001) pp. 30-31

Jon Bing, *"Copyright in Electronic Commerce and Private International Law"*, Legal Aspects of Intellectual Property Rights in Electronic Commerce:2nd ECLIP Workshop proceedings, von Jan Kaestner (1999)

M.R.Burnstein, *"Notes: Conflict on the Net: Choice of Law in Transinter-*

参考文献

national Cyberspace", 29 Vanderbilt Journal of Transnational Law (1996)

P.E.Geller, *"Conflict of Laws in Cyberspace Rethinking International Copyright in a Digitally Networked World "*, 20 Columbia-VLA Journal of Law & The Arts (1996)

U.Drobnig, *"Originärer Erwerb und Übertragen von Immaterial güterrechten im Kollisionsrecht "*, 40 Rabels Z. (1976)

事項索引

〈あ 行〉

アップローディング行為　194, 195, 197
アメリカの革命的方法論　10
EC契約準拠法条約　27, 28, 42
域外的効力　86
域外的差止命令　153
域外的差止命令の承認執行　152
域外適用　4, 13, 19, 137, 138, 144, 147, 148, 155, 179, 193, 196
域外適用規定の性質　144
意思的関与　141
一部実施　137
一方的抵触規定　58
ウルトラマン事件　107
ウルマー（E. Ulmer）　48, 58, 65, 67, 69, 94, 102
映画の著作物　168
X-GIRL商標事件　110, 142
FMカードリーダ事件　20, 107, 144, 149, 172, 176, 179
オーストリア国際私法　52, 53, 132, 169

〈か 行〉

外国公法不適用の原則　21, 24, 26
外国法の尊重　150
外人法　66, 67, 79
外人法上の規定　47, 49, 56, 61, 65
介入規定　12
概念の相対性　175
回復著作物　167
隔地的不法行為　163, 175, 177
過失責任　175
各国法の基本的平等　4, 30, 36
過度な差止命令　154
管轄合意　101
韓国国際私法　52
既判力　105
客観的連結　132
強行法規の特別連結論　27, 147
競争法　145, 147
共同不法行為　141, 142, 143
寄与侵害　137, 142, 194
ギンズバーグ（J. C. Ginsburg）　183
偶発的連結点　58
刑法の国外犯の規定　25
結果発生地説　175
原因事実発生地　62, 175
厳格な属地主義の原則　32, 98, 106
憲法98条2項　73, 79
権利者保護　137, 141
権利の属地的独立性　78, 79, 91, 92, 93, 123, 159, 164, 180
権利の付与国法　52, 103, 121, 159, 160, 174
行為地　175
公序　19, 77, 117, 148, 149, 151, 178
公序良俗　149
行動地説　175
公表国　168
公法・私法の峻別論　9, 20, 21, 23, 31
公法的法律関係　9, 13, 17, 21, 24, 84
公法の属地性　24
国際裁判管轄　42, 98, 118, 121, 134, 178

xi

事項索引

国際私法上の柔軟な利益衡量　30
国際私法上の性質決定　171
国際私法的アプローチ　147
国際出願　124
国際的消尽論　127,135
国際私法上の公序　150
国内消尽論　126
国家管轄権　146,147
国家管轄権的アプローチ　146
国家間の環境汚染　189
コピライト・ヘイブン　186,187
コマントス（G. Koumantos）　60,64,162
雇用契約の準拠法　133,169,170

〈さ　行〉

サーバーの設置国　190
サイバースペース異質論　182
サイバー法　183
裁判官の職権　35
サヴィニー型方法論　10,30
サヴィニー的公法・私法峻別論　10,12,14,24
差止および廃棄請求の準拠法　20,32
the most significant element　185
3倍賠償規定　180
事案との密接関連性　34,176
自己完結的な抵触規定　56,59,61,62,64,78
実質法　67,71,73
実質法上の属地主義　50,62,68,77,79,86,91,92,93,95,123,124,134,141,147,151,154,159,174
実質法上の属地主義の原則　49,122,164,180

実質法的価値判断　15,31,177
実質法的規定　147
実質法統一条約　41,71,72,79
実質法と抵触法の基本的な関係　33
実体法　102,103,106,118,121
自動執行性　50,63,77,79
自動執行的な条約規定　76
私法的法律関係　9,11,13,21,24
私法の公法化　12,26
シャック（H. Schack）　63
受信国法　188,196
受信国法主義　187,195
出願　181
準拠法決定プロセス　50
準拠法選択の対象　26
準拠法の一本化　35,37,143,169,171,189
準拠法の分断　35,176
承認管轄　152,153
承認対象性　152
商標機能論　110
商標権独立の原則　43,44,124
条約の拘束力の程度　4,43,73
条約の国内における直接適用可能性　73
条理　21,172,174
職務著作　169
職務著作の準拠法　169
職務発明　109,128,132,135,169
侵害国　161
スイス国際私法　26,27,51,52
スタテュータ型方法論　10,30
スチュワート（S. M. Stewart）　57
世界市場分割　127
世界情報通信基盤（GII）　182,186
世界知的財産機構（WIPO）　41

世界統一法　41
世界貿易機構（WTO）　41
積極的誘導侵害　193, 194
絶対的強行規定　24, 27, 29, 63, 79, 135, 151, 154
self-executing　74
先決問題　104, 105
専属管轄　98, 99, 102, 108, 121
center of gravity　170, 171, 174, 188, 191, 196
創作者主義　169
相対的強行法規　29
送致　58, 62
相当な対価　130, 133, 135
双方化　59, 66, 67, 142
属人主義　84
属地主義の原則　4, 18, 25, 83, 86, 88, 94, 95, 102, 108, 109, 110, 111, 112, 115, 117, 118, 126, 127, 128, 130, 133, 136, 139, 141, 143, 149, 153, 154, 177, 190, 192, 197
属地主義の原則の制限　120
属地主義の原則の適用範囲　134
属地的効力主義　84
損害賠償請求の準拠法　20, 32
損害賠償の制限　164
損害発生地　189

〈た　行〉

対応特許　140
他国の知的財産法秩序への介入　180, 181
double actionability　98
知的財産権の実質法的性質　3, 9, 15, 16, 31

知的財産権の有効性の準拠法　165
懲罰的損害賠償　152, 180
著作権の帰属　160, 167, 170
著作権の帰属の準拠法　166
TRIPS協定　123
抵触法　4, 24, 66, 67, 147
抵触法上の属地主義　50, 68, 70, 78, 79, 89, 93, 97, 123, 134
抵触法上の利益衡量　90
抵触法的規定　147
抵触法統一条約　41, 42, 43, 72, 79
適応問題　35, 171
鉄人28号事件　108
テル・ケル条項　69, 123, 165
ドイツ国際私法　52
当事者自治　42, 132
登録国　89, 117, 161, 172, 173
登録国の専属管轄　42, 101, 118
登録国法　52, 159, 174
独立の原則　70, 91, 92, 97, 181
特許協力条約（PTC）　124
特許権の国際的消尽　127
特許独立の原則　20, 43, 44, 50, 87, 116, 118, 125, 127, 140
特許無効訴訟　105
特許を受ける権利　128, 130

〈な　行〉

内国牽連性　150
内国法適用の利便（Homeward trend）　67
内国民待遇の原則　43, 44, 47, 48, 65, 87, 91, 109, 159
二分説　175

事項索引

〈は 行〉

パーカー万年筆事件　112,124
ハーグ国際私法会議　42,100,101,106
場所的連結点　89
発信国法　183,184,188,196
発信国法主義　185,186,195
パテント・フリー　181,182
パブリックドメイン　181,182,195,197
パリ条約　43,44,47,75,92,94,112,123,
　　　159,165
バルタン（E. Bartain）　53
反致　73
販売の申出　138
ピア・ツーピア方式　192
BBS特許製品並行輸入事件　110,113,
　　　119,126,127
被害者選択説　176
ビジネスモデル　136
日立製作所職務発明事件　128,130
非民事的な領域　146
フォーセット　49,58,67,69,165,166
Forum shopping　60,78
フォラム・ノン・コンヴェニエンス
　　　99,100
不完全な抵触規定　48,59
不正競争防止法　69
フットプリント　187
部分的送致　70,165
普遍主義　53
不法行為における事後的合意　164
不法行為の類型的分類　176
ブラッセル条約　42,100,105
フランス国際私法　53
分類説　176

並行原則　13
並行輸入　109,116,124,134
ベルトラン（A. Bertrand）　60
ベルヌ条約　43,54,64,93,94,159,167,
　　　188
ベルヌ条約施行法　77
包括的クロスライセンス契約　130
法規からのアプローチ　13
法規分類学説　10
法性決定論　31
法廷地漁り（Forum shopping）　57
法廷地国際私法　63,65,68,72,77,78,
　　　89,97,112,161,170
法廷地国際私法説　62
法廷地法　58,60,178
法廷地法主義　57,67
法廷地法適用の利便（Homeward trend）
　　　60,78
法廷地法の累積適用　163,164,178
法の抵触　9,13,15,18,23,28
法の適用関係の基本構造　3,9,23,28,36
方法特許　138
方法論的硬直性　30
法律回避　58,186
法律関係からのアプローチ　12
法律関係の性質決定　31,33,34,35,72
法律関係の本拠　10,15
ボーテンハウゼン　75
保護国　48,89,131,161
保護国の概念　160
保護国法　50,51,61,96,97,139,159,
　　　160,166,188
保護国法主義　48,49,67,94,116,159,
　　　160,168
保護国法主義の制限　165

保護国法への連結　　65, 67, 68, 70, 93, 159, 162
本源国法　　63, 165
本源国法主義　　52, 69, 94, 122, 166, 167, 168

〈ま　行〉

満州国特許侵害事件　　107, 112, 178
水際規制　　192
無過失責任　　175
無効の抗弁　　105, 109
黙示的許諾論　　126
最も密接な関係を有する法　　28, 90, 133, 164, 197
モンテヴィテオ条約　　159

〈や　行〉

優先権制度　　122
輸入特許　　123

ヨーロッパ特許協定（EPC）　　124
予測可能性　　18, 90, 175, 177

〈ら　行〉

利益衡量　　88, 89
立法管轄権　　146
利用行為地　　58
Lex Originis　　165, 182, 184, 185
Lex Protectionis　　160, 182, 186
連結点　　84, 183
ローマⅡ条約　　42, 173

〈わ　行〉

ワドロー（C. Wadlow）　　85

著者紹介 ──

金　彦　叔（キム・オンスク）

1996年　韓国外国語大学校日本語科卒業
2001年　韓国放送通信大学校法学科卒業
2006年　東京大学法学政治学研究科総合法政専攻修士号取得
現　在　東京大学大学院法学政治学研究科総合法政専攻博士課程
　　　　（国際私法）

知的財産権と国際私法　　〈知的財産研究叢書7〉

2006（平成18）年9月10日　初版第1刷発行

著　者　　金　　　彦　　叔
発行者　　今　井　　　　貴
　　　　　渡　辺　左　近
発行所　　信山社出版株式会社
　　　　　〒113-0033　東京都文京区本郷6-2-9-102
　　　　　　　　　電　話　03（3818）1019
　　　　　　　　　FAX　03（3818）0344
印　刷　　株式会社暁印刷
製　本　　大　三　製　本

Printed in Japan

Ⓒ金 彦叔, 2006.　　落丁・乱丁本はお取替えいたします。

ISBN4-7972-2463-0 C3332

知的財産研究叢書　刊行にあたって

　知的財産研究所は，平成元年6月に，内外の知的財産に関する諸問題の調査・研究・情報収集を目的として設立された，わが国で唯一の知的財産専門の研究機関である。設立以来，当研究所は，知的財産のあらゆる分野にわたり多くの研究を進め，その成果を報告書という形で公表するとともに，機関紙『知財研フォーラム』『知財研紀要』も発行してきた。そして，随時セミナー，シンポジウム等を開催し，知的財産制度の啓蒙にも務めてきた。また，各種の工業所有権関係の法改正にあたっては，当研究所に研究会を設置し，基礎的な調査・研究を行い，法改正を側面から援助してきた。

　しかし，民法や商法等の他の法分野と比較すると，知的財産に関するわが国の学問的研究の歴史は未だ浅く，研究者の数が少ないこともあり，基礎的研究が少ないことは否定できない状況にある。情報化時代を迎えるにあたって，知的財産の研究が必要であることは多くの人によって認められつつあるものの，学問的な成果は，未だ社会の要請を十分に満たしているとは言いがたく，特に優秀な単行論文の数は少ないと言わざるをえない。

　そこで当研究所においては，21世紀に向けてわが国の知的財産研究のレベルの向上を目指すべく，マックス・プランク研究所の研究叢書 (Schriftenreihe zum Gewerblichen Rechtsschutz) を模範とし，単行論文のシリーズとして研究叢書を世に問うこととした。当研究所としては，この叢書を今後継続的に出版してゆく予定であり，この研究成果が，わが国の知的財産分野における知的資産として末永く蓄積され，斯界に貢献してゆくことを期待するものである。

　　　平成8 (1996) 年9月
　　　　　　　知的財産研究叢書編集企画委員
　　　　　　　　加藤一郎（知的財産研究所会長・理事長）
　　　　　　　　中山信弘（知的財産研究所所長）

■知的財産研究叢書■

知的財産研究叢書1
機能的知的財産法の理論　田村善之著　　　　　定価3,045円（本体2,900円）

知的財産研究叢書2
コピーライトの史的展開　白田秀彰著　　　　　定価8,400円（本体8,000円）

知的財産研究叢書3
システムLSIの保護法制―設計情報の流通と法的保護―　平嶋竜夫著
　　　　　　　　　　　　　　　　　　　　　　　　定価9,450円（本体9,000円）

知的財産研究叢書4
データベースの法的保護―現行制度の機能・限界と立法論的検討―　梅谷眞人著
　　　　　　　　　　　　　　　　　　　　　　　　定価9,240円（本体8,800円）

知的財産研究叢書5
プロパテントと競争政策　清川寛著　　　　　定価6,300円（本体6,000円）

知的財産研究叢書6
データベース保護制度論　蘆立順美著　　　　　定価8,400円（本体8,000円）

■IIP研究論集■

IIP研究論集1
比較特許侵害判決例の研究―均等論を中心として―　松本重敏・大瀬戸豪志編著
　　　　　　　　　　　　　　　　　　　　　　　　定価8,400円（本体8,000円）

IIP研究論集2
知的財産担保の理論と実務　鎌田薫編　　　　　定価5,250円（本体5,000円）

IIP研究論集3
情報化社会の未来と著作権の役割　サミュエルソン，パメラ著　知的財産研究所訳
　　　　　　　　　　　　　　　　　　　　　　　　定価6,300円（本体6,000円）

IIP研究論集4
特許クレーム解釈の研究　財団法人知的財産研究所編
　　　　　　　　　　　　　　　　　　　　　　　　定価13,125円（本体12,500円）

■知的財産法・既刊■

知的財産法と現代社会―牧野利秋判事退官記念論文集―　　編集代表・中山信弘
定価 18,900 円（本体 18,000 円）

知的財産権の現代的課題―本間崇先生還暦記念―　　中山信弘・小島武司編
定価 8,971 円（本体 8,544 円）

知的財産の潮流―知的財産研究所 5 周年記念論文集―　　知的財産研究所編
定価 6,116 円（本体 5,825 円）

判例知的財産侵害論　　布井要太郎著　　定価 15,750 円（本体 15,000 円）

情報メディアの社会技術―知的資源循環と知的財産法制―　　児玉晴男著
定価 10,500 円（本体 10,000 円）

知的財産法の基礎理論　　布井要太郎著　　定価 5,880 円（本体 5,600 円）

米国・種の保存法概説―絶滅からの保護と回復のために―　　関根孝道訳
定価 5,250 円（本体 5,000 円）

国境を越える知的財産　　石黒一憲著　　定価 5,460 円（本体 5,200 円）

IT戦略の法と技術　　石黒一憲著　　定価 10,500 円（本体 10,000 円）

特許訴訟手続論考　　瀧川叡一著　　定価 4,893 円（本体 4,660 円）

ケーブル放送と著作権法　　シュリッカー著　土井一史訳
定価 3,150 円（本体 3,000 円）

アメリカ著作権法入門　　白鳥綱重著　　定価 3,990 円（本体 3,800 円）

アメリカ著作権法詳解　原著第 6 版（上）
ロバート・ゴーマン／ジェーン・ギンズバーグ共編　内藤篤訳
定価 31,500 円（本体 30,000 円）

アメリカ著作権法詳解　原著第 6 版（下）
ロバート・ゴーマン／ジェーン・ギンズバーグ共編　内藤篤訳
定価 31,500 円（本体 30,000 円）